国家社科基金重点资助项目

2011 年 7 月，国家社科基金重点资助项目“北方少数民族家谱整理与研究”（批准号：11ATQ004）正式立项。

2017 年 2 月，国家社科基金重点资助项目“北方少数民族家谱整理与研究”项目结项（证书号：20170191）。

项目负责人 王华北

项目组成员 申　毅　海　梅　赫　歆　龚文龙　师存勋
成　妍　杨长虹　李小文　安美兰　金勇进
金　勇　方英兰　严　宏

★国家社科基金重点资助项目

北方少数民族家谱整理与研究

——以蒙古族 满族 朝鲜族 回族 锡伯族为个案

YI MENGGUZU · MANZU · CHAOXIANZU · HUIZU · XIBOZU WEI GEAN

王华北 等◎著

中央民族大学出版社
China Minzu University Press

图书在版编目（CIP）数据

北方少数民族家谱整理与研究：以蒙古族、满族、朝鲜族、回族、锡伯族为个案／王华北等著. —北京：中央民族大学出版社，2018. 4

ISBN 978-7-5660-1460-3

Ⅰ. ①北… Ⅱ. ①王… Ⅲ. ①少数民族—家谱—研究—中国
Ⅳ. ①K820. 9

中国版本图书馆 CIP 数据核字（2017）第 294487 号

北方少数民族家谱整理与研究——以蒙古族、满族、朝鲜族、回族、锡伯族为个案

作　　者　王华北等
责任编辑　白立元
责任校对　胡菁瑶
封面设计　严　兮
出 版 者　中央民族大学出版社
　　　　　北京市海淀区中关村南大街 27 号　　邮编：100081
　　　　　电　话：68472815（发行部）　　传真：68932751（发行部）
　　　　　　　　　68932218（总编室）　　　　　68932447（办公室）
发 行 者　全国各地新华书店
印 刷 厂　北京建宏印刷有限公司
开　　本　787×1092（毫米）　1/16　印张：18
字　　数　300 千字
版　　次　2018 年 4 月第 1 版　2018 年 4 月第 1 次印刷
书　　号　ISBN 978-7-5660-1460-3
定　　价　68. 00 元

前　言

家谱，其称呼有多种，包括族谱、宗谱、世谱、家乘、统宗谱、会通谱、支谱、房谱等。皇帝的家谱称玉牒，如新朝玉牒、皇宋玉牒。它以表谱形式，是记载父系家族世系、同宗共祖同血缘的家族繁衍及重要人物事迹的书，是一种特殊的历史文献。家谱编撰史已有几千年，在朝代更替、社会发展中逐渐趋于完善。朝代不同，家谱形式也不尽相同，各具特色。至今收藏的各类家谱超过三万种。这些家谱内容极其丰富，涉及的方面很广，属珍贵的人文资料，对于了解当时的社会情况、经济发展水平、家族与宗教关系、家族在社会地位、家族宗法制度、姓氏来源、家族迁徙、人口生育、婚丧嫁娶等情况，均有重要的历史学、民族学、人口学、社会学以及经济学等研究价值。

一、家谱的起源

关于家谱起源的具体时间，历代说法不一，学术界传统上大致有宋代起源、战国秦汉起源、周代起源、殷商起源四种观点。这些观点的提出，基本上都是建立在已有文献的基础之上。然而，如果我们在文献学的基础之上，运用考古学、民俗学等方法进行考察，就会发现家谱的产生时代远远早于上述四说。应该说，早在文字出现之前，家族世系就曾以结绳、口传等方式存在于漫长的历史时期之中，关于这一点，已经在很多民族的发展史中得到验证，中华民族自然也不会例外。

记载本族世系的家谱，最早出现在夏朝的王室。后来商、周的王室也纷纷效仿，开始编纂本族家谱，于是先后出现了《五帝德》《五帝系牒》《帝系》《世本》《帝王诸侯世谱》等帝王谱牒。史学大师司马迁在写作《史记》时，就曾研究过上述谱牒，并说:“余读牒记，黄帝以来皆有年数。”并以此为基础材料，先后编辑了《五帝本纪》《夏本纪》《楚世家》《三代世表》以及《十二诸侯年表》等。

许多专家学者认为，我国在三千年前的商代就有了家谱，其佐证是发现和整理出的世存的一些商代甲骨文中记载的家族世系。经过史学家们对其中三件甲骨进行深入细致的研究，确定其是中国乃至全世界最古老和最原始的实物家谱，其成果在整理编辑出版的《殷契卜辞》《库、方二氏藏甲骨卜辞》《殷墟文字乙编》中得到记录。其中的第二件甲骨为一大块牛肩胛骨，完整地记录了当时一位大商人家族的世系。令人遗憾的是这块珍贵的甲骨在1903年左右被一位美国人收藏，现藏于大英博物馆。另外，该三块家谱实物所记载的人名，都没有出现在商代王室或显贵家族的家谱中。这一特点也说明，家谱不再为王室所专享，一般家族也开始编撰家谱。

二、家谱的载体与形制

汉族的家谱数量和种类在所有现存家谱中占绝对多数，但记载家族血缘世系与历史的家谱，在其他少数民族中也存在着。比如使用汉语文字和说汉语的回族、壮族、畲族等民族，都有用汉字编写的家谱。另外，蒙古族、彝族也用自己民族的文字写家谱。清代满人袭爵、入仕都需要用家谱来证明自己的血统、身份。在我国少数民族的家谱中，满族人的家谱占相当比例。没有自己文字的民族，也都有自己结绳或口述的家谱，诸如哈尼族、苗族、阿昌族、鄂伦春族等。由此可见，家谱的类型是多样化的：可以用文字来编写记录，也可以用口述、结绳的方式。

家谱还可以分为实物和书本两种形式，这是因为记载所用的材料和所采取的记录方式不同造成的。商周的甲骨、青铜家谱，汉代的石刻家谱，后代的塔谱，少数民族的结绳家谱等，均属于实物类家谱。魏晋南北朝以后的家谱类型，大多为书本形式——有用手写的，也有雕版印刷的。另外，书写的载体又分为纸张和绸帛，装帧成册的形式有册页装、经折装、线装、精装、平装、卷轴装等。

三、家谱的价值

家谱资料丰富、广泛，可以为研究当时的地方历史、经济发展情况、家庭结构、人口、民俗、宗教，甚至包括与各国的外交关系等提供重要价值的参考文件。实际上，对于家谱资料的价值，古人早已给予了很高的重视，南北朝时期裴松之注《三国志》、刘孝标注《世说新语》、魏收著《魏书》，宋代欧阳修撰《新唐书》，都曾大量地使用了家谱资料。宋人郑樵、清人章学诚、近人易熙吾等，也都对家谱的价值作过介绍并给予了很高的评价。

家谱的纂修大多由个人进行，这其中记述的内容就可能会掺杂个人见解和喜好。出于对先人们的崇拜，因此在其功名、事迹等方面就会有意无意地加以夸大，甚至造假。在引用家谱资料时，应该要多方面查找相关史料，注意甄别，去伪存真。通过对家谱的深入研究，许多专家认为，大多数家谱中的五世内的世系、宗规、家训、祠堂、人口情况等还是比较真实的。在引用和使用家谱资料时还要特别注意搞清楚家谱是属于第几次编修的问题，是按照家谱原件抄录的，还是新近编写的。这样可以使所使用的家谱资料更准确，价值更高。

四、少数民族家谱

在我国少数民族家谱中记述了本民族始祖的发祥地，如满族爱新觉罗氏的始祖发祥地在吉林长白山的“天池”。满族作为我国北方主要的少数民族，具有悠久的历史，其先人从殷周时期就开始在东北地区进行开发活动。满族修谱多在龙年、虎年、鼠年进行，有龙腾虎跃、人丁兴旺的吉祥寓意。

蒙古族在中国历史上曾经创造了辉煌的一页，出现过成吉思汗、忽必烈等许多杰出人物。出于对英雄崇尚，在蒙古族还没有形成自己民族的文字前，草原上的人们就已经口述传颂，吟唱着当时各个英雄们的光辉业绩，其中也包括英雄的家世情况——这些口述和吟唱最后就形成了英雄们的史诗，客观上也形成了英雄们的口传家谱。此外，在蒙古族早期，其社会组织单位是氏族。氏族是以血缘关系维系，供奉一个共同祖先，因此，在没有文字之前，对于祖先的世系传承，也必须牢记，这就形成了蒙古民族的口述家谱史。蒙古有了自己民族的文字后，其中部分口述历史和英雄家世用文字记录下来，这就有了蒙古族的文字性的家谱。蒙古族早期文字家谱并不是独立成书，而是记录在其他著作之中。二十多代以上的成吉思汗祖先、成吉思汗及其后代有关的世系资料就记载在13世纪成书的《蒙古秘史》和14世纪初拉斯特编辑的《史集》之中。

朝鲜族家谱历史比较悠久，数量较多。一方面是在中华文化影响下逐步发展起来的，受宋代儒家思想的影响尤为明显；另一方面又带有本民族的鲜明特色，最突出的就是族谱形式为“内外谱”，即族谱世系是双系的，既有父系的世系，又有母系的世系，反映了妇女在社会上有一定的地位，实际上是当时朝鲜族社会政治在族谱文化载体上的反映。朝鲜族的族谱是中国家谱宝库的重要组成部分。

透过锡伯族的家谱，我们能够窥见锡伯族哈拉莫昆的来源、家族的沿袭情况和独具特色的家族文化内容。其中，两个半世纪之前从东北老家移居到西北边疆屯垦戍边的锡伯族，其继承的家族文化虽然主要是东北汉满结合的文化形式，但也有自己的地域特色，保留了不少自己固有的民族特色。家谱是最能形象地反映锡伯族家族文化的重要载体，具有重要的文献价值。

锡伯族还非常重视民族内部团结和家族和睦，认为这是家族昌盛的根基。《锡伯营乌珠牛录佟佳氏家规》就明确规定：自古至今，均以敬祖先，在九族之内和睦相处，亲疏不分为重，是即人有氏族之亲，犹如树木之有茂密之枝叶、水有无数之支溪一样。氏族之中以和睦为贵，家庭之内以孝悌为先。故理应崇尚和睦以固根基。家规训诫族人：自此之后，务须念及祖先养育之恩泽，在氏族内部更加亲密无间，和睦相处，以不忘根源，不得分散疏远，遇有红白诸事，不分辈分，不分尊卑，不分男女，均如一家，各尽其力，积极行走。

另外对“遇到氏族内大小诸事，得知而不去，派遣而不行走者”“身为晚辈而怠慢并侵犯长辈者”“均属不得宽宥之罪过，必须治罪”。

在中国，父子联名的家族世系比较多也容易背诵。因此，怒族、哈尼族、白族、大凉山彝族和黔东南苗族等少数民族，一般的家庭成员都能背诵出三四十代祖先世系，特殊人士如专职巫师或族中老人，则能背出多达六七十代的祖先世系。傈僳族、普米族、阿昌族、高山族等的家族世系则由专门的神职人员，如巫师和头人所掌握，他们会定时向族人宣诵，通常能背诵出几十代祖先世系，十分难得。

在漫长的中国古代文明史上，还有一些曾经在中国历史舞台上演过轰轰烈烈的正剧，而如今已经消亡的民族，如建立辽朝的契丹族，建立西夏政权的党项族，也曾都有自己的文字，产生过大量的文献，自然也包括皇室公卿贵族和士民的家谱。随着时间的流逝，这些民族已经不存在了，文献也大都失传，但可以肯定，还有一些在民间流传了下来，前些年于西安面世的10册据说是西夏皇族的家谱就是一个明证，这些已被埋没在历史长河之中的文献，也很值得我们去发掘和研究。

五、家谱的意义

我国科学家正在进行的中华人类基因组单体型图研究计划，与当代自然科学研究成果的应用相关，在已完成的基因组序列图基础上，得出了人类经过世代遗传仍然保持着完整的始祖基因的结论。这一成果不仅在医学上给人类遗传性疾病的确诊与治疗带来福音，还可以与已经整理及有待挖掘的少数民族家谱中所提供的有价值的线索及信息互证互补，帮助缺少文字家谱史料的少数民族填补空白。

家谱记录着一个家族的发展历史。它在不断发展、繁衍，除了必要的物质条件外，还要有“强宗固族” 的精神作支撑，一个家族的家风就是这种精神支撑的基本条件。

家风通过家谱中的相关家规、家训等得以形成，对家族成员的言行举止作出规定，其中伦理纲常礼教、孝悌忠信等内容往往占较大篇幅。

通过家谱研究，“树高千丈，叶落归根” 这一常理是可以满足海内外炎黄子孙“寻根谒祖”、探亲访友的热切愿望的。这样看似很普通的家谱，因其记载了一个家族血缘关系，将海内外华人连在了一起。

中国有56个民族，是个统一的多民族国家，中华民族“多元一体” 的格局决定了中国文化本身的多元特征。多种文化元素的存在正是整体文化多样性的突出表现。随着家谱研究的深入，其现实意义还在于，它不仅促进谱牒学的深入研究，同时对中华民族多元文化的研究补充了新鲜血液。

当前，中国少数民族家谱研究也逐渐深入起来，也出现了一些对大的姓氏宗族家谱的研究论文，许多文章对家谱的形成、沿革、编撰、形式、体例、内容等问题进行了初步探索。这些研究对家谱研究发展开辟了道路，使家谱资料在社会科学各学科的研究中得到了广泛的应用。

王华北

2016年9月19日于北京

目　录

上　篇

下　篇

上　篇

蒙古族家谱研究

家谱，又称族谱、家乘、祖谱、宗谱等，记载了同宗共祖同血缘的本族的姓氏来源、家族迁徙情况、世系、人物传记、风俗礼仪、祠堂坟茔、族规家法、按字排辈分等情况，可说是家族的百科全书。家谱涉及该家族的各个方面，内容广泛，是中华民族五千年文明史中兼具王室和平民特色的文献。它保存了许多正史、方志和其他史书未曾记载的重要史料，具有重要的史料价值。

家谱最初是用来记述古代帝王诸侯世系、功劳业绩的。先秦时有《周官》《世本》，秦汉后又有《帝王年谱》《潜夫论·志氏姓》《风俗通·姓氏篇》等如何编修家谱的著作。到魏晋南北朝，家谱成了世族间联姻和进入仕宦的主要参考。隋唐五代后，修谱从官方逐步走向民间，开始出现寻常百姓家也有家谱的情况。

在中国历史上，受汉族编修家谱的影响，少数民族如蒙古族、满族、回族、朝鲜族、苗族、彝族、畲族、白族、高山族、土家族、鄂伦春族、维吾尔族、锡伯族、布依族、佤族、纳西族、达斡尔族、壮族、土族等也纷纷编修家谱。其中，满族、朝鲜族编修的家谱种类均在千种以上。少数民族家谱不仅有一定的数量，而且种类多样，是中国家谱宝库不可或缺的组成部分。尽管少数民族家谱的编修深受汉族家谱的影响，但一些少数民族的家谱还是保留了自己民族家谱的特点，使中国家谱的内容得到了极大丰富，且多样化。少数民族家谱为整个中国历史研究（如中国移民史、中国疆域史等）提供重要的资料，这些史料也佐证了少数民族在中华民族大家庭形成和发展过程中作出过的重要贡献。

一、蒙古族家谱概述

蒙古族的家谱历史久远，可追溯到最原始的口传家谱。在蒙古文字创立仅仅几十年后所形成的《蒙古秘史》一书中，叙述了成吉思汗之前二十多代的世系，时间跨度长达六七百年，主要依据是当时在蒙古族中流行的口传家谱。在《蒙古秘史》以及《元史》《新元史》等史籍中，都有不少有关铁木真——成吉思汗家族以及其他家族族谱和世系的记载。17 世纪，蒙古沦为清朝附庸以后，清朝在蒙古实施盟旗制度，为了维持这一新封建体制的贯彻实施，对于各旗主的家系都必须要做完整的记录。在清政府处理蒙事的理藩院中，必须保存全蒙古封建贵族们详尽的谱系，以便处理有关继承或争端的问题。

蒙古族从元朝初始，不论王公贵族、一般百姓都编撰自己的家谱。蒙古可汗和贵族的家谱世系均收藏在官方的史料文献档案中，而老百姓的家谱一般多为家藏。由于长时间的战乱动荡，民族不断迁徙，众多百姓家谱中断记载，或记载不完整，甚至丢失。现在搜集到的蒙古族家谱大多属于贵族或有等级职位者，其年代大多属清代或民国甚至更晚。

此外，蒙古有一些显赫家族的家谱被完好地保存到今天。比如喀喇沁蒙古历史学家罗密的《蒙古博尔济吉忒氏族谱》、蒙古族文学家尹湛纳希的家谱《尹湛纳希黄金家族廿九世孙宗室世系谱》、成吉思汗弟弟哈布图哈萨尔的家谱《科尔沁·哈布图哈萨尔家谱》等，都是蒙古族家谱中的珍品，对于研究蒙古族姓氏文化、民情风俗、家族历史等都具有重要价值。

理藩院记录的有关内蒙古苏尼特右翼旗的世系：苏尼特右翼旗，扎萨克多罗杜棱郡王，崇德七年（1642），腾吉特族兄叟塞始封今爵，诏世袭罔替。顺治四年（1647），次子沙希岱袭。康熙九年（1670），长子恭格袭，康熙十二年（1673），长子劳彰袭；康熙十四年（1675），沙不岱次子阿玉什袭；康熙三十二年（1693），长子达尔札布袭。雍正七年（1729），长子旺青齐苏咙袭。乾隆六年（1741），长子丹津车凌袭；乾隆九年（1744），旺青齐苏咙次子朗衮车凌袭；乾隆十六年（1751），达尔札布三子车凌多尔济袭；乾隆三十四年（1769），长子车凌衮布袭。嘉庆七年

(1802)，长子喇特那锡第袭。道光六年（1826），子布尔呢什哩袭。咸丰五年(1855)，子布达莽葛拉袭。同治二年（1863），子那木济勒旺楚克袭。

在上述世系中的最后一人——那木济勒旺楚克，他的独子德穆楚克楝鲁普在光绪三十四年（1908）继承爵位。民国二年（1913），晋爵亲王。德穆楚克楝鲁普，一般被称为德王。从这一份家系可看出，他因是成吉思汗第三十一世系的身份，成为民国时期的风云人物。

在蒙古族各旗，因职爵的继承问题，必须要将旗下各贵族的家系记录清楚。原则上每三年要整理一次，并报理藩院备案。这些都是最基本的家谱世系资料，可惜由于战乱等原因，很多已散佚，十分可惜。

二、蒙古族特色家谱介绍

（一）《蒙古博尔济吉忒氏族谱》

《蒙古博尔济吉忒氏族谱》为喀喇沁蒙古人罗密于清雍正十三年（1735）八月编修，原稿用蒙古文写成，后由作者译为汉、满两种文字。清乾隆四十八年（1783）八月，其裔孙博清额在罗本基础上续修重纂。

蒙古博尔济吉忒一族，为元帝后裔。罗密在《蒙古博尔济吉忒氏族谱·序》中论述自己编修该谱原委时指出：

> 夫国有史，家亦有乘。蒙古自出边以后，屡遭威勒忒之变，遗编散佚，缺略殊多，各家记载，每至互相舛错，老成凋谢，文献无征，世远年湮，前人事迹，或致废坠。
>
> 密忝蒙古裔孙之列，不揣愚陋，欲述先人支派源流，以垂后祀。缘王事驰驱，未能如愿，今年逾六十矣。爰于公事之余，广览博稽，详加考证，删繁摘要，录其次第源流，以备家乘；译以满、汉文字，以便披览。后之子孙，欲求先世支派原委，展阅斯编，了然在目。因以念世泽之绵长，感圣恩之高厚，勉为忠孝，毋至陨越，亦不负余区区述谱之意，是又余之所厚望也夫。

《蒙古博尔济吉忒氏族谱》蒙古文本和满文本，迄今未能获悉，其汉文抄本在中国国家图书馆、内蒙古社会科学院图书馆、内蒙古自治区图书馆等单位均有收藏。比较完整的是内蒙古自治区图书馆的清抄本，全三册，内容简介如下：

第一册题名《蒙古博尔济吉忒氏族谱》，分上、下两卷。首卷刊雍正十三年（1735）八月罗密“序”，续载乾隆四十六年（1781）八月十五日博清额重纂“序”两篇。上卷述其族先世系上逮元朝，远溯额讷特珂即天竺国之嘛哈萨嘛谛汗，及图伯即西藏之库淳三搭里图汗，至元顺帝拖欢忒睦尔乌哈哈图汗各世次原委；下卷自蒙古必力克图汗即北元昭宗爱猷识理达腊，至察哈尔国灵丹呼图克图汗，以及清初外藩部落，京旗蒙古各世次原委。

第二册题名《蒙古世谱图考》，不分卷，由博清额编修。内载：（一）《元朝秘史》世系谱；（二）《辍耕谱》元朝世系谱；（三）《元史》所载世系谱；（四）《蒙古族谱》所载世系谱；（五）蒙古国主世系图（上）；（六）蒙古国主世系图（下）；（七）蒙古子姓分派图，每图之后，均有博清额考订的文字。

第三册题名《格勒博罗特谱传》，全一册，不分卷，由德坤编修，著作年代不详。该书亦是罗密编修族谱的续修之作，主要记述达延汗第九子格勒博罗特后裔世系，其内容比《清史稿》中所载丰富。

由上述简介可知，《蒙古博尔济吉忒氏族谱》作为蒙古宗族的一部家谱，保存了大量珍贵史料，对研究蒙古历史有着重要参考价值。

（二）《（福建福州）雁门萨氏族谱》

蒙古族家谱和汉族家谱一样亦有多次续修的传统。如《（福建福州）雁门萨氏族谱》就是一部多次续修的蒙古族家谱。福州蒙古族萨氏的先世为西域色目人答失蛮氏，始祖萨拉布哈（一作思兰不花）、阿鲁赤（一作傲位齐）父子以军功起家，深受元世祖忽必烈赏识，奉命镇守晋北大同路至代州一带。阿鲁赤之子萨都剌就出生在代州的雁门（今山西省代北县西北），被视为雁门人，后来定居在福州的萨氏族人也以雁门为本族的郡王。萨都剌于元英宗时被赐姓“萨”，取汉名天赐，号直斋，是萨氏得姓之始。萨都剌二弟野芝子仲礼，元统元年（1333）中进士，任福建行中书省检校，从此卜居福州，是为雁门萨氏人闽始祖。福州萨氏自明至清以及民国先后八次续修家谱：

第一次，明隆庆元年（1657），始修萨氏族谱。该谱载《雁门萨氏色目始祖总图》《雁门人闽始祖分支图》，未正式刊行。

第二次，清康熙十五年（1676），续修萨氏族谱。续修者为人闽第八世萨希亮，字景明，号葛斋。该谱除录隆庆元年族谱内容外，续人闽第八世至第九世世系。该谱已散佚。

第三次，清嘉庆五年（1800），续修萨氏族谱。续修者为人闽第十二世第一分支次房萨国霖，字启雪，号霁襟，乾隆三十六年（1771）优贡生。该谱载其世系在始祖萨拉布哈以下各宗支之后，以人闽八世孙萨希亮为本支之祖。该谱载第九世至第十二世各支世系图，系抄本。

第四次，清道光三年（1823），续修《雁门萨氏族谱》。续修者为人闽第十二世萨知时，字启运，号耐寒，后补知州。该谱分四卷，依次收录谱序、宗祠图、世系图、墓志铭、会试录、像赞、碑记等，内容较前谱增加内容较多，系抄本。

第五次，清光绪三十二年（1906），续修《雁门萨氏族谱》。续修者为人闽第十五世萨承钰，字怀锷，号又恒。授通议大夫、封中宪大夫。该谱仅续修世系一卷，版本散佚。

第六次，清宣统二年（1910），续修《雁门萨氏家谱》。续修者为人闽第十六世萨嘉曦，字多禧，号寄农。萨嘉曦续修该谱，详稽旧谱，博征载籍，重定体例，“区为八录，一曰恩纶、二曰赐茔、三曰世系、四曰科名、五曰叙赠、六曰荣哀、七曰吉光、八曰传信”，于民国二年刻成。

第七次，民国二十四年（1935），续修《雁门萨氏家谱》。续修者为人闽第十六世萨镇冰（字鼎铭）与萨嘉曦。该谱共八卷，保留历次续修之源流、序，并有萨镇冰撰写的《续修族谱序》，民国二十四年出版，为铅印本。

第八次，民国三十五年（1946），修《续编世系稿本》。续修者为人闽第十六世萨嘉曦，该谱按世次续修至人闽第十八世新添人口名字，计新上谱人数 272 人，分上、下卷，为手稿本。

数次续修的《雁门萨氏族谱》，详细记述了雁门人闽萨氏的源流、族属、世次、人口分布、迁移、名人事迹等，内容翔实，体例完备，其内容既具重要研究价值，又生动反映了蒙汉民族融合的历史进程。

（三）《图琳固英族谱》

辽宁喀喇沁左翼蒙古族自治县的《图琳固英族谱》，则是一部很有特色的、将家谱世系书写在长卷上的蒙古族家谱。该谱又名《乌梁海族谱》，系成吉思汗黄金家族末代驸马图琳固英族谱，家谱长卷长 8 米、宽 1.7 米，用蒙古文按塔式结构手写书成。该谱平时卷起来收藏，逢年过节，则打开来，供众人顶礼膜拜。该族谱记载了天聪九年（1635）至宣统元年（1909）图琳固英传人的名字及其社会地位，族谱上能辨认的共 14 代、1904 人，其中获取清朝政府各种官爵的达 1153 人。其中一等塔布囊 22 人，二等塔布囊 3 人，三等塔布囊 43 人，四等塔布囊 1019 人，扎萨克 13 人，郡主 1 人，贝勒 63 人，贝子 2 人，镇国公 4 人，协理 22 人，卓索图盟长 4 人，内务大臣 1 人，理藩院大臣 8 人，御前行走 8 人，未得品衔者 386 人，喇嘛 365 人。

该族谱记载了近三百年的蒙古历史，完善了蒙古族一千年的历史追溯，填补了蒙古政权及元顺帝之后蒙古王朝沿革研究的空白，有较高的文物价值。

（四）《尹湛纳希家谱》

蒙古族文学大师尹湛纳希，博尔济吉忒氏，乳名哈斯朝鲁，汉文名宝衡山，字润亭，于清道光十七年（1837）出生，系成吉思汗黄金家族，于清光绪十八年（1892）去世。《尹湛纳希家谱》是尹湛纳希亲笔所撰的家谱。该家谱收藏于内蒙古社会科学院图书馆。家谱记述了尹湛纳希家族自成吉思汗以后二十八代世系。简略记载了成吉思汗至巴颜蒙克博乐呼济农，详于巴图蒙克达延汗，一般可以说前代从简，后辈明细，记载明确，详尽可靠。

三、蒙古文历史文献所记载的家谱资料

1240 年，蒙古族第一部历史文献——《蒙古秘史》问世，16 世纪至 19 世纪，受

《蒙古秘史》的影响，产生了一批蒙古文历史著作。如著者佚名的《诸汗源流黄金史纲》（1604—1634）、萨冈彻辰的《蒙古源流》（1662）、罗卜藏丹津的《黄金史》（1665）、衮布扎布的《恒河之流》（1725）、噶尔丹台吉的《宝贝念珠》（1841）等。这些历史文献中大量地记载了蒙古族世系家谱的重要信息，成为我们今天研究蒙古族系谱学十分珍贵的第一手资料。下面着重介绍几部蒙古文历史文献所记载的家谱资料。

《蒙古秘史》，著者不详，成书于窝阔台汗十二年，即公元1240年，是一部古代蒙古编年史，共分十二卷，书中记录成吉思汗先祖系谱、传说、事迹，成吉思汗、窝阔台汗（元太宗）事迹。在开篇就记载了一段详细的族谱以及蒙古各个氏族、分氏族的起源。如："成吉思合罕之根源。奉天命而生之的孛儿贴赤那，其妻豁埃马阑勒。渡腾汲尔来，营于斡难河源之不而罕哈勒敦，而生者巴塔赤罕也。""……别勒古讷台为别勒古讷惕氏矣。不古讷台为不古讷惕氏矣。……孛端察儿为孛儿只斤氏矣。……"就这样，《蒙古秘史》第一卷的一半以上内容都是有关族谱的，这是蒙古族系谱资料的最初形态。

《黄金史纲》，全称《诸汗源流黄金史纲》，著者佚名，约成书于1604—1634年。该书采用了以帝王世系为中心，按编年顺序记述自成吉思汗至林丹汗的蒙古大汗世系及政治斗争的体例。书中叙述的成吉思汗先祖世系、从元顺帝妥懽帖睦尔至林丹汗的大汗世系，对蒙古族家谱研究具有较高的使用价值。

《俺答汗传》，又名《宝汇集之书》，作者不详，约成书于17世纪初。本书以记述俺答汗一生事迹为主，兼及俺答汗前后的历史。其中涉及蒙古族家谱研究相关的记载主要有三处，即，记述成吉思汗至元顺帝的蒙古汗世系的部分；记载答言汗及诸子世系，尤其是俺答汗及其后裔的世系的历史部分，这一部分的记述尤为详细，可谓答言汗家族的系谱；在本书的结尾部分附录的乌珠穆沁部王公世系资料。这些记载对研究俺答汗家族历史具有较高的史料价值和学术价值。

《黄册》，作者不详，成书于清初。全书以佛教的宇宙观点开篇，以帝王世系为主线，依次叙述印度及西藏诸王、蒙古汗统起源、成吉思汗事迹、蒙元大汗世系及帝师、元顺帝后裔事迹、答言汗后裔世系，直至林丹汗。接着叙述成吉思汗诸子、诸弟的封国，卫拉特蒙古世系，书中记载答言汗幼子格哷森札札赉尔洪台世系及其历史最详细。

《蒙古源流》，原名《诸汗根源之珍宝史纲》，成书于 1662 年。作者萨冈彻辰出身于成吉思汗黄金家族，其家族属于答言汗第三子巴尔速孛罗的长子衮·必里克吉囊一系。本书主要内容包括宇宙生成、人类起源，印度、西藏、蒙古的汗统史以及满洲皇统史等。其中，蒙古汗统史是全书的中心内容，而元顺帝退回蒙古草原以后至清初的历史，即明代蒙古史，是全书的重点。在重点部分中，作者对自己所属的巴尔速孛罗一系的历史又着墨最多，叙述也更详尽，这一部分的叙述具有明显的家族历史特点，即家谱特征。此外，该书提供的答言汗诸子名号及其属部的记载，比其他蒙古文史书的记载更完整、详尽。对研究这些部落的发展史以及其后裔，具有重要的历史价值。

罗卜藏丹津的《黄金史》，原名《概述古代诸汗所建立政道之著作黄金史》，亦称《大黄金史》，约成书于 17 世纪末至 18 世纪初。作者在其著作后记中提到撰写该书的目的是“让众人世代传阅”。内容主要涉及印度、西藏王统，成吉思汗先祖世系。包括成吉思汗生平事迹、窝阔台汗至元顺帝诸汗世系及简史、元顺帝至答言汗前诸汗史与明朝诸帝世系、答言汗至林丹汗诸汗简史、成吉思汗诸弟诸子及九位大臣事迹、满洲兴起及林丹汗败亡。其中对右翼蒙古三部太吉世系记载尤为详细，是研究右翼蒙古世系难得的系谱资料。

《阿萨拉克奇史》，别名《从成吉思汗到乌哈图汗妥欢贴睦尔的蒙古历史》，成书于 1667 年。作者是喀尔喀部善巴，成吉思汗后裔，博尔济吉忒氏。该著作主要内容有成吉思汗先祖及成吉思汗事迹、元朝诸帝与帝师、元顺帝妥懽帖睦尔向北撤退之事及其遗腹子明永乐皇帝的传说、明代蒙古诸汗至答言汗历史、喀尔喀与卫拉特战争、答言汗诸子及其后裔、喀尔喀诸台吉世系与事迹、格鲁派在喀尔喀的传播等。其中，前一部分的成吉思汗祖先世系，尤其在书后半部分详细记载的答言汗十个儿子的世系以及答言汗幼子格　森札札赉尔洪台后裔世系，本身就是一个内容丰富、叙述详尽的谱系记载，是研究喀尔喀蒙古王公系谱的重要资料。

《恒河之流》，原名《成吉思汗黄金家族史略恒河之流》，成书于 1725 年，作者衮布扎布。全书分为前编和后编两部分。前编记载了孛端察儿至成吉思汗以及成吉思汗子孙至林丹汗的世系和简要事迹，此后按部落逐一记载答言汗子孙清代所在部落、爵位。后编记载了成吉思汗诸弟及其后裔世系和所属部落，清代所在盟旗、爵位等。

《金轮千辐》，全名《黄金家族之系谱，黄金氏族之心娱，九章之篇金轮千辐》，成书于1739年，作者是昭乌达盟扎鲁特右翼旗固什·答哩麻，是一名喇嘛。该书是一部以记述蒙古黄金家族的家族世系谱为中心内容的史学著作。该书作者在说明著述此书的动机时也跟《黄册》和《阿萨拉克奇史》的作者一样，引用五世达赖喇嘛“太平年代，凡人若不知己祖宗，则似迷途之猿；若不知己家谱，则似多鳞之龙；若不知己宗教史，则似荒唐迷惘之孩童”之名言，表明著述的目的是探讨世系谱，让后人知道自己的祖先。全书分九章，共六册。第一册，前言、宇宙起源、生灵起源、印藏王统和蒙古先祖；第二册，详述成吉思汗事迹；第三册，记述了成吉思汗子孙诸汗至林丹汗世系、诸汗事迹及宗教；第四册，记述答言汗子孙世系、成吉思汗功臣者勒篾后裔、蒙古诸部起源；第五册，记载成吉思汗诸弟后裔世系部落、青海和硕特起源、清代蒙古各部落源流；第六册，记载五色四夷国、成吉思汗功臣、卫拉特部起源、哈萨尔后裔。该书对答言汗后裔世系及明清蒙古部落有详细的记载，对察哈尔八鄂托克、内五喀尔喀、康里、阿速、喀喇奇里克等很多部落氏族的记载有较高的价值。

《大元国水晶念珠》，通称《水晶念珠》，成书于1775年。作者拉西彭楚克，全书分五章。第一章为序言，论述蒙古起源，考辨蒙古族名；第二章记述成吉思汗祖先世系和事迹；第三章记载了从成吉思汗到林丹汗父子的蒙古国历史；第四章记载了答言汗诸子及其后裔世系；第五章记载了成吉思汗诸子、诸弟及其后裔世系和事迹。

《蒙古博尔济吉忒氏族谱》，简称《蒙古族谱》《蒙古家谱》或《蒙古世系谱》。成书于1732年，原稿用蒙古文写成，后由作者译为汉、满两种文字。作者罗密是喀喇沁台吉后裔。家谱以世系谱形式编撰，记载了成吉思汗至林丹汗的发展历史，也堪称蒙古族黄金家族的世系谱。书中还记载蒙古各部各旗世系及其相互关系。

该家谱不仅有助于研究蒙古各部、旗世系源流，还是研究新疆、青海的蒙古族世系源流的重要史料。

两部《四卫拉特史》。第一部的作者是土尔扈特部人噶旺沙喇布，成书于 1739 年；第二部的作者是和硕特部人巴图尔乌巴什图们，成书于 1819 年。两部史书不仅名字相同，而且其内容也基本相同。其中记述四卫拉特世系较为详细，对研究卫拉特世系具有重要的价值。

《宝贝念珠》，成书于 1841 年，作者是喀尔喀土谢图汗盟人噶尔丹台吉。全书分两个部分。第一部分内容是有关宇宙形成，印度、西藏王统，宗教传播源流；第二部分记述蒙古史，包括蒙古大汗世系、蒙古汗与佛教关系、清初诸汗及统一蒙古各部史、青海蒙古史、西藏史、新疆回部史、卫拉特史、喀尔喀来源及历史。

《乌讷恩素珠克图旧土尔扈特与青塞特奇勒图新土尔扈特诸汗诺颜之世系表》，成书于 18 世纪末，作者是土尔扈特部僧人格埒克楚勒特木（别名号额哲）。这是土尔扈特贵族从王罕到 18 世纪末的一部较完整的世系表。对于土尔扈特蒙古族的来源、历史事迹，各贵族家庭历史的研究来说是不可或缺的重要资料。

四、蒙古族家谱的收藏情况

大量的蒙古族家谱被记载在蒙古文历史文献之中，还有零散的家谱收藏于国内外各个图书馆档案馆等地。1999 年，北京图书馆出版社出版了《中国蒙古文古籍总目》（以下简称《总目》），其中收录家谱文献 192 条。《总目》中涉及的收录这些家谱的收藏单位相对集中，主要是国家图书馆、内蒙古自治区社会科学院图书信息中心、内蒙古大学图书馆、内蒙古日报社蒙文资料室 4 家单位，少量文献收藏在内蒙古自治区图书馆（1 份），辽宁省阜新蒙古族自治县蒙古语文办公室（2 份），黑龙江省杜尔伯特蒙古族自治县博物馆（1 份），内蒙古自治区阿拉善左旗档案馆（1 份），才仁巴利（个人，存 1 份），内蒙古自治区档案馆（1 份），辽宁省喀喇沁左翼蒙古自治县档案馆（2 份），内蒙古自治区通辽市库伦旗档案馆（1 份），才让（个人，存 3 份），内蒙古自治区锡林郭勒盟苏尼特左旗档案馆（1 份）等单位和个人手里。

五、蒙古族家谱整理概况

（一）整理出版的蒙古族家谱资料及目录

1. 综合研究方面

（1）高文德、蔡志纯编著的《蒙古世系》1979年10月由中国社会科学院出版社出版，该书是采用近代史学界编撰系谱的方法整理编辑而成的工具书。全书包括三个部分：第一部分为世系表，共48章，从成吉思汗的远祖博尔帖赤那开始，至清末为止，记载的年代跨度约1200年；第二部分为注释，对重要历史人物及有关事件作扼要介绍，并列举各种史籍对系谱的不同记载，以便互相印证和补充；第三部分为人名索引，凡本表所引人名，包括史籍中的一些不同写法，均按笔画排列，以便检索。附录“盟旗索引”，供读者从盟旗角度查找有关的历史人物。

（2）《中国蒙古文古籍总目》（北京图书馆出版社，1999年）全国各地区图书馆、档案馆，收录192条家谱，这些均由蒙古文写成。

（3）《蒙古学研究参考工具书指南》（内蒙古大学出版社，2007年）中收录121条家谱。

（4）《北京地区蒙古文古籍总目》（第一卷）（内蒙古文化出版社，2011年）收录北京地区所收藏的蒙古文家谱32条。

（5）北京图书馆出版社编的《北京图书馆藏家谱丛刊·民族卷》（第一册）全文收入了蒙古族家谱6部。包括《蒙古世系谱》《许兀慎氏世系表》《鲁氏世谱》《恩荣奕叶》《蒙古博尔济吉忒氏族谱》《蒙古博尔济吉忒氏族谱》等。

2. 专题研究方面

（1）辽宁省少数民族古籍整理出版规划办公室和喀喇沁左翼蒙古族自治县档案局在国家民族事务委员会和辽宁省政府的支持下，整理出版了喀喇沁左翼旗档案馆所藏《喀喇沁左翼旗乌梁海氏家谱》（杨丰陌主编，辽宁民族出版社，2003年9月）。

（2）《辽宁蒙古家族谱选编》（辽宁民族出版社，2011年5月）。

（3）纳古单夫、阿尔达扎布校注《蒙古博尔济吉忒氏族谱》（蒙古文）（内蒙古人民出版社，2000 年 2 月）。

（4）曹纳木、乌恩整理《蒙古族姓氏集》，搜集整理了近 3000 条蒙古族姓氏，把这些姓氏按蒙古文音序排列并标注其蒙古语音和汉文表示文字，进一步说明其来源。该书被列入“鄂尔多斯古籍文献”丛书三，于 2007 年由内蒙古人民出版社出版。

（5）苏龙古德（虹）·宝音编辑《鄂尔多斯蒙古族姓氏探究》一书，对鄂尔多斯蒙古姓氏的历史演变及文化内涵作了详尽的论述，列出 490 多种鄂尔多斯蒙古姓氏，并且对其加以注释，还探讨了鄂尔多斯蒙古姓氏的汉化情况及原因。

（6）官其格编《蒙古族姓氏》（蒙古文），由前言、导论、蒙古姓氏集三个部分组成。附录比利时蒙古学家田清波的《鄂尔多斯蒙古姓氏》一文（内蒙古文化出版社，1993 年 2 月）。

（7）高乐巴根、陶克腾巴雅尔、敖兀乐、通拉克、格日乐图主编《蒙古贞姓氏与村名考》（蒙古文），其第一章“蒙古贞蒙古姓氏”中简述蒙古贞蒙古民族的渊源及蒙古贞蒙古姓氏概况。第二章“蒙古族家谱及家谱历史资料”部分公开发表了兀良哈（吴姓）、斡特尔（武姓）、含图德（韩姓）、达日胡德（戴姓）等 13 部家谱资料。其中，有一部是汉文的，还有一部是蒙汉合集的，其余均是用蒙古文写的家谱（内蒙古文化出版社，1991 年 8 月）。

（8）韩景林编写《试论蒙古族汉字百家姓》，搜集整理全国蒙古族汉字姓氏 398 个，对其中 32 个汉字姓氏和 31 个蒙古族姓氏的产生渊源及其发展演变过程进行了注释。本书纠正了社会上及各种媒体中流传的“蒙古族没有姓氏”“蒙古族随汉族姓氏”的偏见，弥补了蒙古族姓氏学空白（内蒙古教育出版社，2002 年 6 月）。

（9）《蒙古姓氏》（鲍玺著，高乐巴根、陶克腾巴雅尔、敖兀乐、通拉克、格日乐图编，内蒙古文化出版社，1991 年）。

（10）《蒙古族姓氏研究》（蒙古文）（宝奎著，辽宁民族出版社，2007 年 6 月）。该书收藏 3000 多条蒙古族姓氏，字数达 68 万字，是一部专门研究蒙古族现代姓氏的蒙文专著，被选为“中国蒙古学文库”出版典籍之一。

（11）《蒙古贞村屯史》（蒙古文）（阜新蒙古族自治县蒙古语文工作委员会主持编纂、白云主编，中国书籍出版社出版，2004 年）。

（12）《蒙古系谱》（蒙古文）（丹巴编著，内蒙古人民出版社，2000 年 11 月）。该书通过对《蒙古秘史》《元史》《史集》《蒙古源流》《蒙古游牧记》《钦定蒙古回部王公表传》等历史文献的整理，从成吉思汗的远祖孛儿帖赤那开始，至答言汗幼子格森札札赉尔洪台之第五子阿敏托日拉为止的蒙古世系，由四个部分组成，前两个部分是蒙古汗世系表及其注释，后两个部分是“盟旗索引”和“人名索引”。

（二）公开发表的蒙古族家谱论文

通过对“全国报刊索引数据库”检索发现，近五十年来，公开发表的有关蒙古族家谱的论文有 20 余篇。详情如下：

［1］李培文.《蒙古世系谱》的作者和版本小考［J］. 图书馆理论与实践，2013（03）：92-95.

摘要：清雍正年间，蒙古人罗密曾编一部《蒙古家谱》，《蒙古世系谱》是其节抄并加按语的传本，历来编者或称是乾隆时蒙古人博明，或称是清末宗室盛昱，没有定论。《中国古籍善本书目》收有一部南京图书馆藏本，著录为博明稿本。通过对南京图书馆藏本、其他传本以及博明稿本、盛昱和博明二人相关资料的研究，认为南京图书馆藏本只是现存各传抄本的祖本，而作者到底是博明还是盛昱，仍没有足够的证据。

［2］杜家骥.《蒙古家谱》增修者博清额之家世及该族《蒙古博尔济吉忒氏族谱》、《恩荣奕叶》［J］. 蒙古史研究，2003：417-433.

［3］王锺翰.《蒙古世系谱》作者及其他［J］. 蒙古史研究，1989：206-214.

摘要：《蒙古世系谱》又名《蒙古博尔济吉忒氏族谱》，本名《蒙古家谱》，同书三名，实一书也。《蒙古世系谱》五卷一册，系民国二十八年（1939）排印本，无序言，后附先师张孟劬（尔田）先生一跋。跋云：“文如居士［先师邓之诚先生］示我博西斋［明］旧钞《蒙古世系谱》”，是张先生据邓先生所藏博明旧抄本以排印之耳，并未云《蒙古世系谱》即博明所撰。

［4］纳古单夫．关于《尹湛纳希家谱》［J］．内蒙古社会科学，1985（5）：75-76.

［5］尹湛纳希．《黄金家族廿九世孙宗室世系谱》［J］．内蒙古社会科学，1985（5）：77-81.

［6］冈田英弘、忽剌安．蒙古编年史与成吉思汗系家谱［J］．蒙古学资料与情报，1985（Z1）：1-5.

摘要：蒙古编年史构成蒙古文学中一个独特的类型。

［7］纳古单夫．《蒙古博尔济吉忒氏族谱》之作者及版本［J］．内蒙古社会科学（文史哲版），1988（04）：52-58.

［8］都兴智．庄河发现的《都氏族谱》纪事考略［J］．史学集刊，1989（02）：22-24-72.

［9］科尔沁·哈布图哈萨尔世系谱［J］．内蒙古社会科学（文史哲版），1992（05）：2.

［10］达力扎布．清代《扎鲁特右翼旗扎萨克贝勒家谱》评介［J］．民族史研究，2005：261-269.

［11］达力扎布．《喀喇沁左翼旗乌梁海氏家谱》评介［J］．清史研究，2006（04）：104-109.

［12］李保文．蒙古博尔济吉忒氏族谱（上卷）［J］．历史档案，1996（03）：61-72.

摘要：《蒙古家谱》（上、下卷），原名《蒙古博尔济吉忒氏族谱》（以下简称罗本），系喀喇沁人罗密所著。清乾隆四十八年（1783）八月，其裔孙博清额在罗本基础上重纂，题名《蒙古博尔济吉忒氏族谱》（以下简称博本）。博本由朱风、贾敬颜点校，收入《汉译蒙古黄金史纲》（内蒙古人民出版社，1985年），而罗本至今未见刊布。编者于中国第一历史档案馆发现罗本蒙古文原著的汉译传抄本，实属罕见，今予刊布，以期有助于蒙古史研究。

［13］东人达．成吉思汗在西南的后裔［J］．内蒙古大学学报（人文社会科学版），2004（01）：21-25.

六、现存蒙古族家谱的特点

（一）现存蒙古文家谱版本年代跨度大

《中国蒙古文古籍总目》收录的家谱，从其年代来看，大多数为清代末期到民国，甚至还有个别年代更晚的。而且有的有确切的年代，有的则没有，但从其著录来看，不是清代的就是民国时期的，而且有不少藏品印有满、蒙文的公章。如《鄂尔多斯右翼后旗镇国公扎木苏始九代家谱》为清光绪四年（1878）毛笔写本；《鄂尔多斯右翼后旗巴图孟克达延汗三子巴尔斯博罗特始十八代家谱》为清道光元年（1875）毛笔写本；《章京巴雅尔莽鼐苏木诸台吉家谱》为民国四年（1915）毛笔写本；《鄂尔多斯右翼后旗章京布噜齐禄苏木诸台吉家谱》为民国三十四年（1945）毛笔写本；《鄂尔多斯右翼后旗诸台吉家谱》为清末毛笔写本；《鄂尔多斯右旗前期诸台吉十一代家谱》为清末毛笔写本；《喀尔喀札萨克图汗部札萨克图汗兼多罗郡王索特诺木喇布坦旗三等台吉色宁家谱》《鄂尔多斯右翼后旗三等台吉珲第始九代家谱》等110余种文献盖有“旗札萨克”或“某某旗管家章京”；“盟长印章”的满、蒙文的印章。《总目》文献中，年代最早者为清嘉庆二十年（1815）的《哈鼐诺颜洪古尔至玛哈巴拉家谱》，年代最晚者为1946—1947年间钢笔写本《哈尔固苏木哈尔固嘎查宝山家谱》。

（二）蒙古文家谱分布地域广，但又相对集中

《中国蒙古文古籍总目》收录的家谱，基本是在清代有了盟旗制度后编辑的。盟旗制度是清朝政府对漠南地区蒙古族实行的一种统治制度。盟旗各级官吏都由蒙古王公台吉担任，且世袭，清代政府的各种政府法令都是通过盟旗来执行。盟旗制度的基础是旗，组织形式是几个旗组成一个盟，盟长虽然管理旗，但却无权干预旗的各种政务。旗是蒙古地区一级行政区域，属于封建主的领地。旗长——札萨克，札萨克府下设杜萨勒克赤（协理，分管民政）、梅林（辅理，分管财政）和札希勒赫赤（章京，分管军政）。清政府在蒙古地区共设二十盟：内札萨克六

盟，外札萨十四盟。《中国蒙古文古籍总目》收录的家谱分布在鄂尔多斯市所属札萨克镇、杭锦旗、准格尔旗、达拉特旗、伊金霍洛旗、乌兰察布市、通辽市、外札萨喀尔喀、青海札萨克、昭乌达盟、辽宁（属于卓索图盟）、乌喇特东公旗等盟、旗的范围内。属鄂尔多斯市的家谱最多。

（三）蒙古文家谱均为写本

《中国蒙古文古籍总目》中的家谱有毛笔写本、竹笔写本、钢笔写本，其中大多数为毛笔写本。如《章京莽鼐苏木诸台吉家谱》，清光绪二十一年（1895）毛笔写本，《哈鼐诺颜洪古尔长兄儿子》为清光绪年间竹笔写本。从文献使用的墨色来看，基本上都是黑色，仅有一件《哈鼐诺颜洪古尔至玛哈巴拉家谱》为清光绪二十年（1815）朱墨双色套写写本。另外，《中国蒙古文古籍总目》中收录的唯一的钢笔写本家谱为《哈尔固苏木哈尔固嘎查宝山家谱》。

（四）蒙古文家谱多为散页

《中国蒙古文古籍总目》中的蒙古族家谱有散页、卷轴、缩微胶卷，也有一些成册复印件。而蒙古族家谱原件基本上是散页，少则一张，多则几十张，并且尺寸上大小各不相同。如《多罗额驸家谱》为自 1663 年开始记录的成吉思汗黄金家族额驸始十四代家谱，一张，尺寸相当大，宽 200 厘米、长 800 厘米。《鄂尔多斯左翼前旗巴图蒙克达延汗三子巴尔斯博罗特始十九代家谱》为民国时期毛笔写本，共 78 张。有三种文献为线装书：《台吉家族史》为清同治五年（1866）毛笔写本，一册，线装；《黄金家族哈萨尔世系谱》一册，线装；《哲里木盟与阿鲁科尔沁部家谱》为毛笔写本，一册，线装。仅有一种文献《巴图蒙克达延汗之子巴尔斯博罗特家谱》（09459 号）为清代毛笔写本卷轴。另有 24 种文献原件收藏在德国马尔堡大学图书馆，2 种文献收藏在丹麦哥本哈根皇家图书馆，1988 年由内蒙古大学拍照并制作成缩微胶卷。有 8 种文献为复印件，原件分别收藏在南京档案馆和个人手里。

（五）蒙古族家谱内容丰富形式多样

1. 贵族家谱

为了控制和利用蒙古封建主势力，清政府对归顺的蒙古封建主，按其效忠程度等，授予各种爵位，主要包括亲王、郡王、贝勒、贝子、镇国公、辅国公等，并可以世袭罔替，子孙继承。《中国蒙古文古籍总目》收录的家谱恰恰就是这些贵族家谱。家谱题名就明确记录其家族的身份爵位。如《阿雅泰墨尔根阿海始十二代家谱》《成吉思汗九骏之一太师孛斡尔出家谱》《伊克昭盟鄂尔多斯札萨克多罗贝勒阿勒坦额齐尔左翼前旗家谱》《鄂尔多斯右翼后旗镇国公扎木苏始九代家谱》《鄂尔多斯右翼后旗贝子色棱纳木扎始六代家谱》《鄂尔多斯右翼后旗三等台吉阿巴勒始七代家谱》《鄂尔多斯右翼后旗巴图蒙克达延汗三子巴尔斯博罗特始十七代家谱》《鄂尔多斯左翼前旗咕噜岱青始十九代家谱》《鄂尔多斯右翼中旗管旗章京诺尔布家谱》《鄂尔多斯左翼中旗首授二等台吉阿南达始九代家谱》《鄂尔多斯左翼中旗和硕亲王固噜始十代家谱》《鄂尔多斯左翼中旗协理四等台吉阿玉什始七代家谱》《鄂尔多斯左翼中旗郡王栋如布始九代家谱》《参领台吉八延多尔济辖下诸台吉家谱》《喀尔喀札萨克图汗部札萨克图汗兼多罗郡王索特诺木喇布坦旗三等台吉色宁家谱》《喀尔喀札萨克图汗兼多罗郡王索特诺木拉布坦家谱》《喀尔喀札萨克图汗部右翼后旗镇国公衔札萨克一等台吉巴扎尔巴尼家谱》《喀尔喀札萨克图汗部右旗札萨克札萨克辅国衮布索伦家谱》《喀尔喀札萨克图汗部贝子衔辅国公云敦多尔济家谱》《喀尔喀札萨克图汗部中左翼右旗札萨克辅国公八延济尔噶勒家谱》《喀尔喀札萨克图汗部左翼后末旗札萨克阿克旺车凌家谱》《喀尔喀札萨克图汗部左翼中旗札萨克镇国公达木定索伦家谱》《乌兰察布盟喀尔喀右翼达尔汗贝勒云端旺楚克旗察布丹家谱》《哈鼐诺颜洪古尔兄长儿子》《情海札萨克一等台吉索诺木多尔济家族史》《多罗额驸家谱》等。

2. 多次续修的同一家族的家谱

从《中国蒙古文古籍总目》可以看出，不少蒙古族家谱有修谱续谱的传统。《总目》09372-09375号为杭锦旗札萨克固山贝子都棱的家谱，分别为贝子都棱的七代家谱、八代家谱、九代家谱；09376-09380 号为杭锦旗巴图蒙克达延汗三子巴尔斯博罗特的家谱，其中有十八代家谱，也有十七代家谱；09381-09382 号分别为杭锦旗三等台吉阿巴勒始七代和八代家谱；09384-09386 号为杭锦旗镇国公索诺木始十代家谱；09398-09406、09422 号为杭锦旗巴图蒙克达延汗三子巴尔斯博罗特的家谱，有十六代、十七代、十八代、十九代家谱；09409-09422 号为乌审旗固噜岱青始十代、十二代家谱等。

3. 集体家谱

《中国蒙古文古籍总目》中出现一个盟的家谱，一个旗的家谱，一个苏木的家谱，出现更多的是一个家谱包含了诸人的家谱内容。如 09482 号为札萨克台吉旗家谱，09455-58 号为旗诸台吉家谱，09554 号为哲里木盟与阿鲁科尔沁部家谱，09488 号为鄂尔多斯市诸台吉家谱，09462 号为杭锦旗家谱，09482 号为札萨克台吉旗家谱，09458 号为章京阿勒坦格日勒苏木诸台吉家谱，09468 号为章京玛尼巴达尔苏木家谱，09470 号为杭锦旗章京哈达苏木诸台吉家谱，09482 号为札萨克台吉旗家谱，参领辖下诸台吉家谱（09490、09492、09493-97 号），等等。

4. 姓氏家谱

《中国蒙古文古籍总目》中收录了几部姓氏家谱，如《兀良哈氏诺颜家谱》《乌图尔氏家谱》《博尔济根察罕什巴古家谱》《罕图特氏家史与谱系》《蒙古营家史》《蒙古孛儿只斤家族史》等。其中，《兀良哈氏诺颜家谱》收藏在喀喇沁左翼蒙古族自治县档案馆，是迄今发现的最大的蒙古族家谱，具有珍贵的文献价值。

5. 成吉思汗黄金家族家谱

09523 号为《黄金家族二十九代家谱》，09535 号为《哈布图哈萨尔家谱》，09536 号为《黄金家族哈萨尔世系谱》，09364 号为《成吉思汗九骏之一太师孛斡儿出家谱》，09365、09376-09380、09398-09408、09459-61 号为杭锦旗巴图孟克达延汗三子巴尔斯博罗特始多少代人的家谱，从这些家谱可以了解到成吉思汗黄金家族的流传延续情况。

6. 其他民族家谱

《中国蒙古文古籍总目》中只出现一部其他民族家谱，叫《耶律氏家谱》，是契丹民族的家谱，耶律家族，属于以家族名称为氏。此文献对研究契丹民族的历史提供了有益的文献资料，值得关注。

7. 多数家谱较简略无题名

《中国蒙古文古籍总目》中有三分之二的家谱题名是根据文献的内容，由著录人员自拟的。比如《阿雅泰墨尔根阿海始十二代家谱》《鄂尔多斯右翼后旗贝子色棱纳木扎始七代家谱》《鄂尔多斯右翼后旗诸台吉家谱》等，原文献均无题名，是著录员根据文献内容自拟题名的。

蒙古族家谱历史悠久，通过家谱不仅可以了解蒙古族发展的过程和各种习俗，而且还可以看到蒙古族进入中华民族大家庭的历史过程。

七、新时期蒙古族新修家谱的特点

蒙古族历史文化源远流长，蒙古族家谱富有民族特色、地区特色和时代特色，是蒙古民族文化的重要组成部分。蒙古族家谱对研究蒙古族历史文化、展现蒙古民族文化特色具有重要的意义。家谱一般是由族长或贤明的族人主持修订的，后续者往往根据前修家谱的体例，补充增加各种现状资料，在世系列表、家族迁徙、人口兴替等方面更显出代代相传的特性。新修家谱，往往继承了清代，尤其是民国家谱编修的基本特点和内容。

1. 蒙古族家谱蕴涵着极为丰富的社会史资料

家谱既是记载家族的世系，也是记载一个地区历史发展的资料。成吉思汗第三十二代世孙鲍枫珊老人，通过查阅各支系家谱资料和有关蒙元历史的书籍资料，编写完成的《敖汉部贝子府王公家族史·孛儿只斤氏世系谱》一书，是一部跨越了千年的史书，从成吉思汗先祖——孛儿帖赤那至也速该（巴特尔），到成吉思汗、元朝十五帝，直到三十代贝子府德王（德色赖托布），一脉相承。

2. 蒙古族家谱对研究蒙古史具有较高的学术价值和历史意义

例如，由关昌龙等人提供的《五姓宗谱》《马姓家谱》《关氏家谱》《李氏家谱》，经专家认定：河南省内黄县及清丰县的1万多人是成吉思汗黄金家族的直系后裔。《五姓家谱》的首页是元太祖成吉思汗的头像，内容显示了蒙古族河南省内黄县马次范村一支系，从蒙古世系一世孛儿贴赤那，到二十二世铁木真，再到二十八世的豫王铁木黎，顺序排列清晰，一个不落。其他家谱则是接着铁木黎往后续的，一直记到了现在。《五姓宗谱》叙述了元帝国民族融合的过程，记载了五姓与“成吉思汗”皇族一脉相连的史料，以及当年豫王铁木黎为了逃避明兵追捕，令五子改姓，随其妻姓：铁木清（董清）、铁木明（李明）、铁木能（马能）、铁木杰（关杰）、铁木俊（陈俊），分居五处，这便有了今日的《五姓宗谱》。直到清朝初，五姓后裔才得以公开身份。可是，铁木黎究竟是什么人？带着这些疑问，关昌龙等5人带着家谱、碑文等资料不远千里，多次跑到内蒙古寻根问祖，最后到鄂尔多斯拜访了最后一个蒙古王爷奇忠义的儿子沙若飞，通过沙若飞提供的元朝亲王表，他们得知铁木黎竟然是元世祖忽必烈的玄孙阿忒里纳失里，元朝末年被赐封为河南行省豫王，谥号文贞公。《五姓宗谱》后经内蒙古鄂尔多斯市成吉思汗研究所认定，确认了河南省内黄县等地区有关成吉思汗后裔一事。这段史实为研究蒙古史提供了很有价值的翔实资料。

3. 从家谱中可以稽查有关蒙古族姓氏源流、分布和变迁

例如，《鄂尔多斯蒙古族姓氏探究》一书，就鄂尔多斯蒙古族姓氏的由来、演变、因果及鄂尔多斯蒙古族姓氏文化内涵等进行详细论述。书中列出490多种鄂尔多斯蒙古族姓氏，并加以注释。还有《蒙古族姓氏集》，从古至今，随着蒙古族社会和自然环境不断变迁，蒙古族姓氏也随之发生变化。该书记录并考证了3000多种蒙古族姓氏及其分布地区。

另如，湖北省鹤峰三家台成吉思汗后裔部先瑞老人珍藏着一部宝贵的家谱，家谱开篇写道：我家族本姓铁木真，原籍在蒙古，是元太祖的后裔。这部家谱经内蒙古专家认定，他们确实是成吉思汗的黄金家族，是镇南王之后。正是这部家谱弄清了部氏家族的来历，他们村几百名部氏族村民最终被专家确认为蒙古族。最后三家台更名为“三家台蒙古族村”。

4. 蒙古族家谱可以佐证古代地名、村名取名的含义

据江阴李氏宗谱记载，其先祖嘉那师曾经辅佐元世祖忽必烈，是统一中原的行军元帅。到元初南宋灭亡，嘉那师的儿子柯袭元帅受元朝廷派遣，镇守江阴地

区，自此其后代在江阴繁衍生息。元灭明起，李氏先祖被捕捆在一棵树上，明士兵当问他姓名，他谎称姓氏为树，巧妙逃过一劫。至此，李家村改名树家村，村民李姓改为树姓。直到民国初期，树姓家族才恢复原来的李姓。在江阴一地就有三个以李姓家族为主的自然村：树家村、邵岐村和砂山。

江阴李氏宗谱，经专家和鄂尔多斯末代王爷奇忠义老先生等详细查看后，对照蒙元史，确认家谱中出现的人物和历史事件在历史资料中都出现过，宗谱真实可信。

5. 家谱可为某区域蒙古族的构成、历史演变提供证据

例如，辽宁朝阳宝广文先生家的宝氏家谱。该家谱是清光绪年间续修而成，家谱上记录有580余人，其中获得清朝对蒙古贵族封爵名——台吉的达到400余人，一共传了12代。作为黄金家族后人的“宝”姓出现在清末民初，为成吉思汗的第二十九代后人。由于台吉属于贵族，所以清王朝在对他们进行统治的过程中，也实行了特殊的民族政策。宝氏家谱的出现对于研究辽宁朝阳地区蒙古贵族的形成、人员构成、社会生活情况具有重要价值。

6. 家谱为蒙古族民俗史研究提供了丰富翔实的资料

由阿拉腾其其格等人整理，根据阿拉腾嘎达苏姓人家的家谱和相关资料完成的《成吉思汗的阿拉腾嘎达苏》一书，讲述了分布于鄂托克前旗的阿拉腾嘎达苏氏人独特的风俗习惯。他们除每年都要派代表参加成吉思汗查干苏鲁克大祭以外，还有与其部族不同的神祇及祭祀仪式、祭祀赞词等。此书所记载的民俗文化对研究鄂尔多斯民俗文化史提供了理论依据。

7. 家谱为蒙古族民史研究提供了重要资料

例如，来自河南省的成吉思汗第二十七代世孙王云青先生，以大量的碑文、家谱等作为历史证据，写成了近40万字的历史专著《成吉思汗在中原的后裔》。他曾带着他的这部专著，向鄂尔多斯人介绍六百多年以前定居河南的蒙古人。该书对河南，主要是忽必烈第九子脱欢之第三子四驼王宽彻不花与其子孙于元末进入河南的原因、经过及支系的迁徙、分布、人口，都做了详细的记载。首次披露了当年的历史真相，以稀有的文献资料、翔实的历史史料描绘了一幅波澜壮阔的历

史画卷，为蒙古族移民史的研究提供了重要史料。

综上所述，可以得出蒙古族家谱的特点：现存 1949 年以前编修的蒙古文家谱数量不多，主要分布在鄂尔多斯市各个旗，有极少数分布在乌兰察布市、昭乌达盟、外札萨喀尔喀（现在的蒙古国）、通辽市、青海、辽宁等地。

就版本和年代而言，基本上清代中晚期及民国时期的毛笔写本，装帧形式为散页，少则一张，多则几十张。内容多为贵族、有公职者所属，有少量蒙古族姓氏家谱。资料显示，蒙古族曾有大量家谱流传，但现保存下来的为数不多。蒙古族著名文学家尹湛纳希的家族谱，辽南的巴尔虎后裔、元裔都姓、撒哈拉氏（许姓）均有家谱流传于世。但遗憾的是，《中国蒙古文古籍总目》里未见这些家谱收录。近年来，有一些学者整理研究蒙古族家谱并出版发行，如《辽宁蒙古族家谱选编》《哈日嘎纳哈拉家谱》《乌珠穆沁家谱》《岫岩巴尔虎旗—暨巴尔虎蒙古族翁阔特寇氏谱系》等，内容涉及蒙古族源流、姓氏、人口迁徙、地域分布、蒙旗设立、满蒙关系、牧场、土地等。这些家谱的珍贵程度不亚于《中国蒙古文古籍总目》收藏的家谱，希望在不久的将来有更多的家谱文献被挖掘整理，公布于世。

主要参考文献

[1] 道润梯步新译简注．蒙古秘史［M］．呼和浩特：内蒙古人民出版社，1979.

[2] 陈国干．清代盟旗制度的来源与性质［J］．内蒙古社会科学，1981（1）.

[3]〔波斯〕拉施特．史集［M］．北京：商务印书馆，1983.

[4] 朱凤，贾敬颜．汉译蒙古黄金史［M］．呼和浩特：内蒙古人民出版社，1985.

[5] 乌兰．《蒙古源流》研究［M］．沈阳：辽宁民族出版社，2000.

[6] 罗密著．纳古单夫、阿尔达扎布校注整理．蒙古博尔济吉忒氏族谱［M］．呼和浩特：内蒙古人民出版社，1989.

[7] 达力扎布．蒙古史纲要［M］．北京：中央民族大学出版社，2006.

[8] 乌云毕力格．《阿萨喇克其史》研究［M］．北京：中央民族大学出版

社，2009.

［9］〔日〕冈田英弘．蒙古编年史与成吉思汗系家谱［J］．蒙古学资料与情报，1985（3、4）．

［10］札奇斯钦．蒙古族谱概说［A］//第三届亚洲族谱学术研讨会会议记录［C］，联合报文化基金会国学文献馆，1987.

［11］札奇斯钦．蒙古族谱概说［Z］//第三届亚洲族谱学术研讨会会议记录［C］，联合报文化基金会国学文献馆，1987.

［12］纳古单夫．《蒙古博尔济吉忒氏族谱》版本述略［J］．文献，1988（2）．

［13］文轩．清代盟旗制度［J］．阴山学刊，1988（2）．

［14］李保文．蒙古博尔济锦氏族谱［J］．历史档案，1996（3）．

［15］中国蒙古文古籍总目［M］．北京：北京图书馆出版社，1999.

［16］张文广．悠悠族谱 民族瑰宝［J］．今日辽宁，2003（6）．

［17］巴音．内蒙古最大的家谱图——鄂尔多斯左翼后旗家谱图［J］．中国档案，2003（10）．

［18］章彦．蒙古族雁门萨氏编撰志略［J］．福建民族，2004（3）．

［19］侯永锋．朝阳蒙古族家谱悬疑［N］．辽宁日报，2007-03-05.

［20］徐文清、万余．成吉思汗直系后裔现河南 巨幅家谱为证（图）［N］．今日安报，2007.

［21］鄂尔多斯古籍文献丛书［M］．呼和浩特：内蒙古人民出版社，2009.

满族家谱研究

满族家谱是满族先祖留下的颇为珍贵的文化遗产，其所包含的内容十分丰富，如作为家谱所共有的部分，满族家谱中的谱序大多揭示了每个宗族分支的始祖、祖居地、始迁祖等重要信息；家谱中对于辈次的记载则反映了满族姓氏由杂乱无章到规范化的历史进程；而家谱中往往包含有祭祖、婚嫁、丧葬、节日、祭祀等内容，也是研究满族民间风俗不可多得的资料。另外，如各种御赐碑文、祭文、上谕等也在许多家谱中有所体现，这对于研究清朝时期的政治、经济、文化及社会生活发展极为重要。总之，满族家谱是极有价值的珍贵的民族历史史料。

一、概述

满族统治中国长达 268 年，纵观历史，其在经济、政治、军事等方面都给我们留下了很多的财富，满族家谱就是其中的珍品。满族家谱记述了满族人民生活的各个方面，从家族的由来、迁徙到文化、风俗，可以说涵盖了满族人民生活的方方面面。这对于研究清朝时期的政治经济及社会生活发展是极其珍贵的历史资料。总之，满族家谱是极有价值的珍贵的民族历史史料。满族家谱中不仅是家族史、民族史研究的重要资料来源，也是明清史、民国史的基础史料。

满族修谱源远流长，官方、民间都有修订家谱的习惯。从 1735 年，清朝皇帝乾隆修订《八旗满洲氏族通谱》开始，满族的各个氏族就开启了修谱的历程，直到今天仍有后人续修、重修满族先人的族谱。满族家谱大多散落于民间，由于历史的原因，私藏的谱书大部分已经失传或者不完整了。少数因保存在国内的一些图书馆而得以流传至今，主要是国家图书馆、首都图书馆、中央民族大学图书馆、第一历史档案馆以及吉林、辽宁省图书馆等。其中，国家图书馆馆藏满族家谱38部，其中包括《八旗满洲氏族通谱》和《爱新觉罗通谱》这两部在满族氏族中占主要地位的家谱。并且国家图书馆已于2003年将其整理出版，名为《北京图书馆藏家谱丛刊·民族卷（全一百册）》，该套丛书的前四十六册几乎全部为满族家谱。

中央民族大学图书馆馆藏汉文满族家谱21部，分别是:《爪尔佳氏家谱》《宗室王公章京世袭爵秩册》《马佳氏族谱》《悚斋家传》《正红旗满洲哈达瓜尔佳氏家谱》《家乘绀珠》《叠膺芝诰》《 镶黄族满洲钮祜禄氏弘毅公家谱》《宗勋世系备考》《八旗满洲氏族通谱》《钦定八旗氏族通谱辑要》《郭氏家乘六种》《爱新觉罗宗谱》《清皇室四谱》《辽阳罗氏各处地方远近》《蒙古博尔济吉忒氏族谱》《黑龙江依克唐阿家谱》《吉林他塔喇氏家谱总目》《辽阳富察氏族谱》《双城刘氏宗祖世代谱书》《郭络罗氏各处地方远近世宗同谱起创奋兴》。馆藏满文满族家谱共有四部：《蒙古王公谱》《八旗满洲氏族通谱》八十卷、《诰命清山西巡抚刘弘遇》《沙金富察氏宗谱》。满汉文字合璧一部：《正白旗满洲叶赫那拉氏宗谱》。

第一历史档案馆现存整套满文玉牒。其中保存了大量完整的满族皇室家族的谱牒，可以说它是我们研究满族皇室家族、八旗家族的重要的一手资料，也为我们日后的整理研究提供了保障。

另外，在吉林省图书馆、辽宁省图书馆也收藏了一些满族家谱资料。吉林省图书馆藏满族家谱文献7部，有《萨喇嘛蔡氏家族谱书》《吉林他他拉氏家谱》《满族佟氏家谱总汇》等。辽宁省图书馆藏品更多，有15部，包括《宽甸柏氏家谱》《乐安孙氏家乘关东凤城族谱》等。

满族家谱是氏族家传之物，所以多收藏于民间，但是散佚十分严重，能保留下来的都十分难得。民间收藏的家谱多藏于辽宁省，这是因为辽宁省可以说是满族的故乡，努尔哈赤是在这里崛起并统一女真各部的，从而使满族这个新的民族共同体统一中国，组建了我国最后一个封建王朝。1644年清入关以后，仍有大量满族人留居此处，满族又有保留谱书的传统，自然在辽宁此地保留了许多的满族家谱。经相关人员考察发现，满族家谱在辽宁省保存较多的地区有：本溪、辽阳、新宾、岫岩、凤城、盖州、沈阳、桓仁、庄河、瓦房店、铁岭、开原、抚顺、北镇、新金、义县、海城、兴城等。家谱数量多达五百余部，实际的保存数量应当超出此数。其中本溪地区保存的数量较多，超过一百部。主要有小市满族镇的解氏族谱、金氏族谱、艾氏族谱等；草河城满族镇的屈氏家谱、贺氏家谱、赫舍哩氏家谱等；山城子满族乡的王氏族谱、鲍氏家谱等；本溪市的瓜尔佳氏先远九族共谱、马佳氏族谱等。本溪在清朝初期是兴京、东京的辖地，是满族的故乡，至今仍是满族的聚居地，保存满族家谱自然数量众多。

从这些家谱的价值来看，价值较高的有藏于本溪市溪湖区的马佳氏族谱，本溪市张其寨农场的花氏谱书，本溪市高台子镇的赵氏家谱，草河城满族乡收藏的赫舍哩氏族谱书、屈氏家谱，本溪市桥头镇收藏的那氏族谱，片令满族乡收藏的赵氏家谱等。这些家谱有的记载了满族维持生活的主要手段，并不是像人们所想象的：当时的满族都是贵族或者统治阶级，靠着俸禄和封地生活。有一部分人，甚至是旗人也和当地百姓一样参与农作，自给自足。从收藏的家谱情况看，满族家谱的内容十分丰富，涉及姓氏、人口、职业、宗教礼仪、传说等。形式分为谱单和谱书两种，也就是图表式和叙述式。

通过满族家谱资料的介绍，我们可以了解满族的历史，它们是帮助我们认识满族文化的重要依据和资料，也给我们客观地评价满族社会提供了参考。另外，在吉林省也有不少满族家谱存世，经初步统计有几十部之多。吉林也是满族发祥地之一，满族人口占全国人口的 10%以上。满族家谱得以保留，不仅因为辽宁、吉林的满族人口留存众多，还因为辽宁、吉林的满族聚居地常常地处偏远山区，交通、信息闭塞，这也为满族家谱的保存提供了条件。满族人民乐于且善于编写、储存家谱，除了政治上的因素，与民族风俗传统也有一定的关系。满族有祭祖的传统，每年遇到祭日，便将宗谱从祖宗匣中取出，将其供奉在西墙上，全家人一起跪拜祭祀，并祈求祖先的保佑。这种共同的心理因素也是满族保存家谱的原因之一。

满族家谱存世量大，但是并没有得到全部的开发及研究，从 20 世纪 80 年代开始才有单位和个人开始收集、整理、研究满族家谱。除了对满族家谱的本体进行研究，还透过满族家谱对其传递出的满族文化历史等问题进行了多方面的研究。经过近三十年来的不断发展，在多方面的共同努力下，一批具有一定学术价值的研究专著相继面世。

1983年，辽宁人民出版社出版的《满族家谱选编》是国内第一部民间满族家谱资料汇编。随后，关继贤于1988年出版了《凤城瓜尔佳氏四修宗谱》是一部完整介绍瓜尔佳氏家族的谱书，该书查漏补缺，让我们对凤城瓜尔佳氏有了深刻的了解。到了90年代，对于满族家谱的抢救、整理工作开始全面发展。李林编纂的《满族宗谱研究》于1992年由辽沈书社出版。赵立静等人编纂的《满族家谱选》（中国社会科学出版社，1994年），收录了12种满族家谱。这12种家谱均藏于民间，作者详细介绍了谱书的修谱时间、版本等信息。之后，辽宁古籍出版社于1996年出版了《满族家谱研究》。随着满族家谱收集、开发工作的深入，2003年出版的《北京图书馆藏家谱丛刊·民族卷（全一百册）》是对满族家谱进行大规模搜集整理的成果。之后，有关满族家谱研究方面的书籍层出不穷。如2010年辽宁民族出版社出版的《满族谱牒序评注》，展开了对满族家谱序言的研究，可以说是对满族家谱研究的深化，也是满族家谱研究深入的表现。

除了出版以上这些专著外，在学术论文方面，也有越来越多的人涉足该领域。检索中国知网，以满族和家谱作为主题词、关键字进行检索，共检索到有关满族家谱的信息2705条。其中，期刊文章1771篇，时间从1957年到2013年；报纸文章107条，时间从2001年到2013年；博士论文356篇，时间从1999年到2012年；硕士论文471篇，时间从2000年到2012年。从内容上分析，这些资料涵盖了满族家谱的本体、满族的民族历史、民族文化、宗教、语言、满族家谱的价值及意义等多个方面，几乎涵盖了全部内容。可以说近些年来，对于满族家谱的整理和研究工作已经开展得十分广泛而深入；从时间段上来分析，有关满族家谱的研究近年来呈现加速增长的趋势。如图一中所示。

从图一中的数据可以看出，仅从近十年来分析，专注于满族家谱的研究文献发表量就从2002年的8篇，先后增长为2007年的23篇和2012年的66篇，增长数量达7倍多。这也说明了该相关领域越来越受到研究人员的关注。

随着信息社会的发展，对于满族家谱的研究也深入到了互联网领域。通过互联网的传播，更是能够将满族家谱的内容、满族文化传播给更多的人。记录有满

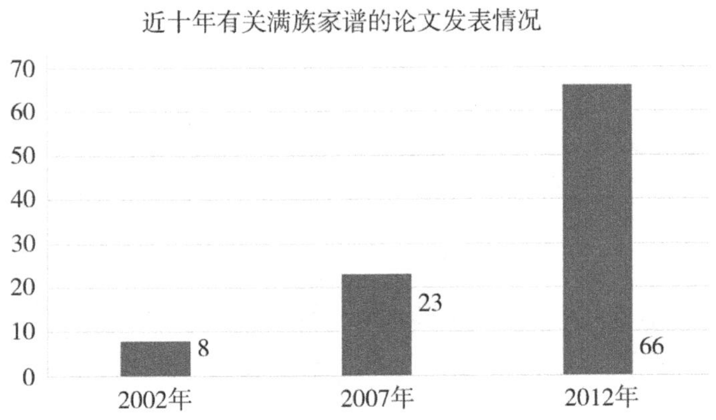

图一

族家谱信息的网站大致分为以下几类：

1. 以介绍满族家谱或满族文化为主的网站

这类网站以介绍满族历史文化为主，其中也包含了满族家谱的相关内容，例如以下几个网站：

（1）满族文化网 http：//www. imanchu. com/

（2）吉祥满族 http：//www. manchus. cn

（3）满族在线 http：//www. manjusa. com/forum. php

2. 带有区域性特点的满族文化网站

（1）沈阳市满族联谊会 http：//manzu. nen. com. cn/news_ detail. asp？ id=190

（2）满族民俗 http：//trs. library. nenu. edu. cn/pub/dbmssjk/mz/

3. 具体介绍姓氏及其源流的网站

（1）中华寻根网 http：//ouroots. nlc. gov. cn

（2）满族叶赫佟氏网 http：//www. mzyhts. com/n. asp？ n=%D7%E5%CA%B7

满族家谱重要的历史价值不言而喻，满族家谱难以保存的现状也很值得关注。随着社会的发展，大家越来越深刻地感觉到保护和研究满族家谱有着十分重要的意义。

二、满族修谱的缘由分析

1. 满族历史简介

作为北方主要的少数民族，满族具有悠久的历史，新开流文化时期的肃慎、挹娄、勿吉、靺鞨、女真、满洲等都是现代满族的先祖。

早在殷周时期，满族的先人就开始在东北地区进行开发活动，并与中原地区往来。周武王时，肃慎人就开始进贡。周人在说自己的疆土时就明确称：肃慎、燕、亳地区，是我北方国土。

汉代以来的历朝历代，也对满族的祖先有明确记载。汉代至晋代的挹娄、南北朝时期的勿吉，隋唐时期的靺鞨，以及辽、宋、元、明时期的女真等，都是肃慎的后裔。这期间，部分辽代女真的后裔还演变为今天的鄂伦春、鄂温克、赫哲族等，也保留了与满族相近的风俗习惯。

公元1635年，女真族首领努尔哈赤、皇太极废除“女真”的族号，改称“满洲”，将居住在东北地区的建州女真、海西女真、野人女真，以及生活在这里的汉族、蒙古、朝鲜、呼尔哈、索伦等多个民族均归入一个族名——满洲族。辛亥革命推翻清朝，官方改称其族人为“满族”，并一直沿用至今。

作为中国最古老的民族之一，满族在政治、经济、军事、文化等多方面为中华文明的发展作出了重要的贡献，尤其为后人留下了丰富的文化遗产，这其中就包括满族家谱这种反映其民族历史文化的重要文献。

2. 满族的姓氏源流分析

满族的先祖可以追溯到三千年前，《满洲源流考》中记载：“《金史》所载姓氏，均与满洲氏族相合，第译对字讹，今悉据八旗姓氏通谱改正。”根据《满族宗谱研究》一书中列出的满族姓氏和金代女真人相对比，可以看出满族姓氏的主要形式很大程度上源于金代女真人。《满族宗谱研究》中所列的满族与金代女真人的姓氏对比及地区分布情况见表1所示。

表 1　满族与金代女真人的姓氏对比及地区分布

金代姓氏	汉字	金代各部	各部分布地区	满族姓氏	汉字
完颜	王	完颜	主要分布在今哈尔滨市东南的阿什河。主要有三支，一支牡丹江流域，一支雅兰河流域，第三支今辽宁省金县、复县。还有散居各地的。	完颜	汪、王的《王氏家谱》《王氏宗族谱书》
纥石烈	高	纥石烈	今延边布尔哈河、汤旺河、汤旺河北的多陇乌河、呼兰河、辉发河等地区。	赫舍哩	赫《赫舍哩氏》，康《赫舍哩氏康祖世谱》
蒲察	李	蒲察	阿什河、翰泯河流域	富察	富《富察氏宗谱》
裴满	麻	裴满	今黑龙江省五常市	费摩	马《马佳氏族谱》
尼忙古	鱼	泥旁古	硕罗河	尼玛哈	
温敦	空	温都	今敦化北勒福成河	温都	
乌林达	蔡	乌林答	牡丹江支流海浪河流域和富尔涧河，在乌尔河西。	乌凌阿	
纳敕（兰）	康	纳喝	今吉林省叶赫河一带。	纳喇	那《那氏族谱》
夹谷	仝			瓜尔佳	关《瓜尔佳氏宗谱》
古里甲	汪			瓜尔佳	关《瓜尔佳氏宗谱》
仆散	林			布萨	
徒单	杜	徒单	付拉荤河等地区。	图克坦	
奥屯	曹	奥纯	在乌古伦部邻近。	鄂屯	
抹颜	孟			穆延	
女奚烈	郎			钮祜禄	郎《郎氏宗谱》
颜盏	张			延扎	

续表

金代姓氏	汉字	金代各部	各部分布地区	满族姓氏	汉字
斡准	赵	斡准	绥芬河流域。	温古孙	
乌古伦	商	乌古伦	绥芬河流域、图们江下游和珲春河流域一带。	乌库哩	
温迪罕	温	温迪痕	图们江、活龙河、饮马河流域。	温特赫	
术虎			拉林河上游的活龙河及拉林河流域。	珠格	

从表1的对比中可以看出，满族有许多姓氏起源于金代女真人。满族八旗中的几个重要姓氏都可以在金代女真人姓氏中找到。如关（瓜尔佳氏）、富（富察氏）、郎（钮祜禄）、赫（赫舍哩）、那（纳喇）等。

金代女真人的姓氏“夹谷”，汉字为“仝”，即为佟这个姓氏，演变之后来就是明代建州女真努尔哈赤的姓氏。金代夹谷姓中，有金世宗时名将夹谷清臣，他是胡里改路人，一般认为胡里改路大体上包括黑龙江中下游及松花江下游广大地区。清臣的女儿是金朝宫中的昭仪，由于夹谷清臣是胡里改路的贵戚，所以当地一些部落也沿用“夹谷”作为姓氏。到了明代建州女真人的努尔哈赤一族及其先人曾以佟为姓，自称“爱新氏”，汉译名为金。由此可以看出，爱新觉罗氏一族的姓氏是由金代女真人夹谷一族流传下来的。

另外，可以看出女真人姓氏与满族姓氏都为复音。这也表明了满族姓氏的源头是女真姓氏。女真文作为多音节文字，一个单词多由多音节组成，这不同于汉语。因此将女真文用汉字音译，势必以几个汉字作为姓，而为复姓。满语沿用女真语音，后用蒙文字母写成满文，也是多音节文字，所以用汉字音译其姓氏时必然是复姓。研究我国古代历史可知，元明之际，明朝与蒙古势力进行了激烈的较量，蒙古势力逐渐被削弱，最后蒙古族的残余人口四处迁徙，一部分是居住在黑龙江中下游的兀者人，南迁后分别移居乌拉河和哈达河畔，故名乌拉部、哈达部。辉发部是黑龙江尼马察部人，乃肥河卫、呕罕河卫女真人后裔，原为益得里氏，其始祖昂古力，自黑龙江移居扎鲁（今黑龙江省哈尔滨一带），后投奔呼伦人纳喇氏。海西四部相互距离很近，互相融合并结合当地的女真人，后来均称为纳喇氏。满族兴盛之后，纳喇氏成了满族的大姓之一。另外一支建州女真人是由居住在松花江下游和邻近黑龙江地方的胡里改部乌古伦氏阿哈出、斡多里部夹谷氏猛哥帖木儿（孟特木）向东南方向迁移而形成的。乌古伦氏、夹谷氏不断发展壮大，吞并其他宗族成了女真人中的大氏族。明末称其为女真人的统治者，名为“爱新觉罗氏”。建立清朝之后，爱新觉罗成了满族皇室。与此同时，胡里改中部的奚滩氏（喜塔腊氏）、奥屯氏（鄂屯氏）、裴满氏（费摩氏）、纥石烈氏（赫舍哩氏）等迁移绥芬河、图们江及朝鲜东北部定居。后来都成了满族的重要姓氏。努尔哈赤统一女真各部，建立后金国后又建立清朝，各部相对稳定，且各方面不断规范。1744年，编纂的《八旗满洲氏族通谱》正式选定了645个姓氏为满族姓氏。这些姓氏都是根据家谱和档子选定的。后来编修《清朝通志》加以补充。

表2　满族主要姓氏

满姓	汉字	缘由	分布地区	谱书
沙岔氏	谢氏	赐姓	辽宁省岫岩	谢氏谱书
解乌拉气氏	解氏	满语音译	辽宁省本溪	解乌拉气氏家谱
章佳氏	车氏、章氏	十世祖名车金保、玛色	辽宁省凤城、本溪	章佳氏族谱
喜塔腊氏	图氏	十世祖名图黑	辽宁省新宾	永陵喜塔腊氏谱书
富叉哈卡氏	傅氏	音译	辽宁省岫岩	傅氏谱书
赫舍里氏	康氏、赫氏	满语音译/以先祖之名	辽宁凤城、辽阳	赫舍哩氏宗族谱书
佟佳氏	佟氏	音译	辽宁省新宾、岫岩、铁岭、抚顺等	佟氏家谱
马佳氏	马氏	音译/费莫	辽宁省盖州市、辽阳	马佳氏谱书

续表

满姓	汉字	缘由	分布地区	谱书
富察氏	富氏	音译	辽宁省辽阳市、盖州市、新宾、本溪、沈阳	富察氏谱书
瓜尔佳氏	关氏、金氏	音译	开元、盖州市、桓仁、本溪、新宾、凤城、岫岩、义县、北京	满洲苏完瓜尔佳氏全族宗谱、瓜尔佳氏家谱、金氏谱书
钮祜禄氏	郎氏	意译	辽宁省盖州市、法库县	郎氏家谱
爱新觉罗氏	肇氏/赵氏		辽宁省新宾、北镇、本溪	肇氏谱单、赵氏家谱、赖穆布宗谱
他塔拉氏	唐氏	音译	吉林市	他塔拉家谱

3. 满族修谱缘由分析

与其他民族类似，满族的先民有通过诸如结绳记事的原始方式来记载家族发展、人口繁衍的传统，而满文的创立和运用，也为满族修谱提供了语言文字基础。从清代开始，受汉文化的影响，为了“明世系，别支派，定尊卑，正人伦”，也开始修谱。此外，清朝统治者出于维护自身统治的需要，也采取多种手段积极鼓励修谱。由此可见，满族修谱是多方面因素共同作用的结果。

（1）满族先民的结绳记事传统

满族先民早在部落时期，就有记载家族人口和世系繁衍情况的意识，虽然受到文化发展水平的局限，导致其在没有文字的情况下无法用文字档案的形式表达和记录下来，但这些满族的先祖们仍然通过结绳记事的方式来记录自身的发展历史。

据有关文献记载，如果这些先民家中生男孩，就在大门梁上悬挂小弓和箭，俗称“公子箭”，这表达了满族崇尚骑射文化的思想，同时也有为产妇趋吉避凶的含义。而如果生的是女孩，则在门梁上悬挂一条红布，象征着吉祥如意。孩子满月后，将“公子箭”或红布条收回系于子孙绳上——这就是结绳记事的具体实例。一般子孙绳是一条由不同颜色布条结成的绳子。绳上系着很多象征男孩和女孩的弓箭和红布条。为区分辈分，通常在弓箭和红布条上下之间，拴一块狍子、猪、羊等动物后腿的大骨头（满族人称之为“嘎啦哈”）。

可以说，以子孙绳为代表的结绳记事方式，是满文出现前满族先民对家族人口生育、性别进行记录的主要方式，对文化传承发挥了重要作用。但这种方式的缺陷也是明显的，随着时间的不断推移，人物和事件积累得越来越多，没有文字记载，只是口口相传，一些祖先的名字、事迹往往会被模糊甚至被遗忘，另外，受战乱、各类天灾人祸的影响，结绳记事的方法随时都可能会终结。

尽管存在一定缺陷，但这种通过结绳来记载家族源流的方式，并没有很快消亡，而是继续在满族先民及其后裔中存在了相当长的时间。例如前文提到的由辽代女真的后裔演化而来的东北鄂伦春人，在 17、18 世纪，也还在马鬃绳上打结记事，通过打多少个结，来获知本家族至今有多少代。另外，东北地区的锡伯族，也用类似生男孩挂小弓箭、生女孩挂红布条的方式，对家族情况加以记录。

（2）满文的创立及影响

最早期的女真人没有自己的民族文字，公元 1599 年，清太祖努尔哈赤指派额尔德尼和噶盖以蒙古文字母为基础，创制满文。满文的字母数目和形状与蒙古文字母保持基本一致。这时候的满文又叫作“无圈点满文”或“老满文”。满文的创制和使用，不仅是满族文化发展史的一个大事件，而且还大大推动了满族社会和经济的发展。

但是创制于战事频繁年代的老满文，由于没有可借鉴的经验，在实际使用中还是存在一定的不足。比如字母数量偏少、语法不规范、字形不统一等。特别是在后金政权逐渐发展起来后，文字问题在某种程度上阻碍了社会、经济的发展。因此，自额尔德尼、噶盖于 1599 年创制满文后，经过三十多年的推广应用，到公元 1632 年，清太宗皇太极令达海对这种文字加以改进。

达海针对当时老满文存在的问题，从三个方面对其进行了改进。首先，他为老满文加上了圈点，这就可以区别一些雷同的情况；第二，借用汉语的一些字母，新增了10个特定字母；第三，规定了整套的语音规则。这些变化使满文的字形结构、语音拼读、语法规则等更加完整和规范，并与蒙古文字母明显区别开来。“新满文”更加方便人们的使用，也更好地促进了满族家谱的发展。

在新老满文演变过程中，作为清太宗皇太极时期用满文写成的官撰编年体史书——《满文老档》具有重要的历史价值。作为第一部正式的满文文献，该书最开始是用无圈点老满文书写的，还夹杂有蒙古文。新满文产生后，自天聪六年（1632）开始,《满文老档》又使用加圈点新满文。到了乾隆六年（1741），内阁大学士鄂尔泰、徐元梦还奉命将无圈点字档册中难以辨识的无圈点老满文捡出，附注上新满文。

满文的创立与成熟，不仅对于后金政权及之后清王朝的产生、发展意义重大，也为满族纂修真正意义上的文字家谱奠定了基础。

（3）汉族家谱文化的影响

汉族的家谱文化由来已久。杜泽逊所著的《文献学概要》一书中认为:“家谱应当起源于父系社会，尤其是帝王禅让制度被世袭制度代替之后，世系就十分重要。”而在《周礼·春官·小史》中也有“掌邦国之志，奠系世，辨昭穆”的内容，其中，系指的是天子的帝系，而诸侯的世系则称为世本。到了汉、魏晋时期，形成了“官为簿状，家有谱系”的局面。到了宋代以后，私家修谱盛行，直到今日都长盛不衰，所以汉族谱牒制度比较完善，体例完整。

正因为汉族家谱在体例、内容、结构等方面都显得十分成熟，所以其对于入关以后成规模修谱的满族而言，影响也是显而易见的。

例如，宋代的欧阳修创制了的欧体这一体例被后世家谱所广泛采用，它的原则是“五世一提”。通常的情况是：先画出世系图，以备检索；到了编排时，根据房分支派，将某房的某一支派五代安排为一个段落，编完了这一支，再编另一支的五代，编写了这五代，再编下一个五代，以此类推。

满族家谱在体例上也沿用了汉族家谱的体例，比如《萨嘛喇氏族谱》。而汉族家谱中贯穿的儒家思想，也在满族家谱中有所体现。例如尊重祖先的观念、传统的孝道观念，很多满族家谱都有单独祭祀的内容，这在后文提到满族内容分析时会详细阐述，这里不再赘言。

（4）维护清朝统治的需要

正如前文所述，家谱很早就有记载帝王世袭的用途，用来保证上层统治者社会地位的传承，确保统治者自身的声望。如在唐太宗时，吏部尚书高士廉奉命修谱，其在区分当时的姓氏等级时，仍按惯例将旧世族山东崔氏列为第一，结果引起了原本门望不高的唐太宗李世民的不满。为了提高皇族的声望，就叱令高士廉按照当时的官爵高低来划分等级，结果皇族自然被划为第一等，而崔氏则降为了第三等。

前文提到的《满文老档》在谈到清太祖努尔哈赤时，为了突出这位清朝开国之君有过人之勇且有卓越的军事天赋，称其“心思聪颖、谋略众多，带兵行军打仗巧妙，因此能够不使敌人知晓自己的心意，不显露一点可乘之机”，还指出其“十分擅长射箭，能够指哪射哪。作战之时射了一箭之后抽第二箭的空当留了一个心思”，“让敌人还没来得及之时便将敌人射、砍于马下了”。这自然就塑造了一个能征善战、智勇双全、近乎神化的汗王形象。

而为了凸显建州部努尔哈赤家族的正统地位，自然对与之相关的人物也都根据需要做了有针对性的描述，如对忠于自己的有功之臣都会着力突出其英雄形象。《满文老档》中就讲述了这样的故事：皇太极在登上汗位后，要众贝勒都宣誓效忠，为了体现对有拥立之功的老臣大贝勒代善的优待，特意关照他可因年老体弱而免于起誓。结果代善坚决上奏，表达了自己希望和众贝勒一起盟誓，向皇太极效忠的决心。代善当时是和硕贝勒，也被尊称为大贝勒，既是皇太极的哥哥，同时还独领八旗中的正红、镶红两旗，其他贝勒都是只领一旗，可见其权力之大。能得到这样一位德高望重的老臣的支持和效忠，皇太极继承努尔哈赤汗位的正统性自然也就毋庸置疑了。

与之相对，同样为了体现努尔哈赤家族的正统地位，对那些在其兴起过程中实施阻碍的势力，自然也就被塑造成反面形象。如与当时建州女真敌对的叶赫贝勒金台什,《满洲实录》中说他勾结当时的明朝祈求援助，将其塑造成一个勾结外部势力、反对民族统一、背叛民族利益的小人形象。这自然也就佐证了努尔哈赤家族讨伐、消灭敌对势力的正义性。

在入主中原后，清朝统治者为了维护自身统治，也很好地利用了修谱这一手段，并从多方面入手，鼓励本民族修谱。一方面，通过上谕等方式昭告天下，如清顺治年间有乡谱昭就写到“敦孝弟以重人伦，笃宗族以昭雍睦，训子弟以禁非为，明礼仪厚风俗”；清康熙时期对于修谱也有圣谕十六条，其中就有“敦孝弟以重人伦，笃宗族以照雍睦”的语句；到了雍正时期也要求“修族谱以联疏远”。

除了主观上的鼓励外，清朝统治者还把家谱的记载作为现实获得某种资格与收益的重要参考依据，从而在客观上调动了满族修谱的积极性。

例如对于八旗世爵世职的承袭，就体现了这一点。清代世爵世职的承袭，不仅仅是名位上的一种传承，更多代表的是现实政治利益和经济收益。因此当世爵人员亡故后，对承袭人资格的审定自然就成了十分重要的问题。根据光绪年间《大清会典事例》的记载，乾隆年间确定承袭人的具体原则就是：“先以得爵之人子孙承袭，无子孙，以亲兄弟之子孙承袭，无亲兄弟之子孙，以亲伯叔之子孙承袭，无亲伯叔之子孙，按其谱牒，以宗支相近者承袭。”可见当时家谱在选择世职世爵的承袭人方面，已经成为确定亲疏真伪的重要凭证。

不仅是世爵官职的承袭，在旗人的日常待遇方面，家谱也发挥了一定作用。清朝有较为严格的户籍制度,《清会典》记载“凡八旗氏族，载在册籍者曰正户”，其中特别指出，须“由所隶佐领别宗支，核真伪，稽疏远，考其谱系”。这里的“正户”指的就是所谓的正身旗人，这其中既有宗室贵戚，也有普通甲兵，不管具体身份如何，他们都是自由之身，享有挑甲食饷、考试仕进等一切旗人的义务与权利。通过对家谱的审核，确立正户的身份，确实意味着相应的收益。如据《会典则例》记载，雍正年间北京下了一次暴雨，为了帮助房屋受损的旗人，“赏给满洲旗下每佐领百两”作为维修费用，这里所补助的对象就是正身旗人。

另外，八旗制度中有选秀女这一制度，清代凡旗人女子，出生后均登记在册，及岁之后要先由朝廷挑选，未被选中者才可由父母自行择配出嫁。由于被选为秀女，意味着有可能入宫成为娘娘，进而使全族得到圣眷，所以对参选秀女的资格要求十分严格。一般来说，所选秀女也仅局限于正身旗人。

当然，为了正确引导民间修谱的热潮，使本民族修谱趋于规范化，除了以上途径外，清朝统治者还着手编制具有示范意义的官修家谱，如满族家谱的集大成之作《八旗满洲氏族通谱》。该谱也为后续的满族民间修谱提供了相应的规范和参照。

同时，为了在某一领域内实现特定的统治目的，有时也会编制相应的家谱，例如《庄头家谱》。所谓庄头，实际上是清朝入关以后，为了妥善管理所获得的大量旗地（包括圈占和接收的土地）而设置的管理人员。庄头既要负责庄内大小事务，还要负责管理本人亲族和庄内人员。庄头里既有根据需要委派的庄头，也有迫于形势来投靠的庄头。针对这一类人群所特别编制的家谱，显然不是为了满足某一家族实现宗亲传承和延续，而是为了维护统治者自身的利益，目的是强化对庄头的约束。

三、满族修谱历程综述

对于满族修谱开始的具体时期，说法不一。有人参照汉族家谱起源的一些说法，将其追溯到前文提到的结绳记事时期，称之为所谓的“实物家谱”；也有人以满文的产生和八旗制度的建立为标志，将这些作为满族修谱的开端。但一般来说，比较通行的说法，还是认为满族真正意义上的修谱起始于入关后，如前文提到的，是受汉文化的影响和统治阶级维护自身统治的需要。

按照以入关作为起始这一观点来看，满族修谱迄今也已走过三百多年的历程。对于其中阶段的划分也有不同观点，有的观点是根据不同时期修谱规模大小来划分，如分为康乾时期、嘉庆时期、光绪时期、抗日战争时期，等等；也有观点以修谱过程中的重要事件为划分依据，如《满文老档》《八旗满洲氏族通谱》等著作的问世。笔者认为，对满族修谱阶段的划分，仍应按历史年代来划分，即分为清入关以后到清朝末年、民国时期、新中国成立以后等几个阶段。

1. 清朝入关以后到清末的修谱情况

（1）康熙、雍正两朝的修谱情况

清入关以后，顺利入主中原，社会秩序及百姓生活趋于稳定。如前文所言，一方面受到汉文化的影响，另一方面为了巩固自身统治，加上承袭职位等现实利益的驱动，满族修谱开始有了较大的发展。

首先从统治者角度出发，他们开始吸取汉族统治的经验，着手编修玉牒，也就是清朝皇室谱牒。在入关后的顺治十二年（1655），顺治帝下令每十年编修一次玉牒，届时设立玉牒馆，由皇帝亲设正副总裁，另下设总校阅官等职务。

第一次编修玉牒则从顺治十八年（1661）开始。以后几乎按照顺治帝订下的规矩，每十年编修一次玉牒，甚至到清朝灭亡后的民国十年（1921），清末代皇帝溥仪还组织人续修了一次皇室家谱。至于总共编修的次数，有26次之说，也有28次之说，二者间的差别，应该在于是否将清朝灭亡后溥仪这次修谱计算在内，另外，对于康熙五十四年（1715）是否存在一次修谱也有争议。

除了皇室谱牒外，民间修谱也开始起步。如现藏于吉林省永清县乌拉街关姓家中的《瓜尔佳侯关宗谱》，就修于康熙十九年（1680），其总谱存于黑龙江省宁安市。该谱记载：其始祖康古里原为东海窝集部的位噶善达，是努尔哈赤换帖兄弟，世居今吉林省汪清县百草沟一带。康古里曾被封为贝子。天聪初年，其因罪削爵，被贬至乌拉为奴。至乾嘉时，该氏额尔登因保国战功被清廷封侯，故称侯关。

此外，康熙、雍正年间初修、续修的家谱，还有《库雅拉氏家谱》《白氏源流谱书》以及《马氏谱书》等。

（2）乾隆朝至清末的修谱情况

经过康熙、雍正两朝的发展，满族修谱迎来了一次发展高潮，而开启这次高潮的代表作就是前文所提到的《八旗满洲氏族通谱》。

《八旗满洲氏族通谱》（以下简称《通谱》）是由清代弘昼、鄂尔泰、福敏、徐元梦等奉雍正之命编纂的官修谱书。这部满族家谱编纂史上的鸿篇巨制共有80卷。全书于雍正十三年（1735）开始编纂，并于乾隆九年（1744）完成。全书共辑录了除清代末代皇室爱新觉罗氏以外1000多个满洲地区其他姓氏归入爱新觉罗氏统治的时间、原生活地区、所受官阶及功勋业绩情况。同时还为这些姓氏中勋业最显著者立传，甚至一些事迹不显著者，亦通过“附载”的方式做了简要记述。据统计，其中立传者有2240人，附载者4938人，共7178人。立传者和附载者以及其子孙有业绩者都被附记于后，如果算上这些子孙后代，则共辑录了清乾隆以前八旗内的人物多达两万余人。

《通谱》的问世，不仅为后人打开了一扇了解满洲姓氏及八旗的大门，同时也提供了一部了解清代前期历史，特别是八旗人物、民族分布、民族关系、满族源流的重要史料。对于推动满族民间修谱而言，更是具有重要意义。一般来说，很多家谱在初修甚至续修时，其原始资料一般来自于祖上代代相沿的传闻，或来自于抄录官方编制的相应资料。因此，《通谱》自编制完成以后，就成了满族民间修谱的重要资料来源和参照依据。

以在光绪二十二年（1896）由徐堉、崇俊、崇璞等人编修的《碧鲁氏通谱》为例。该谱中徐堉所作的《碧鲁氏谱序》就谈到了其为了查证本宗族源流而查阅《通谱》的情况。序中他首先提到对《通谱》的认识：“堉恭考八旗满洲氏族，向有通谱萃八旗各氏，共载有其中初修于雍正十三年乙卯十二月初一日，奉上谕编修。着满洲大学士会同福敏徐元梦，遵照办理，钦此。迨至乾隆九年甲子十二月初三日奉旨继续修，蒙高宗皇帝亲为制序，内有云八旗龙从凤附之众云合响应，熊罴之士不二心，臣效命疆埸，建谋帷幄重以婚姻酬以爵命族姓日繁，不可不继修，令绪凡兹食旧德服先畴者其何以无篡厥绪是则所厚望也。”然后他又谈自己对《通谱》的感悟：“堉读至此不仅豁然欢曰：天恩高厚，覆载帡幪而八旗之沾被绵延信乎，其深自久也。”

在这之后，徐堉进入正题，写明了自己所考证出的情况：“考碧鲁氏为满洲通谱之一姓，其先世有祝襄敏公讳玛拉系镶白旗人，世居叶赫地方，国初来归。率兵征松花江取旅顺口以次而杭州而福建而广东恢复三府三州十八县累功升都统授子爵世袭。同谱中有锡公讳图琥系正白旗人亦以战功擢任骁骑校，子孙繁盛，人才炳蔚，迄今已有二百余年矣。”正因为考证出碧鲁氏截至当时已经有较长的历史，他才很自豪地在此序中表示:“夫八旗人文之渊数也，碧鲁氏八旗中之一巨族也。”

而另两位作者正白旗崇俊、崇璞则在他们所著的《碧鲁氏谱自序》中说明了修谱的一个重要原因，即“碧鲁氏为满洲之一姓，氏族载八旗通谱中而碧鲁氏专谱未有也”。显然在《通谱》以收录本宗族的情况下，仅编修一部家谱是不适当的，这从侧面说明了《通谱》的问世，对满族民间修谱起到了不小的推动作用。

一部道光年间编纂完成的《八旗满蒙氏族通谱》(纳喇氏)，其参考《通谱》的过程更有戏剧性。如其序中所言，该谱作者德成额虽然对“同宗分处，远隔天涯，虽支派一脉相逢俱莫识，当面谁何奚良堪欢也。况一族散于八旗甲喇佐领各略而指名为姓，相习日久能识。百十年前同族乎深可畏也”的现实情况感到担忧。但碍于自己一介微员，且“忠不能镇静边疆，孝不能绳其祖武，愧也奚如闲居无聊”，原本只能是感到手足无措的。

然而无巧不成书，一次偶然的机会，他“偶遇住陵贝子奕(讳)绪者府内有乾隆二十三年御制八旗氏族通谱一书”，结果通过阅读《通谱》，他发现其中对本宗从鼻祖以来的记载十分详细，立即感觉“如迷途之指南暗室之夜光，见之喜不自胜”，于是才“敦请二三知己敬谨抄录以遗后嗣使知百世本支”并完成了该谱。

除了以上所列举的家谱，清乾隆时期还有诸如稿本《开国佐运功臣弘毅公家谱》(清特成额、福朗纂修，不分卷)、乾隆四十六年(1781)的刻本《沙济富察氏谱牒》(清公春修，不分卷)。

清乾隆以后，满族修谱的热潮并未减退，随着满族自身文化水平的进一步提高，以及受汉文化影响的进一步加深，其家谱的编纂逐渐发展成熟，且有满汉文化兼容的特点。

一方面，这一时期的满族家谱都注意保持自己的一部分文化特点，如清同治年间抄本《正白旗满洲叶赫那喇氏宗谱》(清崇秀等续修)、清光绪年间隆钊写本《辉发萨克达氏家谱》(清萨氏修)都有满文单独著述的内容。另一方面，这一时期满族家谱的体例则大多参照和采用汉族家谱的体例编撰方式。经过漫长的发展历程，形成相沿使用的三种谱书体例，即欧式体、苏式体和欧苏合体式。三种谱书体例的区别主要表现在谱书重要内容之《世系谱》的编排格式上。而很多流传下来的家谱也都用汉文书写，如光绪年间的《辉发纳喇氏族次房三房宗谱正册》、道光年间的《正红旗满洲哈达瓜尔佳氏家谱》等。

受八旗制度的影响，一些满族的家谱内容稍显简略，如《辉发萨克达氏家谱》就记载其从四世祖巴萨里起由盛京辉发迁至北京的情况。而《伊尔根觉罗氏家传》在记载其先曾祖时，也写道："先曾祖讳穆森泰氏伊尔根觉罗，满洲镶蓝旗人。入京后，隶正黄。世居吉林鸭绿江之西，高祖宣公有子七，公则殿也。取札笏陀氏，生子五，其勇锐半如之。公兄六，皆嗜博，家中落。公以猎糊口，将军挑三音哈哈驻京，公予之，三音哈哈者言好汉也。军虎枪营，以杀虎晋蓝翎常在，贤良门前中五矢，晋三等侍卫，后卫塔尔巴哈台卡伦侍卫。土尔扈特私入卡夺牲畜，先曾祖杀为首者三，参赞以擅杀罪，奏斥之。忧愤卒于边，骨为张义士归，事详以示传以先祖封典。诰封振威将军。"

又如由德荣等于光绪年间纂修的《喜塔拉氏尊藏宗谱》。该谱以世系形式编修，连续记载了喜塔拉氏始祖及其后裔二十世情况，以及所有家族支脉、所受封地、所建立的功绩等。

2. 民国时期的修谱情况

清灭亡至民国期间，八旗制度瓦解，社会动荡，人口流动较大。民国年间《那氏族谱》中的《叶赫那拉氏羊公墓表》一篇，就体现出作者对时代变迁而产生的担忧。作者在祭扫始祖墓地后写道："祭扫之余，因念道里隔绝，惧先祖坟垅年久失修，松柏时虞斩伐，加以人事变迁，朝代更易，复阅数百载，恐为耕犁所及，牛羊所践踏，有不知此地昔为谁氏之墓者，遑问其名字，思及此不禁怆然兴感。"尽管面临种种困难面临，满族并没中止修谱，其目的是表示自己不忘本，同时也强化自己作为中国人的意识和希望，重塑本民族的辉煌。

又如民国十六年由马延喜等人重修的《马佳氏家谱》，在重修的序中谈到本宗源流时仍十分自豪地记述道："我马佳氏系出长白，为满洲望族。自始祖马穆敦公得姓受氏，簪缨世守，奕骥承庥。有清肇基王迹，佐命龙兴，爵公侯位、将相者，代有其人，载在国史，著之家乘，世人犹能道其详焉。"并清楚地注明了自身姓氏的具体来源，即"原夫我远祖所自出，实与费莫氏之先，同属一源，会遭家难，播迁于嘉理库马佳地方，因以为氏”。此外，还简述了先祖的光辉历史以表示自身不会忘本 :“有清崛起长白，我先人橐弓箙矢，或从征关内，或居守辽中，服劳王家，为八旗世仆，而散居各行省，占驻防旗籍者，尤不胜偻指计。”

该谱中还记述了马佳氏后人的具体行动，如集资修建宗祠以祭奠先祖。在该谱的《宗祠碑文》中详细记录了这一过程:“光绪二十四年，奉省开辟商埠，由交涉司附设清查房地局，欲将祖茔及祭田发价收归官有。是时第十四孙好受光禄大夫太保总管内务大臣绍英、请准交涉司，愿将祭田收归官买，酌朗茔地，永远保存。由茔田项下，备价银六百两，领回茔地二十亩；又由绍英公出购料百两，建筑茔端及守茔房屋。嗣于民国十三年，商埠日见发达，又将茔园之东占去南北长三十四丈五尺，东西宽四丈余，修作马路。商埠局复以该处已成通衢，茔地不便存在，拟令迁坟，将地收归公用，招户承租。当经合族公议，以祖茔保留已有前案，而先人守葬已数百年，不忍令迁。公举第十六世孙延喜吁请当道，准将茔墓改建宗祠，以垂久远。又由延喜个人出资一万余元，建立祠宇，于民国十四年十月一日落成。宗祠所用地基共一亩二分，二经路马路占地二亩八分，下余之地十六亩整，招户出租，所得租金，充作宗祠岁修经费及族中公益之用。”

而同一时期还有不少续修的家谱，如民国十一年左右重修的《凌云堂白氏事宜录》就写到重修的缘由和经过:“因清光绪八年执斋公同瑜霱轩叔侄二人，创修十六部，分给各支，使世世知长幼尊卑，制序井焉。迨至民国十年，又历四十余载，支派既多，迁居各方，世代既远，族大支繁，或迁居湮没而不传，或涣散紊乱而失序，遂大家公议续修谱书五十部，分给各支。以近年祭田余资，作修谱书之费。仅将伯宁之孙五十七之次子文秀公，子子孙孙五百余口，详细填注，方为完善。是以各份自带男支女氏名目清底填注谱书，以励族谊，可谓孝矣。”

还有 1922 年由赫舍哩氏十九世孙明良、德广等人修纂的《赫舍哩氏康族世谱》，内容包括谱序、例言、科甲仕官、旗员武职、节烈妇女、恭录索尼墓碑记及诰命、世系等。上溯希福巴克什，疑为索额图后代，以卡奇郎为始祖，其子达什巴、招里其分为二支，后拨凤凰城驻防分归正黄、正白二旗。正白一旗赫氏后代自立谱书，正黄一旗赫氏自一族为康氏，碑记、科甲仕宦旗员武职及世系所记。

1923年，族人保安依据册档编纂而成的《瓜尔佳氏合族谱册》，主要内容有谱序、世系、祭祀典要，另附生意经。谱册记载：本族原居长白山，随龙到京，隶居二扎蓝第七佐领文寿佐领。顺治八年（1651），拨民到岫岩始祖额尔博曾任护军校。族人十世孙马凌额言：旗人八大家、八大姓佟、关、马、索、徐、傅、安、郎。祭祀典要细致入微，祭祀时念的阿察布蜜歌、察出布蜜歌（用汉字标注满文音），引人注目。生意经记录了各种货物的价格，可以了解满族的经济生活。

对于当时修谱的具体流程，有关资料记载，汉军旗《王氏族谱》于清宣统元年修谱时，就组织了一个比较庞大的续谱重修的班子，其中纠事17人，监修9人，编次6人，校刊14人，誊写6人。1935年（民国二十四年）重修时，监修为24人，编次7人，校刊5人，誊写6人，比修谱时有所增加。谱书编修完成后，刊刻的资金出自家族的集体财产（如坟田、坟地林木的收入等），不足部分由各支家庭按人口集资或赞助。先后几次族长会议研究决定了主修长、监修长、编次长以及校刊、誊写者，“分任无违，朝夕弗遑”，经过一年多时间方“刷谱印卷，工成告竣”，将“谱版藏在祠堂”。

“九一八”事变爆发后，虽然日本侵略者侵占东北，并建立了所谓的伪满洲国，实行殖民统治，但当地满族仍然坚持修谱。如《那氏家谱》中就有那寿山的自序，写于（伪满）康德十年（1943）。虽然处在战争年代，但自序中记录还是比较详细，如写明自己所属的是“凤凰城正蓝旗泰口佐领下，佛满洲系叶赫那拉氏，于清康熙中叶，拨往凤凰城正蓝旗驻防，故于城南六十里石柱子占地为家”。并说明了修谱缘由是“我先人除仕途外，余者非习弓马，即垂钓行猎，是以往事毫无记载。余以为再逾数百年，恐后世子孙即先人之坟墓、姓名，亦难得知，故余费数年之收集搜索遗注，追根寻底，尽余所知稍有微末，是以编成族谱，以备后世子孙有所考证”。

又比如《洪氏谱书》中有八世洪汝淩于（伪满）康德二年（1935）作的序，其中不仅在前面说明始祖情况：“洪氏之始祖原居燕京顺天府，隶满洲正蓝旗吉昌佐领下。自洪雅公与夫人包氏同子偏思哈、歪思哈，于康熙二十六年拨于关左驻防岫岩，卜居岔沟……乃于乾隆二十一年，投入民籍，垦荒植田，洪氏之堡，因以成立矣”，而且在序的最后也表达了对后人修谱的期待：“后世子孙若有能再续修者，不但克昭先人之令德，而亦足慰吾之厚望也。”

从抗日战争到新中国成立前，所修的家谱也不在少数。如 1941 年由赵玉臣、赵得润等纂修的《赵氏谱书》，主要内容有：序、谱序、祭祀事项、世系。该谱书记载了赵氏系满洲镶蓝旗马鲁佐领下陈满洲，原居于北京，道光三年（1823），因饥荒困苦，约半数人口奉命移居到今吉林省双城堡。该谱书还详细记载了满族习俗，并用图示说明祭祀时的摆设方式。

此外，还有 1943 年鄂裕宝等人根据老谱编纂的《满洲正白旗鄂族谱书》，主要内容有谱序、碑记略图、世系、祭产管理等。该谱书记载鄂氏始祖牙尔胡达原居长白山，因屡建功勋而被封为鄂国公，其坟冢在沈阳东郊。其五世祖一支后裔有居抚顺县者，后又迁至沈阳东靠山屯。由始祖到修谱时已传至 18 代。

3. 新中国成立以后的修谱情况

随着新中国成立，社会趋于稳定，满族的修谱也在逐渐恢复。新中国成立初期，仍然以对之前家谱的整理为主，如《巴雅勒氏宗统系谱》续修于 20 世纪 50 年代，内容包括谱序、世系等。谱中记载：“巴氏原居长白山，与清皇族称雄，明朝衰落亡际，辅佐清太祖遂西迁，分驻北京、沈阳、铁岭、北镇等地；并受封官爵族中有任武显大将军、佐领、侍郎等职务者。第七代（乾嘉时期）用汉字姓巴。”

此外，还有 1962 年博氏族人根据前人所遗留下的简略谱牒编纂而成的《博氏谱书》，主要内容有谱序、例言、世系 。谱书记载：“博氏原籍长白山二沟人，满姓富察，属佛满洲。清朝入关后康熙二十六年（1687）本谱始祖三被拨往辽宁省开原县。同年又拨往岫岩隶腾八十三佐领下。”

而有的家谱则直接是原有的家谱，如《谭氏族谱》中记载：“原册由清朝同治三年，君显闻诸叔父而言谕，汇记于纸，所具是册，延至民国八年重抄后，迁居有变，而本册是抄于民国八年之录册也。1958 年立（公元）册内并无修改之迹。”

改革开放以后，随着中华寻根热的兴起，满族家谱的修订和整理又出现了新的高潮。总的来说，主要分为以下三类：

（1）收藏机构整理出版的家谱文献

作为家谱的收藏单位，图书馆等相关机构对家谱的整理工作起到了较大的推动作用。如北京图书馆在2003年整理出版的《北京图书馆藏家谱丛刊·民族卷》，该卷共100册，其中涉及满族家谱（包括官修及民修）的就有40余册，以影印的形式出版，使读者能最大限度地了解原谱的内容及格式。

（2）研究机构及研究人员整理出版的家谱文献

这类文献依托于国家重点项目的整理成果，如由季羡林担任名誉主编，四川民族出版社出版的国家“十一五”重点文化项目成果《中国少数民族古籍集成》，其中第42~63册就收录了爱新觉罗宗谱。

此外，还有相关研究人员经过长期搜集整理之后出版的，如《盛京满族家谱精编》《满族宗谱研究》《满族家谱研究》等，均收录了几部至几十部不等的家谱，是研究满族家谱的重要资料。

（3）民间自行整理的家谱文献

这类文献一般是由民间某一家族或某一姓氏在近年重修或续修的家谱，虽然内容一般只包含本姓氏或本支脉、本家族，但因针对性较强，其中也不乏具有一定参考价值的篇目。如1999年12月出版的由佟明宽等人编纂的《满族佟氏史略》，概述了满族佟氏的起源，以及至今已五百余年的发展历程。

四、满族家谱特点及内容分析

1. 满族家谱的特点分析

正如前文所言，编纂家谱在我国有很悠久的历史，汉族家谱成熟的编制体制自然也成为满族在修谱中积极借鉴和吸收的对象，甚至包括入关后的满族在修谱过程中仍受到汉族家谱的影响，二者在体例、内容、思想等方面都有很大的相似性。而满族在入关后广泛修谱，也并不仅仅是基于汉族家谱所秉承的“明世系，别支派，定尊卑，正人伦”的原则，而是多种因素共同作用的结果。因此，满族家谱最主要的特点是透过家谱这一载体，所体现出的满汉文化兼容。换句话说，满族家谱的特点在于，它既广泛参照和借鉴汉族家谱的内容与结构、不同程度地呈现类似的思想内容；又始终注意在形式和内容上保持满族文化自身的特点。

例如前文所提到的玉牒，尽管玉牒作为清朝的皇室家谱，在满族家谱中占有重要地位，但细究起来，“玉牒”一词本身并不能说是满族所创。据《唐会典》记载，当时的修谱官李衢就曾奏请唐文宗称：“窃以圣唐玉牒，与史册并驱，立号建名，期于不朽。”可见至少在唐代，玉牒就已经作为对皇家谱牒的称谓来使用，而宋代玉牒十年一修，这点也和清代玉牒编修的规律基本一致。

但清朝编修玉牒也体现了自身的特点，例如从内容区分上，一般传统的玉牒，记载帝王直系的部分按血统应该归入宗室玉牒，但清朝为了突出皇帝作为统治者的至高无上地位，将其直系单独编纂成帝系玉牒——只收录皇帝本人及皇子世系情况。

而按照皇族之间血缘关系上的远近，在玉牒的编制形式上也做了“黄档和红档”的区分。清太祖努尔哈赤及嫡亲以下子孙的宗室玉牒为黄绫封面，努尔哈赤显祖塔克世的叔伯兄弟支系——觉罗的玉牒为红绫封面。

另外，由于清朝玉牒最早是由满洲贵族所建，因此早期的玉牒也只有满文，直到中后期才逐步向满汉文字兼有过渡。而满族民间所修的家谱中，在语言使用上，也有满文、汉文、满汉兼有三种形式，这也使满族家谱中满汉文化兼容这一特点显露无遗。

如前文提到的中央民族大学图书馆，在其收藏的23部家谱中，就有5部是满文写成的。分别是《正白旗满洲叶赫那拉氏宗谱》《蒙古王公谱》《八旗满洲氏族通谱》《诰命清山西巡抚刘弘遇》《沙金富察氏宗谱》。其中，《正白旗满洲叶赫那拉氏宗谱》是满汉合璧，而其他的则是用汉文写成。同时，在笔者所著录的满族家谱中，能见到原文部分的，也以使用汉文的居多。

结合前文对满族姓氏源流的介绍，再结合满族家谱中对本宗族姓氏来源的介绍，也可以找到满汉文化兼容的证据。根据对谱书的分析可得知，满族姓氏至少有以下几种不同的缘由。

（1）保持特色，沿用女真人姓氏

《汪氏宗族谱书》记载：本姓完颜汉字为王，源出金朝，祖居长白后迁辽宁铁岭范河居住 。清初随龙入关。康熙二十六年（1687）奉旨驻防岫岩。嘉庆七年（1802），原序中已称其为《汪氏族谱》。

（2）借鉴汉文化，以满姓字头音译汉字为姓 。

瓜尔佳氏汉字为关、马佳氏汉字为马、赫舍哩氏汉字为赫、富察氏汉字为富、他塔拉氏汉字为唐、喜塔拉氏汉字为齐等。这些都是选了满姓字头的汉字音译为姓的实例。

（3）以满语词义为姓

《专图尼吗察氏族谱》记载：尼吗察汉译为“榆”字，故其后代有榆姓 。另一说尼吗察氏二世祖额合偏武，汉译为“障序”二字，其后代又有姓障，后改姓张。钮祜禄氏汉译为“狼”，其后代汉姓郎。

（4）以祖先姓名首字为姓

《吴氏家谱》：满洲始虽有定姓，后皆指名为姓。其始显祖吴云珠，后代取其首音吴为姓。《赫舍哩氏康族世谱》：始祖卡宜（译音康）奇郎，后世以先祖之译音康字为姓。《章佳氏族谱》中十世祖名为车金保，其后代以车字为姓。《喜塔腊氏谱书》十世祖名图黑，其后代以图字为姓。

（5）以官名为姓

《那氏族谱》说：“满人一人仕途，即随官姓，如汪尔塔之后人，改姓王，并官姓，亦不以其字矣。”

2. 满族家谱的内容分析

满族家谱的基本内容一般为：某名某字，某公之子，生卒时间（70 岁以上者书享年数），葬地，主要经历；配氏姓，生卒时间，葬地，有无慈孝事迹；生子数，按长幼列名；生女数，按长幼各个标嫁某。

在结构上，满族家谱作为中华家谱中的重要一员，经过相当长时间的发展，其在结构上也与其他家谱大同小异，具体如下：

（1）谱序：顾名思义，就是阐述修谱的缘由、姓氏渊源、家庭迁徙等情况的章节。一般来说，很多姓氏的谱序还包括历次续修的谱序。这些谱序皆多记述修谱的意义、目的和修谱的过程等。

以清代道光二十九年（1849）由尼雅济布的第八世孙恩龄修纂完成的《正红旗满洲哈达瓜尔佳氏家谱》为例。瓜尔佳氏是满族八大贵族姓氏之首，该谱重点讲述了处在哈达地区的尼雅济布一支。在《通谱》中，对其第一代祖尼雅济布有如下记载:“尼雅济布，正红旗人，世居哈达地方，国初来归。其子阿拉密，原任骁骑校。孙阿钮，由骁骑校从征陵西，予平凉府招抚叛逆王辅臣有功，授云骑尉，任佐领，卒。其子萨兰泰袭职。又尼雅济布之玄孙阿秉阿，现任员外郎；吴达善，现任主事；林昌，现任中书。四世孙满泰，现任骁骑校。”

作者在谱序中，针对其家族源流，除参照《通谱》中的记载，写明“余家系哈达地方瓜尔佳氏一派”外，也特意明确“尼祖率众来归为受姓之始”。

而对于修谱的缘由，作者也作了具体说明，和许多续修及重修家谱的原因类似，都是发现本族家谱存在不少错误及不够详细的地方，且如谱序中所提到的“人丁生殁、官阶、事迹、坟墓地址以及子女婚嫁、姓氏名字，二百年来大率口述流传”，当时所留下的家谱对其中不少内容并无详细记载。为避免今后出现“无从证实者尤多大为可惧”的情况，对原有的资料进行考证与整理就显得十分必要，借此证明了修谱的必要性。

同时对于修谱过程，作者也在序中予以简要说明。对于人员参与情况，他提到:“先妣李太夫人随时慈诲谕知族中往事”以及“又保九弟延五弟延三弟亦会讲旧图添注”。而对于修谱所耗费时间，也提到“六寒暑之久始克竣事”。从这些情况我们可以了解到修谱过程的艰辛及不易，也说明所修谱书具有较好的史料价值。

另如前文提到的《凌云堂白氏事宜录》，在其《又序》里，除了记录一般性的内容外，还对光绪年间一次续修家谱后的分家情况作了介绍，首先说明了分家的背景，即“至光绪八年九十有三载，五世同居，论人百有五十余口，产业已积百万之多，租粮约有三千余石”，可见该家族当时已置下不小的产业，具备了分家的物质基础。另外又写明了现实原因，即“因人口众多，房基窄小，无处修房”，于是分家就成了自然而然的事情。后面更记述了具体的分割方案，即分为三支，每支又按照下面的分支均摊，于是长支均分为7股，次支分为5股，末支分为4股，各自写明了每一支每一股的堂号、所分得的财产数量及分配的居所。

以末支为例，就写道:“末支分得典买各价三拾万零五千二百三十八吊一百文，照四股分劈，每股摊地价七万六千三百吊有奇。长曰福善堂，分到马道沟；次曰同善堂，分到唐家隈子等处，居住黄旗沟前房子，买刘永丰之产；三曰锡福堂，分到黄旗沟老院；四曰福庆堂，分到黄旗沟大西院。”

由于本宗分成三大分支，一共含16股，因此光绪年间所修的家谱就印了十六部，每股一部。

（2）谱例：又称凡例，用条文形式说明族谱纂修的基本原则、体例和分类。

以清乾隆年间的抄本《开国佐运功臣弘毅公家谱》为例。其在谱例开头中有如下明确规定：“每卷之首以书名顶格写世次，低一格写人名事迹，俱大书各低二格，一边撰写其嫁娶姓氏并生卒年月，无考无嗣以及过养子嗣下注语俱双行细书，凡事迹后子女几人俱空一字写一人名，每一事迹写完俱间一行另起行书写第二任事迹，使展卷了然。”

一般来说，满族家谱的谱例十分重视本家族血缘的纯洁，强调以男子为中心的思想，修谱的原则要“信以传信，疑以传疑”。此谱作者也是如此，对于原有旧谱中生卒年月不详的情况，在谱例中，作者做了以下规定：“生卒年月时不详者俱于本人名下注明生卒无考，如仅知生卒年而失记月日时者既于生卒年下注明月日时无考”“旧谱内生卒无考载有享年若干岁者仍写享年若干岁”。

而对于嫁娶记录不详的情况则做如下规定：“所娶俱写娶某旗满洲蒙古汉军某氏何职某人之女无用写原任，现任记忆不详者即注明所娶姓氏无考，如仅知旗分姓氏者则写某人之女无考。”

对于一些不需要载入谱书的情况，作者也做了规定。从谱例中的说明来看，一般来说，如出现年久记载不详情况都无须编入谱书之中，如谱例中有以下内容：“升迁俱写年月记忆不详者则无用注写”“未娶妻室未曾出仕幼卒葬而无坟并其生卒年月俱失记者无用载入”“子嗣承继于某兄某弟既于承继之父世次下编列生殁世次下则无用载入”。

1931年3月，由十世孙榆文清等人根据本旗存有的满文旧谱和族人存有的旧谱，编辑而成的《专图尼吗察氏族谱》，在其谱例上也较为详细。

《通谱》中记载：“尼吗察氏本系地名，因以为姓，其氏族散处于尼吗察等地方。”而该谱在其中的十二条谱例中，第一条就简述了姓氏的来源：“我专图（此二字译汉文第十扎蓝，清朝开基国语即第十队）尼吗察氏（此四字译汉文‘榆’字，即我族姓氏），惟清皇与我族及各旗满人，统系长白山发起，故有世谱之称，原本同种同文。自盛京建造满洲国时，值明朝崇祯年间，清朝开基定制，凡满人原籍在长白山附近，天然八道巨沟，阔长数百里，满人分居与内。惟我族祖居长白山榆树沟地方，因以‘榆’字为姓。”

第二条和第三条谱例一方面介绍了从始祖到十世以来的发展历程，另一方面也阐明了家谱的原则，即要注重实际而不是道听途说，更不能单纯为了凸显家族历史悠久就胡乱向上追溯。如其中写道：“或谓某姓宗谱上，始追溯向数千代、数百代、数十代，其为详尽。试问最初先祖又系何人所生，毋论何人其必无词对。于我尼吗察氏，仅以知之为知，不知为不知之义，实谓无根之谈哉。”这比《开国佐运功臣弘毅公家谱》采用的“信以传信，疑以传疑”的原则无疑更加严格一些。

第四条到第七条谱例，首先回顾了一下其原有的户口登记制度：“查我满人，不以先人为祖宗，专以倭什晕佛（以上四字即满人语音）为祖。历遵国制，追考各代先人，本旗四年一次，按户抄录人口，册簿存储国库为宗旨。”之后又说明了满汉在姓氏辈分上的异同，以及要注意的问题：“凡满族普通一体，凡姓氏者以名为姓。果有父子不同姓之论说，故有各代同名重字者，未免分歧有碍。值此改造民国社会之时代，如再不重整谱事，惟恐数十年后，更行紊乱矣。因谱而略事增改，仍存原名，并以第几代注明。满人与汉人不同，惟恐年代深远，贫富不等，迁移不定，忘其根本，无证可察焉。追周公作礼，同姓者不结婚，可谓古制。惟恐族宗倘无留心之人，无处追察，有此逆伦之事，将如之何？为我先人有灵，含笑与九泉也。”同时也说明了在改朝换代、社会动荡的大背景下，旧有的制度无法延续和遵循，因此需要根据实际情况，规范辈次姓名。对于这一点记载如下：

传至十三代时，值民国成立有年，我族不可遵照旧制，前后辈名讳相犯者甚多，其中有应避先人名讳字样。

初修谱牒议定由十二代起，拟定十六字，载列谱首第七条。因我族大支繁，兹谓取缔满国，改革满人抄录户口册籍，幸第十世孙富金留心，早年由本旗存储旧谱，均系满文，译作汉字，照抄三二本备出录得确定，务将拟定之字，传示后世子孙，按照辈数遵字命名。第十二代之人已有名者，均行改去上一字。十三代之人名讳遵国字者，亦复不少。嗣后起名，应照所拟首一字，均作上一字排用。十二代以上之人，多有相犯者，碍难更改。谱韦告成，凡我族务得遵照此列；如再仍前胡乱起名，擅自更改者，惟恐年湮代远，或迁移无定之户，或久不读书之人，不顾宗支者，以讹传讹。远虑之念，不可不慎。

之后几条谱例，则对谱书告成之后相关事宜的处理进行了规定。如对于日后家谱的续修有如下规定:“每逢子年（即十二年）修谱一次，至亥年调查印出是也。谱事以族中公推素有名望资产之人办理，经费仍由祭田地项下筹备，倘不足用，按户均摊，如有自愿出资若干者，听其自便。”

而对于一些需要进一步确定的内容，特别提出要经过后续的考证后，留待下次续修时加以记录，如其中提到的:“民国十九年起初修谱牒，查得无三世二祖额特晕公一支。遵照旧谱，知其驻防。曾于光绪二十二年，照本旗户口存册，查得清光绪十六年，第九世孙毓环仲举，亲至马蓝峪考察，明确此支咸系额特公之后裔无讹。因满国逊位，取缔满人抄录户口，殊难臆定，暂列三世祖五位，专待下次修谱编纂列续，再为更正，依然抄录，加入正谱，以示后人参考云尔。”

谱例在最后，还对谱书告成后的分送事宜作了说明:“谱书告成，应分送每户一部，应留余本若干部，如有分家之户，务得随时领取。因此初办用款太巨，碍难筹备，公同拟定由祖坟项下备出，恐不及数，只得按支分给，以便轮阅为宗旨。待至下次修谱，按户均沾，以备壮观，惟我族完全也。”

（3）宗派篇：又称行辈排字歌和世系源流歌，也被大家叫作“范”字，也属于家谱的基本内容。通常，“范”字大多写成诗歌形式，是本族男人取正式名字（姓氏后面的第一个字）必须要遵循的。同辈者，范字相同。一般来说，“范”字即明确了族内的辈次长幼，而且读起来合辙押韵，朗朗上口。以下是一些满族家谱中的辈次（世派）歌，这些辈分（世派）歌长短不一，字数也不尽相同，多为双数，20 字以上，多的有达到 300 字的。其中同一姓氏的辈次歌存在内容相同或相近的情况，具体如下：

① 20字左右的辈次歌

《金州镶红旗陈满洲伊尔根觉罗（赵氏）谱书》，其所记的辈次是：永忠振德玉，吉广喜明声……

《正黄旗伊尔根觉罗氏（赵氏）家谱》，其所记的辈次是：致仁作祥运，云和景毓隆，学清俊锡庆，天泰启文明。

② 24字的辈次歌

《满洲正白旗凤城赫氏家谱》，其所记的辈次是：德承吉林贵崇荣，英明景会乐辅清，忠良维国安全志，世守纯真保泰平。

《正白旗边门赫舍哩氏（赫氏、康氏）族谱》，其所记的辈次是：德承吉林贵崇荣，英明景会乐辅清，忠良维国安全志，世守纯真保泰平。

《镶红旗辉发索绰罗氏（曹氏）族谱》，其所记的辈次是：松舒坦哈满额春，文麟昌瑞玉珠珍，祥光景泰承华宝，德盛材奎凤图斌。

③ 30字的辈次歌

《满洲正红旗凤凰城他拉（唐）氏族谱》：文武全桂荣，纯德耀显明，福庆忠盛延，长治启国隆，吉祥永茂顺，英连广运成。

《镶黄旗（王氏）家谱》：达平太阿那，士德魁贵升，成润椿勋桂，铭清树焕坤，锡泉梅炳垲，均溥荣培□。

④ 30字以上的辈次歌

《沈阳正白旗陈满洲伊尔根觉罗（赵氏）谱书》：恩鹤书达正，博济定荣延，盛隆多景福，万载宣永传，孝友国民化。清和家庭绵，世秦桂运寿，尧时仁义天，生平俊秀立，光耀居风连，大成金玉振，安肖希文宣，崇学昌明宝，溜华恒喜全，恭丰春克显，宗兴长绍先。

《凤凰城正白旗满洲完颜氏（王氏、汪氏）宗谱》：无列传四世，分行永为先，布因徒此续，桂乃紧相连。肆后二十字，瓜瓞乐绵绵，万年崇德善。百世效。

（4）家训：家训是家谱的重要内容，满族家谱的家训对于本族后人具有十分重要的教育意义。满族家训除了有封建儒学思想的忠孝仁义、中庸之道、立身扬名等传统内容外，清代统治者为了维护自身的统治地位，并且为了传承满族的风俗习惯，也积极倡导各个家族在家谱中通过家训形式，将本民族的风俗、续谱规则、祭祀过程、婚姻丧葬等都记录下来，以便永远延续下去。而这些族规家训，一般渗透着很明确的封建等级制度，并与清朝的国法高度统一，体现了“国法家规”的特点。

比如，在盖州《关氏宗谱》的家训篇中对爱国爱家内容做出了规定：“家是国之土，国为家之柱，土壮柱坚实，卫国保家富。”这体现了“有国才有家”的理念。

《他塔喇氏宗谱》中《唐氏家族祖训》规定：“唐氏家族长辈为尊，西为贵、为尊、为长，父母健在，居住西屋，子女住东屋……”满族的传统是以西为大，南向次之。谱中还有“尊敬赠养老人”“七十不留，八十不宿，对年长者，格外善待之”“有鳏寡孤独者，平素宜妥善照顾。使其生有所养，老有所终”。

《曾氏家谱》中说：“人生在世，天覆地载，父母所生。有父母方有此身，有此身便应报效父母……不思报答者，乃禽兽不如也！”《吴氏宗谱》也要求子女“对待父母要孝顺，做到内尽其心，外竭其力，晨昏定省，奉养无违。效羊羔跪乳，乌鸦反哺”。这些内容都说明了满族尊老敬上，注重孝道的传统。

满族也强调家庭亲戚之间和睦相处，例如《曹氏家谱》对于夫妻之间的关系、兄弟之间的相处之道都有记载：“为妻者，善敬长辈，非恶勿毁，致谨以持家。为妻者，尽孝于翁姑，更笃于父母。始为兄协，尊加夫主，是为悖逆狠妇，虽一时亦不可留于世。”又说：“为兄者，以义爱弟，微物勿略，凡物共之。为兄者，弟之规范。勿以己为兄而欺弟。食则同食，衣则同衣，若有不是，执义教之。不如此，可不虚为同胞矣。为弟者，忠义敬兄，凡事身任，戒惧而行，勿为强梁。为弟者，当如文幕敬其兄。施父母之疼爱，强梁于兄使不得。兄弟者，比如手足，为人而手足或有一废，谓之残缺戒俱非其宜乎？”

又如，《吉林他塔喇氏家谱》在家训部分，对族人婚嫁做了具体的规定，如在谈婚论嫁的阶段，提到：“凡议婚姻，先察其男女之性行及家法，不得苟慕富贵，贻终身之悔”。即首先要考察男女双方在品行及性格上是否合适，而不是单纯地注重其是否富贵、是否有权势，这和当时的律法是相一致的。

而到了最后决定阶段，还对婚姻的决定权做了如下规定：“族人结婚，应由两性主持，然仍须通知穆坤（即族长），以定可否，不许论财。”这里的“两性”实际是指“两姓”，一般指的男女双方的男性家长。在清入关以前，女性家长对婚姻是不能干预的，而且其中规定的要通知族长“以定可否”，也体现了东北部分地区仍保留的原始风俗。

（5）宗教祭祀：满族信奉萨满教，祭神或祭天时，使用满语进行，仪式固定，都由萨满担任神职。爱新觉罗氏以堂子为萨满教活动的场所。清王朝建立后，也将信奉萨满教的习俗带到了京城，并且按照盛京（今沈阳）的设堂形式，在紫禁城东南面的长安左门外，以及玉河桥东面设立了两个堂子。

满族人信奉萨满教的习俗到清乾隆时已有近百年的历史了，到乾隆皇帝时，他指派庄亲王允禄等，将满族的各种祭祀仪式，包括祭神、祭天、背灯、献神、报祭、求福，以及祝辞等收集整理编成书，书中还包括被绘成图画的祭祀中使用的各类器皿用具，其目的就是要将满族固有的信仰习俗保留传承。1747 年，该书用满文出版，乾隆帝钦定该书书名为《钦定满洲祭神祭天典礼》，并为书作序。1777 年该书被译成汉文，1780 年被收入《四库全书》中。该书是研究清代宫廷爱新觉罗氏萨满信仰的重要参考书籍。

当然对于除皇家以外的其他各氏族的祭祀情况，就如书中所说的：“满洲各姓，亦均以祭神为至重，虽各姓祭祀皆随土俗微有差异，大端亦不甚相远。”由此可见，满族祭祀的仪式和具体内容在各氏族之间大体相同。而对于这些祭祀情况的记载，恰恰较多见于满族的家谱中，且不少较为详备。

如《富察氏谱本》中的《满洲族祭祀仪注本》首先写明了祭祀的重要性和其意义：“夫祭者，记也，所记先人之遗事。祀者，恩也，克思祖宗之余恩。故水源木本，以此追远之孝。春露秋霜足感祭祀之诚。然古人以礼义分尊卑，今人虽不能遵古之行，而亦不可失其真礼。其然其不然乎？我们富察氏历代以来，族大支繁，散居各处，子孙繁衍，尚对祭祀不彻底者，非但惹人讥笑，尤恐我族子孙相继更感茫然矣。予甚忧之，是以将祭祀仪注附录，永志不忘云尔。”

而《佟赵全书》（爱新觉罗佟佳氏哈拉），不仅记述了全部祭祀程序、仪式、内容，如祭祀神词二十五种，老萨满选定接班人的办法。老萨满向接班人传授技艺等规矩、祭天规矩、祭祀所用祭品及其制作之法，而且记述了各种祭祀的祝神词以及摆供图式等等。

又如修于1941年的《陈满洲赵氏谱》，也对祭祀过程作了较为详细的说明，其中对祭祀事项做了如下规定：“上午祭祖宗公，故用牧猪即公猪。黄幔子、豆面饽饽，置南祖宗板之上。菜刀、菜板、毛纸、手巾、枕头置于幔子架南。下午祭祖宗母，故用牝猪即屯猪。绿幔子、豆面饽饽、置北祖宗板上。菜刀、菜板、毛纸、手巾、枕头置幔子架北。”此外，还对祭祀应准备的相关物品作了进一步说明，如提到“秘子八升，盛黄米，为面，作蒸豆面饽饽之用，分为两份，做上、下午用”。

而在《富察氏谱本》中对大祭祀礼式记录道：“主祭人择定吉日。头一天下午抓猪绑好，放在祖宗屋外，猪头向东。族中人全部脱帽行礼。女子们行举手礼，三作至额角处，起立时不作揖。男子亦不作揖，男子连叩三个一抬头，三回，起立不作揖，名曰凤凰三点头的参礼。此是我们满洲族的长白山千年以上的老古礼也。”而对外祭祀（也就是祭天）则作这样的注释：“外祭即是祭天，名之曰梭龙（伦）杆子。主祭人用好秫秸三根，以绳系九道，立在大门东，前放桌子一张，上供小米、高粱各一碗，以作乌鸦等食。因先祖出征时被难有救驾好处，报之耳。主祭人将猪令人抬至梭龙杆子前，如屋内祭式一样，左耳向上，主祭人浇酒，猪领牲。合族人一样照屋内行礼道喜。礼毕宰猪剥皮。肉照屋内祭式一样献件子。装碗浇汤和屋一样。惟有猪的皮，用豆秸火烤，烤好煮好，盖槽盆上像一个整猪形。合族人等叩礼。礼毕，猪抬厨中煮好，大家食肉。供梭龙杆子桌上的碗中肉片，撮合一堆混合切碎小肉丁，合小米子入锅，煮稀粥一大锅，名曰小肉饭。屋内也作一锅，不许内外乱吃，各在各地场吃。吃完，此是内外两祭全完。令人把猪的喉骨套在梭龙杆子尖上，把猪的骨全端送到郊外，小米、高粱倒撒大门东边，叫乌鸦喜鹊等鸟吃，此是报清初时受过众鸟的好处不忘耳。飞禽走兽全有救驾的功能，自古至今不能忘记也。”

（6）家传：家传记载本家族中名人、英烈的丰功伟绩，以供后人崇敬、学习。家传在满族家谱也有些比较知名的，钮祜禄氏的《开国佐运功臣弘毅公家谱》就是其中之一。该家谱中的《弘毅公家传》《弘毅公勋绩》等就较详细地记述了弘毅公生平，以及其光辉业绩。

如在《弘毅公勋绩》中，首先对其追随清太祖的缘由有如下记录："太祖经过嘉木湖村留宿其家，公知太祖之志欲从行，请于姑，姑念兄只此一子又年少，坚意不许，公奋然曰大丈夫生世间能碌碌无为终老乎？此行任所之绝不贻姑忧，亦不负姑教养之恩，姑不得已许之，次日遂从太祖。"

其次，对弘毅公追随清太祖努尔哈赤的早期战绩做了如下记录："是时，太祖力甚单弱众十三人，公乃往嘉木湖村约噶哈善哈思瑚协谋为复仇之举，噶哈善哈思瑚又说占毕勒河长扬舒常书兄弟同诣""公先登顶其城克之尼堪外兰窘迫亡匿于佳贩城，太祖深加褒奖益识公之勇略忠诚超绝众人，自此遂视如一体恩遇无与伦比。是战也，虽未擒获尼堪外兰然，太祖复仇积愤由此稍舒矣，此公佐命策勋邀知遇效忠诚之始基也"。

再次，对于弘毅公在后金时期的关键战役——"萨尔浒之战"中的表现，则做如下记录："太宗文皇帝（皇太极）继至乃于公议陈兵显地，与敌相对，时我国筑城界凡山夫役等见我兵显然陈列，众心乃定。"这说明了面对明军当时的大举进犯，弘毅公不选择避让，而是率军在边境地区与敌军正面交锋，在很大程度上起到了安定民心的作用。

此后则是以其大义灭亲的举动，说明其一心为国，大公无私。"公忠诚出自性生事太祖始终如一，凡事有关国家者虽已子亦不稍存姑息。公次子名达启幼时太祖抚养于宫中，及长英敏果敢记忆绝人，太祖深为宠爱，以公主降焉。达启遂恃恩骄纵，过皇子皆无礼。公患之，一日率诸子集于城外引达启杀之，太祖问之惊悼不已，甚怨公，后知公心为国家远虑，乃深与之。"

而在之后，则是分别列举了弘毅公在天命六年病逝后及至清乾隆年间，清朝历代君主前往悼念和祭奠的情况，如有记载"太祖躬临哭奠尽哀乃还""太宗文皇帝赠开国佐运功臣追封弘毅公配享太庙""世祖章皇帝特命建碑墓道用表勋绩""康熙三十七年圣祖仁皇帝巡幸盛京，躬临墓次致奠"及"乾隆八年十九年四十三年皇上三至盛京恭谒陵寝"等。由此可见，在历代清朝统治者眼中，弘毅公这样开国能臣的地位之尊贵、功勋之卓著。

除此之外，为了让子孙后代牢记对于家族延续兴起有过贡献或恩德的人，满族家谱中也会对此有所记录，如前面所提到《伊尔根觉罗氏家传》中，就以《张义士传》为篇名，记录了一位对本宗族有恩的张姓义士的事迹。在《张义士传》这篇传记中，开篇先记录了这位张义士成为先曾祖义子的经过，写到其先曾祖因张义士“技精而人纯”而将其收入麾下，然后又写到张义士“每于上塚时，必具纸与酒，东向叩头而哭。问起故，曰小人早失父母，无从报罔极之恩，是以恸也”。这说明张义士虽然早失父母，但其孝心可嘉，这也是能被收为义子的重要原因之一。然后写到某天先曾祖独自在庭院树林中散步，不时暗自流泪，十分伤感。这时张义士上前询问，从而引出收义子的另一个重要原因，即文中所述：“吾今苍苍白发，死且无日，虽有五子，皆远在万里外。傥不起，骨遣何人归。”此时，张义士马上表示：“小人受恩深且厚，昊天罔极，虽父母爱子不是过。愿拜膝下以代五人劳，肝脑涂地所不惜也。”于是他就被顺理成章地收为义子。当然仅仅是被收为义子，似乎并不足以被列入家谱之中，甚至单独立传记述。于是，后文交代了具体原因，首先是先曾祖杀退贼人后“上宪不为功，以擅杀罪，奏褫职”，在看到义父无辜受冤后，“义士怒，立声其冤於官。受杖破皮肉几死”，而后先曾祖抑郁成疾直到病亡期间，“义士侍汤药如所生。乘间问里居墓次，求人书诸袋。先曾祖果不起，义士哭号声四邻，好义者嘉奖其义，出金以为殓，是时也”。可以说，张义士履行了自己当初被收为义子时的承诺，尽了孝道。如果事情到这里，显然也只是其孝心可嘉罢了。但后文的记述则说明了其作为义子的感人之处，原来当时他义父的五个儿子都不在身边，“先祖从军於伊犁，二叔祖以禁门失火遣戍，三四五皆幼。先君则襁褓也”。为了能让义父死后尸骨还乡，他不辞辛苦，不远万里将其义父的骸骨送回故里，交与其家人手中。既没有心安理得地接受亲属的感谢，也没有留名，“天未明遂去”。如此高尚的品德和感人的事迹，难怪该谱作者会最后写道：“子之事亲兮，当不顾身，不意异姓兮，乃有此义人，置木主而奉祀，以志不敢忘我之心。”

（7）谱图及谱注：谱图和谱注也是谱书的主要组成部分。谱图就是世系，只列男性姓名。谱注为世表、年谱。

一般来说，谱图指的是将本宗的始祖或者始迁祖列于顶端，然后将子嗣后代依次呈树状排列，如《吉林他塔拉氏家谱》中的谱图就将该支系的始迁祖贝楞额列在了谱图的最上方，然后从上至下依次为二世的额勒穆、三世的布雅努及后世子孙。

而谱图中，有时候还会在人名下特别注明其有无子嗣，如果有过继子嗣的情况也会加以说明。如之前提到的《开国佐运功臣弘毅公家谱》，在其所含谱图中，就有类似注释，有一部分还在姓名旁注明特殊情况，例如有无子嗣或者是否有从兄弟处过继子嗣的情况，如对弘毅公的第十七子索索欢费扬古就注明“幼卒”，对其十六子遏必隆的儿子阿固山和色亮注明“无嗣”，而对遏必隆的曾孙萨灵阿则注明其过继给“兄萨尔善之子为嗣”，相应的则注明其兄萨尔善的儿子（也就是遏必隆的玄孙）成禧“予弟萨灵阿为嗣”。

也有些谱图还会标注入谱之人具体的官阶和分支情况，如《正白旗满洲叶赫那拉氏宗谱》（清同治九年抄本）中，在六世祖雅巴兰后特意标明“由此分为正白旗满洲固山”；而在官阶方面，诸如第十三代的子孙那龄春就注明官居“盛京礼部员外郎”，十二世的那木苏里则注明其曾任福建参将。

以《多尔衮家谱》为例，谱注中较短的，如对第三代鄂尔博的注释:“顺治七年庚子六月二十五日巳时庶夫人马氏阿喇之女所出，康熙三年甲辰五月二十八日午时卒年五岁。”而较为翔实的，如对同为第三代的多罗信郡王记述如下:“康熙三年甲辰五月十五日巳时庶夫人刘氏伯楼之女所出，康熙十二年四月照定例不俟岁满授封固山贝子，康熙三十七年七月授镶黄旗满洲都统，康熙三十九年五月事革退都统贝子降为镇国公，康熙四十年辛巳四月初五日巳时卒年三十八岁。乾隆二十七年八月追封为多罗信郡王，嫡福晋赫舍哩氏副都统喇孜之女。另室所居媵妾吴氏颜芝之女，另室所居媵妾高氏豪善之女，另室所居媵妾王氏王思之女，另室所居媵妾沈氏沈三之女。”

（8）其余内容介绍：除了以上所列出的相应内容，部分满族家谱还根据家族发展情况，包含其他一些特定内容。具体如下：

① 恩纶录

恩纶录也被称作恩荣录、赐谕，等等。记载清代朝廷和各级地方政府对本家族人员的各种褒奖情况，一般记入恩纶录的有赐匾、敕御制碑、诰命、上谕，以及祭文等。

如在清同治年间刻本《瓜尔佳氏家传》中就记载有表彰家族成员功勋及英烈事迹的圣谕六道、御赐碑文和祭文各三道。其中多是表彰家族中为朝廷效命者，如道光十年十二月和道光十一年七月的两份上谕，都是有关族人塔斯哈的事迹。其中，前一道上谕记述了塔斯哈战死的经过，“因贼匪滋事，出兵追击，率副将赖允贵前往，一并俱被陷没”。后一道则对此进行了补充说明，其中特别提到塔斯哈“从前并不敢捏造称卡外无贼，具有天良”，说明其品行可靠，忠于职守。也因为如此，此道上谕特别注明“其子应袭世职，本应今冬带领引见，著加恩交该旗将伊子即行带领引见”，以此来凸显对功臣之后的恩宠。

而该谱中所载的祭文也是如此，如同治元年四月的御赐祭文中，对家族中阵亡的原直隶天津镇总兵长瑞，就提到要“照提督例议恤”，对其困守永安孤城直至阵亡用“忠心不泯，义气常昭”的词汇加以表彰。而对在同一场战役中阵亡的原甘肃凉州镇总兵长寿，也同样御赐了祭文，提到其“鞠躬尽瘁，累世贤劳”以彰显其功绩。

② 墓图及墓志

墓图中绘有墓的所在地区的地名、四至范围等。墓志则是介绍墓主人的生卒、主要业绩，以及墓地建设过程。如清祥安等辑、续修的《叶赫那拉氏族谱》［清道光二十九年（1849）朱丝栏稿本］中就记载有始祖、四世祖、四世叔祖、六世叔祖等人的墓图及墓志。如始祖的墓志图如下，上方标明了其所在的方位。

其中始祖左下方的墓穴主人常英公就是该家族的四世祖，他的墓志特别标有“恩赐”字样，开头即说明了修建墓穴的原委，即“至高祖堆齐公封兆已盈”。

而寻访合适的墓地并非一帆风顺，墓志中提到四世祖常英公自乾隆二十年就命族人德敏寻找，经过一番寻访后，虽然在瓜尔佳氏同僚的支持下，得到了一块风水宝地，但较为狭小，而且周围都是外姓的土地，打算购买相邻的李家的二十亩地未果，因而陷入了“虽得地而竟不能用”的尴尬境地。

直到十六年后，才“因复托人向原地主李姓多方讲说始得其地十四亩”，而之后又遇到“有人讲地六亩求售，在元穴后形势长亘方直购而联合之而其局始成”。至此，

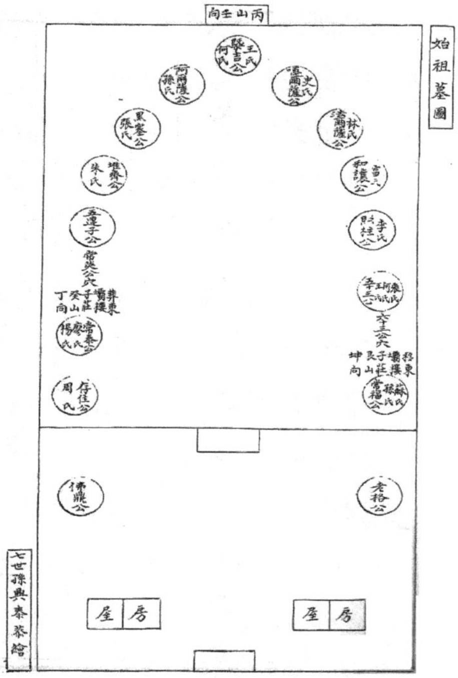

墓穴地址的寻访工作才算圆满落幕，由此可见族人对于先祖墓地选址的重视程度。

五、结语

1. 取得的成果及存在的不足

本调研报告旨在理清满族家谱起源及发展历程，并展现当前的收藏及整理发掘情况，截至完稿之时，主要有以下成果：

（1）重新系统地理清了满族修谱的多种缘由及其发展历程。

（2）结合实地调研及数据分析情况，揭示了当前满族家谱在机构及民间领域的收藏整理情况，以及网络环境下满族家谱文化的发展现状。

（3）对满族家谱的自身特点进行了分析，并结合著录及查阅资料所得到的家谱资料，对满族家谱内容进行了较为全面的揭示。

本调研报告不足之处在于：

（1）主观上受个人理论水平、精力等因素限制，在实际研究中难免有失偏颇或论述不充分。本调研报告的作者，虽然通过多方途径进行调查了解，但对于家谱研究这一专业领域，仍有提高的空间，从而使调研更具针对性。

（2）客观上，受研究材料及受访单位具体情况的限制，在某些问题上的论述可能不够深入，如能更广泛地接触到更多的一手材料，更方便地通过受访单位接触到一些研究资料，可使调研报告在内容上更趋于完善。

2. 今后的工作设想

作为一项需要合理规划、长期坚持的繁重工作，满族家谱的调查研究已历经多年。今后，就具体而言，可以在以下几个方面继续进行：

一是充实研究内容。特别是要更多地掌握一手材料，在调查研究的同时，促进满族家谱整理保护工作的稳步推进。

二是拓展研究范围。在确保对主要收藏机构的走访调研的同时，结合满族家谱的收藏特点，更多搜集相应的民间资料线索，促进研究工作的开展。

三是把握研究最新动态。对满族家谱的研究整理历经数十年，其间涌现了不少有价值的研究成果，特别是在家谱数字化及数据库方面的建设，需要我们给予更多的关注。

主要参考文献

［1］陈佳华. 清代一部官僚士族的家谱——《正红旗满洲哈达瓜尔佳氏家谱》研究［J］. 民族研究，1983（5）.

［2］傅克东. 八旗户籍制度初探［J］. 民族研究，1983（6）.

［3］李林. 满族家谱选编［M］. 沈阳：辽宁民族出版社，1988.

［4］李林、侯锦帮、朴明范、高作鹏. 本溪县满族家谱研究［M］. 沈阳：辽宁民族出版社.

［5］傅波、张德玉、赵维和. 满族家谱研究［M］. 沈阳：辽宁古籍出版社，1996.

［6］佟永功. 功在史册——满文满语及文献［M］. 沈阳：辽海出版社，1997.

［7］韦庆远.《庄头家谱》与清代对旗地的管理［J］. 中国社会经济史研究，

2001 (2).

［8］吴雪娟、吴卫. 满族家谱调查与研究．［J］. 满语研究，2003 (1).

［9］高志超. 满族人的婚姻习俗——从《唐氏家谱》家训篇看满族人家族生活［J］. 佳木斯大学社会科学学报，2004 (1).

［10］李林. 满族宗谱研究［M］. 沈阳：辽宁民族出版社，2006.

［11］雷炳炎. 清代八旗世爵世职研究［M］. 长沙：中南大学出版社，2006.

［12］李婷. 中央民族大学图书馆藏古籍满族家谱综述［J］. 满族研究，2008 (1).

［13］林德春、聂有财、张丹丹. 满族家谱述略［J］. 吉林师范大学学报（人文社会科学版），2008 (4).

［14］王伟、王丹. 从满族家谱看满族家训内容［J］. 吉林师范大学学报（人文社会科学版），2008 (4).

［15］于鹏翔、许淑杰. 东北地区满族族谱的收集整理及其史料价值［J］. 满语研究，2008 (2).

［16］于鹏翔、王宏一、国晓娟. 从满族谱牒看满族孝道［J］. 吉林师范大学学报（人文社会科学版），2008 (4).

［17］杨锡春. 满族的家谱［J］. 满族文学，2008 (5).

［18］刘庆华. 满族家谱序评注［M］. 沈阳：辽宁民族出版社，2010.

［19］杜家骥. 满族家谱对女性的记载及其社会史史料价值［J］. 中国社会历史评论，2006.

［20］杨丽娟. 本溪地区的满族家谱［J］. 兰台世界，2011 (1).

［21］王丹. 从满族家谱看满族家训的来源、制定与实施［J］. 青年文学家，2011 (11).

［22］定宜庄. 有关清朝八旗人丁户口册的几个问题．［EB/OL］
http：//www.historychina.net/qsyj/ztyj/ztyjjj/2011-05-17/32608.shtml，2011. 5.

［23］王硕.《满文老档》文学解读［D］. 北京：中央民族大学，2012.

［24］王立. 清代皇室谱牒探微［J］. 兰台世界，2012 (1).

朝鲜族家谱研究

朝鲜族是一个迁徙民族。自清朝末期，一批又一批的朝鲜人为了寻找生路，相继渡过图们江和鸭绿江，来到中国东北一带垦荒造田，定居下来，一百五十多年的繁衍生息过程中，朝鲜族较好地传承了本民族优秀的传统文化。朝鲜族家谱（族谱）就是朝鲜族所保留下来的本民族传统文化的重要组成部分。本调研报告通过阐述延边朝鲜族族谱的历史渊源、现状和收集、整理情况并分析朝鲜族族谱的特点，向人们介绍朝鲜族族谱的大致情况。

一、朝鲜族的形成和发展

中国朝鲜族属于迁徙民族，源于朝鲜半岛。19 世纪中叶，一些不堪受朝鲜王朝封建统治阶级的残酷剥削、逃避自然灾害的朝鲜人偷偷潜入中国东北谋生。他们先后在鸭绿江和图们江沿岸垦荒造田，定居下来。当时，清政府对朝鲜移民先采取封禁的政策，不允许他们进入我国，之后出于巩固东北边疆防卫的需要，改为广招朝鲜难民进行土地开垦。并于 1881 年正式废除了对朝鲜人的封禁令。图们江北岸长 350 公里、宽 25 公里左右的区域被清政府特定规划成朝鲜农民的专垦区，1885 年后，越来越多的朝鲜人进入东北地区。据史料记载，截至 20 世纪初，在延边地区定居的朝鲜人达 10 万多人，延边成为中国最大的朝鲜人聚集区。1910 年日本帝国主义者吞并朝鲜后，大批的朝鲜爱国志士和在日本殖民统治下破产的农民纷纷涌入东北，从事反日救国活动和谋生。他们与当地的汉、满等兄弟民族一道，共同开发边疆的土地，形成了独具特色的生产关系，拥有了被中国政府认可的自己的行政区域，获得了合法的土地所有权和使用权，并编甲升科，领照纳租，接受政府管理，成为事实上的中国公民。这是朝鲜族成为中国一个少数民族的重要标志。朝鲜人迁入到延边和东北各地，不仅改变了自身的生存环境，而且还形成了新的利益关系，把自己的命运同中国的命运紧紧地联系在一起，产生了对中国的归宿感、认同感和向心力，成了中华民族大家庭的一员。他们积极投身东北边疆地区的开发和建设，同时，不怕流血牺牲，踊跃参加中国的抗日战争和解放战争，为抗击日本侵略者和全国解放作出了不可磨灭的贡献。中华人民共和国成立后，朝鲜族人民又积极响应党的号召，参加抗美援朝、投身社会主义建设事业，为保卫新中国和加快社会主义现代化建设再立新功。1952 年，延边朝鲜族自治州正式成立。60 年来，在党的民族政策的光辉照耀下，广大朝鲜族人民充分享受民族自治权利，经济社会不断发展，人口也增加到了近 200 万。

二、朝鲜族的修谱历程及现状

1. 朝鲜族修谱历史简述

朝鲜族谱是在中国族谱学的影响下产生的。据史料记载，中国族谱的雏形大致产生于汉代，主要是为了记载帝王的年表、世系、政绩，后来扩展到王室贵族和士大夫阶层。而朝鲜（韩国），直到 20 世纪高丽朝时期，才出现具有“族谱”意义的谱籍，即高丽毅宗王时期编纂的《王代宗录》，但较为系统、完整的族谱，则出现在 15 世纪。最具代表性的是分别于 1423 年和 1476 年修成的《文化柳氏永乐谱》与《安东权氏成化谱》。大约从 16 世纪起，朝鲜的王公贵族、士大夫阶层和各个名门望族争先恐后地编写各自的族谱；到了朝鲜王朝末期，修谱之风扩展到生活富裕的平民阶层，各姓氏、本贯编纂族谱成了不成文的规矩，若哪个家族没有族谱，会被认为是耻辱和愚昧。

第二次世界大战结束后，随着韩国经济社会的发展，修谱之风也兴盛起来。各姓氏纷纷组织宗亲会，考证、补充、修纂其族谱。为适应社会的发展变化，原本以汉字修纂的族谱，有的加了韩文注解或者翻译成了韩文，旧记年月改为公历年月，并增添各种彩图，如画像、陵墓、祠庙照片，重新刊印出版，尽量使其实用化。据笔者了解，朝鲜民主主义人民共和国自多年前就不再使用汉字，再加上其他原因，朝鲜公民基本没有续写族谱，族谱可能大都已消亡。

2. 中国延边朝鲜族族谱的现状

吉林省延边朝鲜族自治州现有近80万朝鲜族人。据初步调查，其中大约1%的家庭拥有本家族的族谱，其来源据说有三种。一是在延边、沈阳等地续写和刊印的本家族族谱。据调查，自20世纪初到朝鲜（韩国）光复前的近40年间，在延边定居的一些朝鲜族为了认祖归宗，不忘根本，了解和掌握本姓氏和家族的历史，同时增补在中国繁衍的后代，有的在原有的族谱基础上，由家族中有知识的人重新修纂族谱和撰写序文，还有一些朝鲜反日志士利用重修族谱的形式，反对日本帝国主义强行吞并朝鲜后鼓吹的"日韩同祖同根论"和日帝野蛮的殖民奴化教育，并在当时的朝鲜族聚居地——吉林省龙井、奉天等地刊印族谱，分发给本家族的人收藏。也有一些朝鲜族在解放后，从迁徙到中国之前的祖父算起，以手写的形式，新修撰本家族一百多年来的族谱。20世纪60年代，延边不少的大姓家族拥有了自己的族谱。遗憾的是在十年动乱期间，这些族谱作为封建糟粕，大都被毁掉。二是由朝鲜族祖先或者其后人从朝鲜半岛带过来的。19世纪从朝鲜半岛迁徙到中国定居的朝鲜人，大都是家境最为贫困的农民，也就是祖祖辈辈生活在社会最底层的人，识文断字的人极少，只有极个别的人拥有族谱，并将其带到中国。另外，从20世纪80年代我国实行改革开放以后，祖籍在韩国的朝鲜族，通过各种渠道前往韩国探亲或者打工，尤其是1992年中韩建交后，越来越多的朝鲜族去韩国探亲和从事劳务输出，并利用这样的机会探访亲戚，寻根觅祖，很多的朝鲜族在阔别四五十年甚至更长的时间后，找到了自己的祖先和家族，与韩国的亲人相逢，回国时，一些人带回了自己家族的族谱。三是个别朝鲜族根据家族内长辈的口述和一些资料或者原有的族谱，自行修纂近代以来的本家族族谱，分发给在延边的家族成员。在调查过程中，笔者有幸发现了近年来修纂的延边朝鲜族族谱。这些事实足以说明，如今已有相当一批人认识到修纂族谱的重要性，正在用各种方式续写、补充或修纂本家族的族谱。目前，延边州龙井朝鲜族民俗博物馆、延边州博物馆、延边州图书馆、延边大学图书馆、延边大学古籍研究所收集了朝鲜族族谱达 100 余种，为金、朴、崔、李、吴、姜、全、林等近 30 个姓氏的族谱。据了解，除了这些收集到的朝鲜族族谱外，延边州内和全国各地还有一些朝鲜族族谱由个人收藏。

三、中国朝鲜族家谱中的姓氏源流

朝鲜民族的家谱根据层次的不同，又分为大同谱、族谱、世谱、派谱、家乘等，习惯上将其统称为族谱。它们是朝鲜民族记载一个姓氏、本贯的父系氏族世系的宗族谱籍。一般说来，它以父系为中心，记录某姓氏、本贯世代系统的始祖、各世代的人名、字、谥号、生卒年月日、官职、简历、事迹等，有的还收录本宗族的重要陵墓、祠堂、庙宇等，是一个宗族的历史典籍。说起中国朝鲜族的族谱，就不能不提到朝鲜民族的姓氏。因为姓氏先于族谱，而族谱的主要功能之一就是辨别相同或不同的姓氏之间有无血缘关系。再者，现有的朝鲜族族谱大都是朝鲜族的祖先迁徙到中国后续写原有的族谱并刊印，或者是直接从朝鲜半岛带过来的。所以，有必要先了解一下朝鲜民族的姓氏源流。

1. 朝鲜民族姓氏的由来

朝鲜民族的姓氏由来已久，因与中国的汉文化有着千丝万缕的联系，所以多借鉴汉姓的做法，采用汉字姓氏，但它又具有与其民族文化息息相关的独特性。朝鲜民族有数百个姓氏。那么，这些姓氏是如何形成的？根据现在所掌握的资料来看，其来源大致可分为三个方面，即朝鲜（韩国）固有的姓氏、外来姓氏和来由不明的姓氏。朝鲜（韩国）固有姓氏的数量不多，但是，其人口所占比例很大。据统计，韩国姓金的人占总人口的 21.9%；姓朴的人占总人口的 8.5%。外来姓氏中，来自中国的姓氏占绝大多数，都是出于各种原因，从中国各地来到朝鲜半岛定居的人传下来的姓氏，大体能确认来自中国的汉族姓氏大约有 130 多个。其中，来朝鲜半岛年代不详的约占 30%，唐朝时期来定居的约占 22%，宋元时期来定居的约占 29%，明朝时期来定居的约占 18%。这个统计结果虽然不够精确，但从中可以看出，中国人东渡朝鲜定居后留下姓氏，是从唐朝开始兴盛，宋元时期为最多，一直持续到明朝，清朝极少，先后长达一千多年。

2. 朝鲜固有姓氏

一是姓氏神话传说。关于朝鲜（韩国）历史上的王族起姓，有很多神话传说。新罗第一代王姓朴。关于朴氏的起源，朝鲜（韩国）最早的史籍《三国史记》和《三国遗事》里写道：公元前69年，在斯卢国（新罗国前身）杨山附近的茂密树林里，出现了既像葫芦瓢又像卵的大胞，从中生出带有富贵之相的男婴。这个孩子长大后，成为新罗第一代王。因为他是从葫芦瓢一样的胞中诞生，所以起姓为朴。

在朝鲜民族的姓氏中，金姓是人口最多的第一大姓。这么多的金姓，依其起源可分为两大系统，即新罗国金阏智系统和驾洛国王金首露系统。据《三国史纪》记载，新罗脱解王9年（公元65年），金阏智出生在韩国庆州树林里悬挂着的金盒子里，所以，脱解王赐姓为金，名阏智。金阏智的第七世孙做了新罗国第13代王，后来，新罗国前后38代王姓金。

新罗第四代王姓昔，称昔脱解王。关于昔姓的起源，《三国史纪》和《三国遗事》里也有记载。公元前19年，在辰韩国（古朝鲜南部的部落国）的阿珍浦码头，有个老妇发现随海水漂来的木柜，打开一看，里面有男孩子和很多宝物，就将男孩抱回来抚养。因为这个老妇发现柜子时，喜鹊在柜子上飞翔和不停地啼鸣。为此，给这个男孩取姓为昔（鹊字去掉鸟字旁），又因解开包袱而取孩子，故取名“脱解”。这个男孩长大后成为新罗国王。

二是国王自己起姓。据《三国史纪》记载，高句丽第一代王朱蒙于公元前37年建国后，定自己的姓为高，称“东明圣王”高朱蒙。

百济是统一马韩部族后形成的国家。公元前后，这个地区居住着50多个部族，公元前18年，以伯济部族为主，建立百济国。这个伯济部族是由南下的扶余族和高句丽族组成。百济第一代王温祚认为自己是扶余出身，故自称姓为扶余。

三是国王赐姓。国王给功臣赐姓的例子有很多。据《三国史纪》，高句丽第一代王建国后，不仅自己给自己起姓氏，而且还为建国功臣赐姓，如对再思赐姓为克，向武骨赐姓为仲室等。而高丽第一代王建国（公元918年）后，也对开国功臣赐姓。如对弘述赐姓为洪，对三能赐姓为申，对卜沙贵赐姓为卜等。

四是改姓创氏。朝鲜民族改姓创氏的原因有很多。如驾洛国王金首露的两个儿子是金海许氏的始祖。这里有个故事：金首露的王妃许黄玉是古印度阿踰陀国的公主，嫁给金首露后生了10个儿子，享尽荣华富贵。上了年纪后，她对金首露王说，妾是东土的人，死后不能传姓而深感遗憾。金首露对许王妃有着很深的感情，决定长子为金姓以继承王位，另外两个儿子改姓为许。金阏智的后裔金原吉到中国留学，因善写文章而出名。中国朝廷赐其姓文，改名为文原吉，成了朝鲜甘泉文氏的始祖。

朝鲜王朝太祖李成桂灭高丽建立李氏朝鲜后，诛杀高丽王族王氏近亲，流放远亲，并下令凡是王姓者都改为母姓，天下不许再有姓王的人。因此，多数王姓者改为母亲姓氏。有一部分王姓的人，选择包含“王”字的汉字作自己的姓氏，如玉、全、田。

五是国王给“乱民”起带有污辱性的姓氏。据朝鲜史料记载，三韩统一时，木川地区的原百济遗民屡次叛乱。高丽太祖王建十分讨厌这些人，赐给他们带有污辱性的姓氏，如牛、马、象、獐、豚等。后来，这些人觉得不好听，逐渐取同音异字，改为于（朝鲜语于与牛同音）、尚（朝鲜语尚与象同音）、张（朝鲜语张与獐同音）、顿（朝鲜语豚与顿同音）。

3. 来自中国的汉民族姓氏

从史料和朝鲜民族各姓氏的族谱看，中国一些朝代的人到朝鲜半岛定居并传下姓氏，有多种原因。他们绝大多数不是普通百姓，而是高官、将领、学者等，是当时的精英。这使朝鲜半岛历代王朝更加依赖中国中原各代王朝，受其控制，并在文化、意识方面深受其影响，同时，也促进了朝鲜半岛的政治、经济、文化的发展，造就了较远血缘的交叉融合，对地理上较为闭塞的朝鲜半岛的人口素质提升起了一定的作用。从中原东渡到朝鲜定居的中国人，大致可分为以下几种：

一是以使臣身份来到朝鲜后定居下来。如中国晋朝的印瑞，原来是晋朝的使臣，来到新罗国后留了下来，成了朝鲜印氏的始祖。而朝鲜闵氏的始祖闵称道，是中国河南人，于朝鲜高丽朝中期以使臣身份来到高丽国后定居。慎氏的始祖慎修是中国开封人，做宋朝使臣来高丽国定居传姓。中国人严林义做元朝坡乐使负责人来高丽，后因元朝被推翻而不能归。明朝的文渊阁学士宣允祉作为使臣，于公元 1382 年来高丽后定居。还有明朝宪宗时的礼部侍郎、内阁翰林冰如镜、朝鲜董氏始祖董承宣等，也是作为明朝使臣而定居朝鲜的人。因为这些人是当时的名人，定居朝鲜后都将自己的姓氏流传了下来，所传家谱也较为详细、全面。

二是为了避难到朝鲜定居。出于政治避难的目的，逃亡到朝鲜半岛的中国人，大概很早就有。如朝鲜的南宫氏，是公元前周武王灭殷时逃到古朝鲜的殷人的后裔。但是，现今在朝鲜传下来的汉民族姓氏中，较多的还是从唐朝时期开始避难东渡的人留下的。例如朝鲜卢氏的始祖卢穗，原是唐朝翰林学士，公元 877 年，为躲避安禄山之乱，带领儿子和 9 个兄弟，逃到了新罗国平安道定州菱里村定居。唐代苏州人白宇经原是唐朝的吏部尚书，后因遭受奸臣陷害，于公元 780 年来到新罗国定居，成了朝鲜水源白氏的始祖。安东张氏的始祖张贞弼是浙江人，于唐末随父亲亡命到新罗国。唐朝翰林学士周璜，为躲避唐朝末期的乱世，于公元 907 年来到新罗国定居下来。南阳宋氏的始祖宋奎，本是唐朝的翰林学士，后被佞臣诬陷，于公元 926 年带 7 名同僚（七学士）逃到新罗国，从次年开始，担任新罗国吏部尚书八年，新罗王朝灭亡后，他到南阳隐居。唐朝文宗时曾任大丞相的丁德盛，因军国大事，极力向皇帝进谏而惹怒皇帝，于公元 853 年被流放到新罗国押海岛，从此在那里定居下来。

唐朝以后中国出现的“五代十国”、北宋、南宋、元朝等朝代，政治上较为动荡，改朝换代比较频繁，东渡朝鲜的人也就多起来了。

南宋时期的哲学家、教育家朱熹的曾孙朱潜，在宋朝即将灭亡，趁政局混乱之际，带着儿子朱余庆、翰林学士叶公济等人，于朝鲜高丽高宗时前往高丽国罗州定居。朱、叶分别成为朝鲜这两个姓氏的始祖。郑臣保曾是宋朝的刑部员外郎，宋朝灭亡后亡命高丽国，成为朝鲜瑞山郑氏的始祖。还有宋朝神庆卫大将军蒋胥、大学者宾宇光等人，也是在宋朝将灭或者灭亡之后，不堪忍受战乱以及外族统治，逃到朝鲜半岛定居，成了朝鲜这些姓氏的始祖。

中国元明时期，中国也有一些人或因躲避战乱，或因政见不同，或因受到诬陷，或因“忠臣不事二主”，逃到朝鲜后定居下来，成为朝鲜该姓氏的始祖。如元朝的参知政事偰文质的孙子偰逊，浙江明州人唐诚，明朝的开国功臣石繇、兵部尚书墨泗、翰林学士楚海昌等。

三是作为联姻公主的随从，来到朝鲜后定居。如唐朝时期的魏镜，跟随出嫁的大光公主来到新罗国，后定居下来。元朝世祖之女齐国大长公主出嫁到高丽国时，作为随从来高丽定居并传下姓氏的有：都佥议政丞杨起，绍兴府人任温、张舜龙等。

四是作为援军来朝鲜后定居传姓。新罗强盛后，与唐朝联盟，欲称霸朝鲜半岛，向唐朝求援。唐高宗派苏定方率兵去新罗，与新罗军联合攻打百济。当时，苏定方手下有唐朝兵部侍郎秦弼明，灭掉百济后留在新罗，成为朝鲜丰基秦氏的始祖。唐朝援军中，还有中郎将李茂，立战功后留下来，他就是朝鲜延安李氏的始祖。1592 年，日本军阀丰臣秀吉发动“壬辰倭乱”，侵略朝鲜半岛，到处烧杀抢掠。朝鲜王朝在奋力抵抗的同时，请求明朝派兵援助。当时的明朝援军调兵领粮使兼总督将千万里，带领两个儿子参战，立下赫赫战功，倭乱平定后留在了朝鲜，成了朝鲜颍阳千氏的始祖。海州石氏的始祖石星，原是明朝兵部尚书。正因为他力主出兵支援朝鲜，才使明朝派援军，成功打退倭寇。但是，明朝因此而出现财政困难，影响国势，明神宗皇帝加罪于石星，使其死于狱中。石星的长子石潭按照父亲的遗言，携母逃到朝鲜海州首阳山下定居。朝鲜封石潭为首阳君，赐籍为海州。此外，明朝援军中的施文用、万世德、徐鹤、陈璘等，也均因各种原因留在朝鲜，并传承自己的姓氏。

五是以文化使节身份来朝鲜后定居。中国唐朝时期，与朝鲜高句丽、新罗等国十分友好，文化交流频繁，互派学者较多。高句丽国的荣留王派使臣前往唐朝邀请学者。唐太宗派遣 8 位学士去高句丽讲授儒学，推广唐文化。其中，洪天河一直在高句丽传授儒学，直到新罗统一朝鲜半岛后，后来成为朝鲜南阳洪氏的始祖。方智是唐朝的翰林学士，公元 669 年，他受命以文化使节来到新罗国，普及唐文化，翻译《九经会统》，后与新罗张氏女子结婚定居，为温阳方氏始祖。唐朝天宝年间的礼部尚书卞庭宝于公元 743 年被派往新罗做学士，后成为朝鲜草溪卞氏的始祖。另外，还有唐朝学士殷洪悦、独孤公舜、吉瑭、池镜、徐赶，唐朝僖宗时的礼部侍郎司空图，唐朝明宗时的新罗宣教使陆普等人留下定居，不仅业绩显赫，而且成为朝鲜幸州殷氏、南原独孤氏、海平吉氏、忠州池氏、南阳徐氏、孝令司空氏、沃川陆氏的始祖。

六是在海上遭遇风浪漂流而定居。中国东汉时期的朝官黄洛于公元 28 年作为使臣，在乘船前往交趾国（现越南北部）途中遭遇大风浪，漂流到朝鲜新罗国平海后定居下来，自称“黄将军”，生下三个儿子，起名黄甲古、黄乙古、黄丙古，分别成了平海、昌原、长水三个本贯黄氏的始祖。南敏是中国凤阳府汝南人，原名金忠，在唐朝任吏部尚书。公元 735 年，他作为使臣去日本归来的时候，船被大风吹到了新罗国地域。他向新罗朝廷提出，愿意留在新罗。新罗景德王向唐朝通报此事，唐朝皇帝下诏同意本人意愿。景德王见其来自汝南，便赐其姓南，并改名为敏，将英阳县下赐为其食邑。

此外，还有一些来自中国的汉民族姓氏，来由不详，年代不明，始祖不清，只相传是来自中国的姓氏。如罗氏祖先是来自中国的豫章（今江西南昌）；浪氏是中国扬州人的后裔；陶氏是中国济南人的后裔；鲁氏是中国鲁国的鲁仲达的后代；柳氏是中国人柳穗的后裔；庞氏尊中国人庞斗贤为始祖等。

4. *以其他国家或民族的人为祖先的朝鲜姓氏*

现今的朝鲜民族姓氏中，有一些是将其他国家或民族的人当作始祖的。例如咸博金氏和友鹿金氏的祖先是日本人。咸博金氏的始祖金诚仁，原名为沙汝毛（译音），公元 1592 年在日本发动“壬辰倭乱”时作为日军左副将来朝鲜参战，后投诚并参加抗倭斗争，在战斗中立功受赏，赐姓为金，改名诚仁。友鹿金氏的始祖金忠善原名沙也可（译音），也是在“壬辰倭乱”时作为日军军官来朝鲜参战，后受朝鲜先进文化和精美文物感染，向朝鲜庆尚道兵马节度使朴晋投诚后反戈，在抗倭战斗中多次立功受奖，赐姓名为金忠善。而林川李氏是维吾尔族的后裔。另外，花山李氏始祖李龙祥，是高丽时亡命来的安南国王李天祚的儿子；德水张氏始祖张舜龙是阿拉伯人；延安印氏是蒙古族的后代。据传，渤海国王大祚荣的第十世孙大光显，于公元 934 年渤海国灭亡时，率数万遗民逃到高丽国。

高丽太祖王以礼相待，赐姓太，从此朝鲜有太姓。

5. 朝鲜民族姓氏的发展变化

纵观世界上的各民族的姓氏，其数量在不断发生变化，在漫长的历史长河中，有的姓氏消失了，同时又会出现新姓氏，特别是在中华文化圈里，这种现象尤为普遍。例如，据《左传》记载，中国西周时期只有20个姓和数百个氏。而到现在，全国约有3050个汉字姓氏。朝鲜民族的姓氏数量也是随着时代的变迁而发生很大的变化。据史料记载，李氏朝鲜时，朝鲜半岛有上千个姓氏，后经历“壬辰倭乱”（1592）和“丙子胡乱”（1636），朝鲜民族的姓氏减少到289个，后又增至496个。到了20世纪30年代，朝鲜中枢院编纂的《朝鲜姓氏调查研究》中，收录326个姓氏。1975年，韩国经过国情调查，共收录249个姓氏；1985年经调查确认，韩国有275个姓氏、3349个本贯。但是，朝鲜民主主义人民共和国有多少姓氏尚不清楚，所以，笔者无法写出朝鲜半岛内的朝鲜民族姓氏的确切信息。

6. 朝鲜民族姓氏的本贯

伴随着时代的变化和人口的增加，朝鲜民族同一姓氏的人不断增多，其派系也逐渐扩展，因而出现尽管是同一姓氏，但其族亲系统完全不同的现象。同时，由于改姓创氏和外来姓，出现了很多毫无血缘关系的同一姓氏。为了明确区分同姓的人是不是同族亲、是何分支、从哪来的同姓等问题，人们开始讲究姓氏的“本贯”。在韩国，人们特别注重姓氏的本贯，人人须知本贯，若不知自己姓氏的本贯，则被认为是十分无知的人。

朝鲜民族姓氏的本贯，又叫“本籍”“原籍”“籍贯”“贯乡”等。“贯”是指古代的钱，也是古货币单位。古钱币通常是用绳子串起来携带的。朝鲜民族认为，亲族也要像古钱币一样，需要用一种东西相互连贯起来，从而引申出“本贯”“籍贯”之意。

从本贯的由来看，大致分为以始祖或中始祖的出生地名、食邑地名或者以其定居地名命名的，也有以被赏赐的爵位命名的，还有国王对有功者或外来人赐姓、赐“贯乡”的情况。

同一姓氏并不一定是同血缘宗族，只有姓氏和本贯相同，方可算作同一血缘宗族。由此产生姓氏、本贯和宗族的关系问题。这三者关系大致如下：

一是同族同姓同本之间关系：因为存在近亲结婚的不合理性和伦理观的问题，所以绝对禁止通婚。

二是异族同姓同本之间关系：虽然同姓同本，但其宗族源全然不同，说明不存在血缘关系。如南阳洪氏分为“唐洪”和“土洪”。“唐洪”是指以唐朝来的洪殷悦为始祖的洪氏，而“土洪”是指以朝鲜土著人洪先幸为始祖的洪氏，所以，不存在同一血缘问题，可以通婚。

三是同族同姓异本之间关系：这是指姓氏相同而始祖不同（但远古祖先是一个）、本贯不同的情况。如江陵金氏和光州金氏，虽然其始祖和本贯均不相同，但都是金阏智系统，即远古祖先是一个。又如古阜崔氏和庆州崔氏，虽其始祖和本贯都不相同，但均是崔致远的系统。在这种情况下，从前严禁通婚，现在仍以不通婚为好。

四是异族同姓异本之间关系：这是指在大姓中出现的情形。例如金海金氏和庆州金氏虽然是同一姓氏，但其祖先不同，金海金氏为金首露系统，庆州金氏为金阏智系统，相互间没有血缘关系，不影响通婚。

五是同族异姓同本之间的关系：这是指虽然始祖和本贯相同，但使用不同姓氏的情况。如金海金氏和金海许氏都是金首露王系统，也就是具有血缘关系，尽管姓氏不同，但两者之间禁止通婚。

六是异族异姓同本之间的关系：相互之间没有血缘关系，可以通婚。如庆州李氏、庆州金氏、庆州孙氏，还有安东姜氏、安东权氏、安东卢氏等。

在不同的历史时期，朝鲜民族姓氏的本贯数量也在发生着变化。据朝鲜古代的《东国万姓谱》记载，朝鲜民族五大姓中的金氏有本贯 120 个，李氏有本贯 116 个，朴氏有本贯 51 个，崔氏有本贯 43 个，郑氏有本贯 35 个。而据 1930 年的国情调查，金氏有本贯 85 个，李氏有本贯 103 个，朴氏和崔氏各有本贯 34 个。

7. 朝鲜民族的亲戚关系

朝鲜民族的族谱作为一种传统文化，所记录的是以父系为基础的有血缘关系的同姓同宗社会集团成员的历史，其中包括嫡亲和宗亲。纵观朝鲜民族的传统文化可以看出，朝鲜民族历来就非常重视父系血统。具体表现为姓氏一律以父系血统为依据，不论男女，都始终保持父系姓氏，宗族的谱系也按父系来计算，都以男性传承为中心，对待子女亲疏程度上出现重男轻女倾向。

嫡亲是以父系血统成员组成的亲戚，即上有高祖，下有玄孙，网罗旁亲兄弟姊妹的亲族集团。按照朝鲜民族的“寸数法”，嫡亲的范围是 8 寸以内的父系亲族。嫡亲有“本家”和“分家”之别，本家的长子、长孙为宗孙，能继承家业。宗亲是以高祖以上的祖先为始祖，把与这个始祖有血缘关系的所有成员网罗在内的宗族集团。宗亲又称为“门中”，把姓氏和原籍作为重要标志，凡是同姓同原籍的人，都会成为宗亲的血族成员。按宗亲的规模大小，可分为小宗、支派宗、大宗等。族谱类别中的宗谱就是记录宗亲成员信息的谱籍。

朝鲜民族的亲戚关系是比较庞杂的血族系统，具有较完善的辈分和称谓体系。亲戚大体上可分为血亲和姻亲。血亲是以血缘关系为纽带而构成的亲族，包括父系血亲和母系血亲。姻亲是以婚姻为媒介而形成的亲戚关系，包括夫系姻亲和妻系姻亲。亲族通常分为直系和旁系，直系是指爷爷、奶奶——父亲、母亲——儿子、女儿——孙子、孙女——曾孙、曾孙女等血脉相连的人。旁系亲族是指伯（叔）祖——伯（叔）父——侄子、侄女等上下几代分支的人。姻亲分为母亲方的外戚和妻子方的妻戚，出嫁的女儿虽然从亲族中去除，但是，在实际生活中，姑姑、姑父和姑表兄弟姐妹是很近的亲戚关系。为了表示这些亲戚关系的亲疏远近，朝鲜民族发明了非常科学的“寸数法”。寸数法是朝鲜民族自古以来采用的一种以几何计算来体现亲戚关系远近的独特的表示法，简而言之，就是寸数越小，亲缘关系越近，反之则亲缘关系越远。寸数的计算，是从夫妻关系开始算起，把一代算作 1 寸。所以，夫妻间是没有寸数的。属于直系的亲族，代数就是寸数，即父母子女间的寸数为 1 寸，祖父母与孙子和孙女之间为 2 寸，曾祖父母与曾孙之间为 3 寸，高祖父母与玄孙之间为 4 寸。不过在实际生活当中，直系亲族一般不计算寸数，在称谓上也不加寸数。

一般来说，表示亲戚远近的寸数，主要体现在本人与旁系亲族和外戚关系上。要想知道自己与某个亲戚的寸数，首先看他（她）属于哪一代祖先的分支，将自己与那个祖先的寸数和那个人与那个祖先的寸数相加，结果就是自己与那个亲戚的寸数。比如，侄子是自己哥哥或弟弟的孩子，是通过自己的父亲形成的分支。因此，侄子和本人之间的寸数，是自己和父亲的寸数与侄子和自己父亲的寸数之和，也就是我与父亲是 1 寸，而侄子与我父亲（即侄子的祖父）是 2 寸，那么，我与侄子之间是 3 寸。属于同辈的亲戚，是按偶数来表示其寸数，比如 4 寸、6 寸、8 寸等，而不同辈数亲戚间寸数则用 3 寸、5 寸、7 寸等奇数来表示。朝鲜民族计算亲戚之间的寸数，通常只算到 8 寸左右，超过 8 寸就认为不是亲戚。

总之，在朝鲜民族的家族生活习俗中，姓氏和族属成为鲜明表现民族传统、注重血缘意识的一种符号和平台，为保持民族传统文化特性起到了不可忽视的作用。

四、朝鲜族族谱的基本内容及特点分析

1. 朝鲜族族谱的特点

一是用汉字书写和编印。由于朝鲜半岛一直到 15 世纪还没有本民族文字，社会上使用的都是汉字，所以，他们的族谱也是用汉字书写和编印的。直到现在，朝鲜民族族谱的主要内容通常仍是用汉字记录，近代以后编纂的朝鲜族族谱，有的用朝鲜文（韩文）作了注释。利用汉字书写和编印，尤其是地名和姓氏用汉字标注，有效地避免了朝鲜语（韩语）作为拼音文字，即一音一字的弊端，做到清晰、了然、科学、实用。

二是层次多。朝鲜民族的族谱，按其内容多寡，大致分成这样几个层次：属于第一个层次的“大同谱”，是最为完整和系统的族谱，它包括一个姓氏始祖以下各分支的各宗派不同本贯在内的所有血统；属于第二个层次的是“族谱”，它以一个本贯为单位，记载其始祖及世代历史；属于第三个层次的叫“世谱”，它是几个宗派的合谱；属于第四个层次的是“派谱”，它只记载一个宗派始祖、世代的历史；属于第五个层次的是“家乘”，它以某一个人为中心，只记载他（即编写者）上至始祖，下到自己下辈的单系血统世代，也就是不写兄弟、叔伯等旁系，是编写族谱的基础资料。

三是必有序（跋）。至今发现的朝鲜民族族谱，大都有序或跋。如历史最为悠

久的《水原白氏世谱·旧序》《广州安氏族谱·旧序》《文化柳氏世谱·永乐谱序》等，其内容大体是表明修谱的目的、意义、功能等。

2. 朝鲜族族谱基本内容分析

朝鲜族族谱虽然分为大同谱、族谱、派谱、家乘等很多种类，但是，实际上都是按照一定的原则和方法编纂的，有着许多的共同点，其基本内容大致如下：

（1）谱序。不论是历史最为久远的《文化柳氏永乐谱》《安东权氏成化谱》，还是最近修撰的延边《全州金氏明川派谱》，都在族谱的开头刊载谱序，阐明修撰族谱的意义、目的、宗族的渊源、来历等。也有个别的族谱有跋文，其内容与谱序基本一致，只是更加详细阐述修撰族谱的过程而已。纵观笔者所看到的朝鲜族族谱，其谱序（跋）多数是由直系后代中有学识的人撰写，也有请宗室中的知名人士或者文笔出色的外人撰写的。随着时间的推移，在续写、增补、修订族谱时，通常会收录旧谱中的序跋，而修撰派谱等支谱时，也会把宗谱里的序跋收录进去。

（2）记、志、传。大多数朝鲜族族谱，一般采用记、志、传等形式，记录始祖、中始祖和家族中名人的事迹、生平、墓志铭、言行录、年谱等。也有记录有关始祖的传说、获得姓氏的过程、祖籍地名的沿革、分派的来历等，其主要目的是彰显自己家族身份的高贵和历史的久远，以唤起宗室成员的荣誉感和自豪感，并增强其凝聚力。

（3）凡例。朝鲜族族谱的凡例是对本次修谱的意义、依据、取舍、所采用的方式等的说明，是了解族谱内容的重要资料。有的族谱的凡例，还包括家规、家训等内容。

（4）图表、墓图。几乎所有朝鲜族族谱的前部分，都有自始祖（中始祖）到修撰该谱前的各世系的图表，而且还会刊载始祖发祥地的地图、始祖和各世系著名先祖坟墓所在地略图以及墓碑的碑文、墓志铭等。

（5）世系谱。这是族谱的主要内容，占据整个族谱的大部分。大体上是从始祖开始，按照世代顺序排列成纵系谱，然后按一代一格的方式，记录各个世代家族的男性成员。如某某人姓名、字号、生卒年月日、妻子的姓氏、本贯及其父名。

现存的朝鲜族族谱中，最能体现男尊女卑传统观念的一点是，只记录各世代本家族成员中的男性，而女性（即女儿）栏里，记的则是其丈夫的名字。还有一些族谱根本就不记录家族女性成员。

五、朝鲜族族谱的功能及社会价值

朝鲜民族早期修纂族谱，是人们把修谱作为人的基本需求，如同水有源、木有本，人是祖先所传，自然不能忘本，修谱可以满足人们寻根和感念祖先的情感需求，反映了祖先崇拜的观念。17 世纪以后，在中国宋代大儒苏洵、张载、范仲淹修谱理论的影响下，朝鲜（韩国）的族谱更加强调社会作用与政治功能，反映在谱序中突出家国论、教化和移风易俗上。到了近代，朝鲜（韩国）族谱的功能，主要体现在人们将孝、悌、忠、信、礼、义、廉、耻为人下定义，并把族谱作为孝悌之道的载体。

朝鲜族族谱是祖先留给后人的宝贵遗产，有着多种社会价值。首先，它记录了一个宗族数百年甚至上千年繁衍生息的过程，能够使其后代知晓本民族的先祖中有哪些伟人、名人及其生平和功绩等，并掌握自己宗族较为全面的历史，是该宗族成员寻根的可靠依据和史料。其次，一些朝鲜族族谱详细记录了先祖从朝鲜半岛迁徙到中国延边或其他地区定居的具体时间、缘由等，是研究中国朝鲜族形成过程的珍贵的历史资料。再次，朝鲜族族谱体现了最为传统的民族习俗和道德理念，对朝鲜族民俗学、民族学和朝鲜民族的宗法制度的研究很有参考价值。第四，从伦理学和遗传学角度看，朝鲜族族谱明确了各个姓氏的血统和相互之间关系的远近亲疏，为避免近亲通婚提供了相当可靠的根据，在提高朝鲜民族的人口质量方面起到了积极的作用。

六、发掘和整理朝鲜族族谱过程中发现的问题及建议

在进行关于朝鲜族族谱的调查研究过程中，笔者发现了不少问题，应当引起重视并加以解决。具体如下：

1. 修撰和收藏族谱，可以说是朝鲜族固有的良好习俗

然而，由于传统的朝鲜族族谱采用的是古体汉文，非常深奥、难懂，纪年也是用天干地支搭配的旧历法或者古朝鲜历法，加之年代久远，很多族谱字迹已有些模糊，现在的绝大多数朝鲜族根本看不懂，年代也算不清。所以，即使家里有族谱，能看得懂的人也寥寥无几。因此，大多数朝鲜族尤其是40岁以下的年轻人，对族谱根本不感兴趣，脑子里基本没有族谱的概念，致使朝鲜族族谱濒临消亡的边缘。

2. 朝鲜族族谱作为珍贵的民族文化遗产，理应有序地进行发掘和保护

但是，从目前情况看，各级政府没有一个部门或机构负责此项工作，所以，很难对散落在民间的族谱进行搜集、整理并给予保护，而现存的朝鲜族族谱，大都是1945年前在延边、沈阳、吉林等地印制的，如今都成了文物。由于修撰族谱属于民间的家族行为，多数由个人收藏，因而受各种条件的限制，防潮、防火等保护措施跟不上，其数量正在日益减少。

为此，笔者建议：

一是倡导朝鲜族人民群众积极传承和发扬本民族的优良传统，续写、修撰自己的家谱或者族谱，特别是祖先从朝鲜半岛移居到中国以后的历史和家族世系，让当代的朝鲜族及其后代了解本民族、本家族的来龙去脉和血缘关系生活发生的巨大变化，同时，切实意识到只有在中国共产党的英明领导下，受苦受难的广大朝鲜族人民才得以翻身，并且在党的民族政策的光辉照耀下，过上了幸福生活。

二是政府应责成图书馆或者博物馆等部门，同时拨付必要的经费，组织有关人员专门从事朝鲜族族谱的拯救工作。要组建相应机构，聘请精通古汉语的朝汉两族专家、教授，将收集或征集到的朝鲜族族谱翻译成现代汉语或者朝鲜语，纪年也改为公历。同时，对这些族谱进行复印和装订，原本作为文物，由图书馆（博物馆）收藏起来，复印本还给原来的收藏者。

主要参考文献

[1] 尹昌铉. 朝鲜氏族统谱 [M]. 韩国东亚出版社，1924.

[2] 郑禹铉. 晋州郑氏族谱 [Z]. 1938.

[3] 崔允. 关北江陵崔氏世谱 [Z]. 1940.

[4] 金斗宪. 朝鲜家族制度 究 [M]. 韩国乙酉文化社，1949.

[5] 宋赞植. 族谱. 韩国文化系列 [M]. 韩国时事英语社，1982.

[6] 成元杓. 昌宁成氏永川派谱 [Z]. 1982.

[7] 金兑极. 全州金氏世谱 [Z]. 2012.

[8] 廉皓、崔溶镇等. 朝鲜姓氏族谱全书 [M]. 北京：中国文联出版社，1999.

[9] 金永万、李松荣等. 延边朝鲜族史 [M]. 延吉：延边人民出版社，2010.

[10] 常建华. 朝鲜族谱研究 [M]. 天津：天津古籍出版社，2005.

[11] 王鹤鸣. 富有民族特色的朝鲜族家谱 [A] //《少数民族谱牒研究》[C]. 中央民族大学出版社，2013.

回族家谱研究

回族家谱是回族在其漫长的社会历史发展进程中留下的颇为珍贵的文化遗产。回族家谱和其他民族家谱一样，是记述本民族先人的血缘脉络、世系分支和重要人物事迹等方面的文献资料，回族家谱所承载的学术价值一直被社会学、历史学等专业的学者所重视。其中既有一般家谱中常见的谱序、家训、世系等体现修谱缘由、家族繁衍发展、辈次等内容，也融入了伊斯兰教精神等民族元素。因此，无论是对于研究蒙元以来回族发展脉络、风俗习惯，还是对于了解当时政治经济及社会生活发展情况，都是有针对性的历史资料。

本文简要阐述回族家谱的发展历程及其近年来收藏、研究情况，并对其中特点及特色家谱进行简要介绍，从而提出相应的结论及建议。

一、绪论

回族是我国人口较多的一个少数民族，其先民最早可追溯到唐代，形成于蒙元时期。历经千年的繁衍发展，如今在全国各地区都有分布。生活在宁夏回族自治区的回族约占全国回族总人口的19%，这里是回族最主要的聚居区。北京、河北、内蒙古、辽宁、安徽、山东、河南、云南、甘肃、新疆等省市和自治区居住的回族人数都达到20万。从人口区域分布来看，我国西部地区回族人口最多，占其总数的61%左右。其次是东部地区，最少的是中部地区。悠久的民族历史及广泛的地域分布，让回族在中华民族发展的历史长河中留下了灿烂的一页，而回族家谱作为记述该民族家族由来、迁徙乃至文化风俗等诸多内容的重要载体，是极具价值的珍贵的民族历史史料，不仅是家族史、民族史研究的重要资料来源，也是元代以来少数民族文化历史研究的基础资料。

中国民族图书馆馆藏的主要回族家谱为:《米氏宗谱》《杨氏宗谱》《戴氏宗谱》《黑氏家谱》《脱氏族谱》《六箴堂张氏家谱》《金氏族谱》《杨氏家谱》《尹氏族谱》《铁氏家谱》《冯氏家谱》《白氏家谱》《郑和家谱首序》《元咸阳王赛典赤家谱》《聚真堂马氏宗谱》《南海甘蕉蒲氏家谱》等，共计20多部。其中《六箴堂张氏家谱》创建于明建文壬年（1402），谱写起始年代为元至正二十一（1361），距今640余年，是年代最为久远的家谱。《黑氏家谱》编撰于明永乐年间，距今600年左右。《戴氏宗谱》距今560余年。另外,《铁氏家谱》《冯氏家谱》《脱氏族谱》《杨氏家谱》，距今也有300多年。馆藏回族家谱在形式上，主要以册式为主；在内容上，大部分都分为“序言”“家训家规”“世系表”三个部分。

宁夏回族自治区图书馆馆藏回族家谱14部，包括《马氏族谱全集》《六箴堂张氏家谱》《黑氏家谱》《脱氏家谱》《冯氏家谱》《戴氏家谱》《白氏家谱》《马氏家谱》和《重修马氏旗谱》等。

作为氏族家传之物，由于回族分布广泛，有大分散、小聚居的特点，因此相当一部分回族家谱收藏于民间，如广西社科院在21世纪初曾做过调查，客观上反映了民间收藏回族家谱的情况，相关文献记载如下：

《白氏族谱》，首次出现记载白氏家族谱的时间是在明代的1419年，后陆续八次续刊录，是年代比较久远的回族家谱之一。

《桂林马氏宗谱》，修于清乾隆1793年，后多次重修，家谱不断延续。

民间收藏的历史较长的家谱有：

1751年始修、1892年增修的南宁市的《宋氏宗谱》；

1827年始修、1932年重修的宜州的《司马氏宗谱》；

1835年始修的《桂林（忠恕堂）马氏支谱》；

1862年始修的南宁市的《（顺一堂）马氏支谱》；

1869年始修、1891年重修的灵川县大圩镇的《李氏宗谱》；

1906年始修、1934年刊印的临桂县六塘镇《翁氏宗谱》；

1918 年始修的南宁市《杨氏宗谱》;

1938 年始修的由怀德堂旗众编订的《桂林马氏宗谱》(古里马)等等。

二、回族修谱历程分析

1. 回族历史简介

回族是回回民族的简称,"回回"为其自称。"回回"一词最早出现在北宋沈括所写的《梦溪笔谈》中,特指唐代后今新疆南部及葱岭以西部分地区的"回纥"人("回鹘"人)。但这些人不是现在所说的"回回民族"。13 世纪初叶,一批信仰伊斯兰教的中亚人、波斯人、阿拉伯人等,随之而来。他们被当地人通称为"回回"。后来这些人也逐渐接受了这一称呼,以"回回"自称。

在历史上,回族也曾有一些其他称呼。比如宋元时期,蒙古民族的官方文书将回族先民称为"撒尔塔兀勒"(Sartqul);元代将 Musulman 音译为"木速蛮";明代的《高昌馆杂字》中有记载。现在,藏族将回族称作"卡西"(Kace),原因是他们来自帕米尔;蒙古族称回族为 Hotun——他们大多来自"和田"等;回族中姓马的人最多,四川彝族地区就将回族称为"马家"(Majia)。不同的称呼不仅说明回族居住地区广泛,也反映了回族来自不同的地区。

回族作为官方称谓,最早出现在 1785 年乾隆时期编修的《重修肃州新志中》。另外,清将领福康安在向皇帝报送的关于镇压西北回民起义的奏折里,也多次采用"回族"的称谓。

1890 年刊印的《甘肃忠义传》中也出现过"回族""回籍"等词语。而后的《甘肃回匪肃清善后议》里,更是将"回族"一词明确提出并加以运用。

2. 回族的姓氏源流

回族姓名是回族文化和习俗的一个重要内容,在回族的形成和发展过程中不断变化,大致可以分为以下四个阶段。

第一个阶段在公元 651 年,即唐高宗永徽二年,伊斯兰教开始传入我国。宋代至元代初期,是回族姓名出现的初始阶段。那些传教后留在我国生活的回族先民们,遵照自己民族的宗教与习惯,其姓名带有鲜明的特征:没有姓氏,只有阿拉伯、波斯族的人名。最早进入我国的阿拉伯人为撒哈八、撒阿的斡葛思；宋代主持设计建设泉州清真寺的为纳之卜嘉喜鲁丁，扬州清真寺建寺人称为卜哈丁等，均采用阿拉伯人、波斯人的原名，而没有姓氏。但在唐宋时，已有极少数长期生活在我国的阿拉伯和波斯商人、学者，以及进入当地府衙做官吏的人，开始使用汉姓汉名，如唐宣宗大中二年（848）考中进士的大食国人李彦升；跟随唐僖宗入蜀的李玹等都是波斯人；宋末时主管海上贸易的泉州提舶使蒲寿庚就是阿拉伯人，寿庚是他的汉名，蒲姓则取自阿拉伯名字“阿蒲”。

第二阶段为13世纪中叶到14世纪中叶，由于战争的需要，成千上万的中亚细亚地区的多个民族、波斯和阿拉伯人被征调入伍参战。这些外来的回族先后在内地定居生活。入乡随俗，由于受到汉族习俗的影响，他们的称谓——名字也开始朝着既有姓又有名的汉姓汉名转化。

（1）汉姓汉名。有的还在名外，另外有“字”和“号”——汉族人所特有的称谓。如元代名画家回族人高克恭（1248—1310年），字彦敬，号房山。可见，他的姓、名、字、号均是汉族的形式。

（2）留回族名，取汉姓、汉名和字、号，如元代作曲家马九皋（约1270—1350年），原回族名薛超吾儿，取字昂夫，号九皋，汉姓马，又称马昂夫。

（3）保留回族名，取汉姓和字，如政治家凯霖（约1255—1257年）是其回族名，取字和叔，汉姓苟。他对此的解释是：“古之姓，或官之封，无常也”“名则不敢忘吾先，而字则从华（汉族）可也”。

（4）保留回族名，依汉族习惯取一字一号或只取一字，如元代著名回族诗人萨都剌（1271—1368年或1308—1355年）。萨都剌是他的回族名，他又取字天锡，号直斋。博学能文的政治家赡思译，也是回族名，字得之。当时的诗人哲马鲁丁，字师鲁，也是保留回族名，另取一字。

（5）回族名前加汉姓。元至顺、至正年间，金阿里重建泉州清真寺。其中的金为汉姓，阿里为回族名。

（6）保留回族名，再另外取一汉名。如当时的名士哈八石（1284—1330年），汉名为丁文苑。

回族姓名的演化，表明受到汉族姓氏习俗的影响，回族人在保留自己民族名的同时，不断地接受汉族文化，并融入其中。

第三阶段：14 世纪中叶至 16 世纪末，回族形成。随着汉文化对回族影响的进一步加深，汉语成为回族的语言，回族习俗被汉族习俗同化，其名已逐步消失，回族人更多地使用汉姓汉名。尤其明代后，这种情况更加加剧。这是由于明太祖朱元璋歧视少数民族，强迫其汉化，并颁发禁止“胡服、胡语、胡姓”的命令。另外，回汉长期杂居，使用汉族姓名，便于工作和生活。最重要的原因就是，几百年来回、汉两族在经济、文化交流方面越来越密切，使用汉族的姓名更便于参加各种社交活动。明末以后，回族姓名的变化更为明显。如明末清初时期云南回族伊斯兰教学者马注，字文炳，号仆修，以及回族诗人丁澎，字正涛，号药园。他们的姓、名、字、号与汉族人完全一样。

第四阶段：17 世纪至 1949 年前。回族人的名字有了彻底的变化，回族人姓名均采用汉姓汉名。如清初回族诗人、文学家马世俊（1609—1666 年），回族诗人孙鹏（1688—1759 年）、马云龙；伊斯兰经师、学者马德新（1791—1872 年），科学家丁拱辰（1800—1875 年）；现代文学家马宗融（1882—1949 年）等都没有保留回族名，全部使用汉姓汉名。

需要指出的是，虽然回族人民已普遍使用汉姓汉名，但回名一直在一些回族人中保留。现在回族人还习惯为出生不久的婴儿取经名（即回族名）。如中国现代伊斯兰教学者哈德成（1888—1943 年），他的回族名为锡刺鲁丁；伊斯兰教学者马良骏（1867—1957 年），其回族名为穆罕默德·尤素福。

1949 年后，回族风俗习惯得到尊重，回族人取名普遍采用名字前冠姓（回族姓或汉姓）形式。如马胜利、哈为民，其中马、哈是姓，胜利、为民是名。回族名前不加姓，如亦（伊）不拉（男）、法蒂玛（女）等，一般在家庭以及亲属间称呼。我国西北地区许多回族，姓名中既有汉姓，也有回族名，以其作为自己的学名。如张阿里、李艾敏、马伊不拉，其中张、李、马是姓，阿里、艾敏、伊不拉是回族名。

3. 回族修谱的历程

受到汉文化的影响，回族也仿照汉族修订家谱，也是要借用家谱这一形式保存自身特有的民族文化习俗。但回族修家谱有一个重要特点：家谱的开篇（或前言、序）都是回忆其先祖所信的教，以及移居中国的过程。他们进入中国时都是个体或分散的，经过四处迁徙、不断繁衍，在明清时期最终形成了一个支系庞杂、人口众多的少数民族。为了清晰本族的世系、累世传承，回族中一些望族就纷纷学习汉族的做法——修谱。修谱时间比较早的有首修于 1310 年，即元正大三年的山东赛氏的《咸阳族谱》。明代修谱的有：创修于 1402 年，即明建文四年的《六箴堂张氏家谱》；首修于 1502 年，即明弘治十五年的福建《燕支苏氏族谱》；首修于 1619 年，即明万历四十七年的《南海甘蕉蒲氏家谱》等。

三、回族家谱内容与特点分析

1. 回族家谱内容与类型

（1）回族家谱在形式上，主要是册式：《聚真堂马氏宗谱》，马良等据民国十八年（1929）底本抄写；《古润金氏宗谱》，金全喜纂修，民国二十五年（1936）润州世活字印本；《金氏宗谱》，金全汉等纂修，清光绪十六年（1890）世耕堂活字本；《贡氏宗谱》，大受等纂修，民国二十二年（1933）积善堂活字本；《赛典赤家谱》，民族图书馆 1983 年据民国二十八年（1939）写本复印；《米氏宗谱》，米俊明修，清光绪二十九年，（1903）忠考堂活字本；《六箴堂张氏家谱》创修于明建文四年（1402）谱系之起，始年代为元正二十一年（1361）；《黑氏家谱》，成书于明永乐年间；《脱氏宗谱》，由脱宝兴据民国十九年（1930）重印本，记载了脱氏族人及元代右丞相脱脱后裔，为研究回族历史提供了例证；《戴氏宗谱》创修于明嘉靖十一年，线装、手抄本，后经康熙二十年（1682）重续，咸丰九年（1859）修撰，后由十八世戴守辰、十九世戴得邦等人修编；《铁氏家谱》原谱为木刻版印刷、线装本，该谱成于康熙年间（约 1685 年前后）为铁氏第四代铁魁所编纂，道光二年，第九世铁国兴等修订之版本为蓝本，重予补订成书；《冯氏家谱》，是沈阳冯氏第二十代后人冯景田提供，谱长 26 厘米、宽 18 厘米，墨笔书成，由冯氏家人纂修，全谱前后修订三次，续至二十世；《杨氏家谱》，原谱一册、线装十六开，从宋体字手抄而成，嘉庆十七年，嘉庆二十四年重修；《杨氏家谱》，原谱为宣纸，谱长 26 厘米、宽 22 厘米，共 12 页，记十六世，墨笔书成，杨廷柱等纂修；《金氏族谱》，系于为康德三年修立，原谱一部，线装，四开本，手书，楷体字，谱系五世，现已传到八世，纂修者不详；《尹氏族谱》，原件用 16 开白纸，墨笔书成，共计两页，纂修者不详；《白氏家谱》由白家第五世白雯云、白香云姐妹提供，原谱单长 88 厘米、宽 38 厘米，白纸书成，谱系列有白家到沈阳后的七代共 144 人。从《冯氏家谱》《杨氏家谱》到《白氏家谱》可以看到，各谱中均有其修编特点，谱中还介绍了当时回族人修清真寺过程、信奉回教以及从事的各种类职业等情况。另外，通过所看到的家谱可知，册式家谱大部分修于清代，修编年代晚的则用表式。

（2）从内容上看，回族家谱主要有以下几部分：

① 序文。"序文"主要包括的内容有：A. 论述家谱的性质及功能。《六箴堂张氏家谱》云："家之有谱，扰国之有史。国无史，何以识兴衰，家无谱，怎知支派？二者大小虽殊，而且不可缺则一也。吾尝见，夫世之为谱者，以扳援仕宦，附会名贤。"意思是说，家谱的作用是记载家族的历史，追本溯源，维护宗族的纯洁和知晓各个支系的情况。B. 论述宗族的来源。《黑氏家谱》序中说："溯黑氏原来自明永乐，由山东临清移居津邑，历世相传四百年矣。"说的是黑氏先民从明永乐年间就出现了，几经迁徙，已传代四百多年。这些记述对后人研究回族黑氏的来源有重要的价值。又如，九台市胡家回族乡蜂蜜村回族中医韩来馨珍藏的《韩门门谱》和吉林市邮电局回族职工韩秀庭珍藏的《韩氏家谱》，在探其先祖原籍时，都表明是来自山东省禹城县（现为禹城市，下同）。《韩门门谱》的谱序载："上失传三世"，从第四世起韩门三支分居各地。谱主这支到山东济南府禹城县白家庄黑龙庙，数年后迁徙白家庙玉林庙，后改名为韩家寨；第二支迁徙到河北沧州韩家世桥；第三支迁徙到河南归德府葛家庄。据谱牒记载和谱主回忆，从第十三世支派起，韩门中一些先祖迁徙至吉林，例如，十三世支派韩谦为吉林拔贡，无后；十四世支派韩金生，武生，外委到吉林腰站，韩金魁，吉林武生；十五世支派的祖坟仍在今九台市胡家回族乡蜂蜜营屯。韩秀庭珍藏的《韩氏家谱》，其谱序中记叙

他们的先人祖籍是山东省济南府禹城县韩家寨。

② 家（族）训、家（族）规。这是一般家谱必有的内容，回族家谱也不例外。《贡氏宗谱》和《米氏宗谱》所记载的家规多达十六条。将“念、礼、斋、课、朝”等回族的“五功”写入家规、家训中，体现了伊斯兰教的信仰者已将信仰的宗教精神渗透到了家训中。

另外，在云南昭通地区的一个回族家谱——《下坝马氏家谱》（清嘉庆七年始修，1987 年抄录）中，明确规定了十条族规以及违规的惩戒办法。主要内容包括：不能对先祖不尊，犯上；不能擅入邪教；不能与土匪一道拦路抢劫；要安分守己，不能无故生事；不能奸淫；不能仗势以大欺小，以富欺贫等。违者，族长可以轻则警告，重则或教规处治，或送官府处治。

③ 世系。世系是汉族族谱的主要内容，回族族谱也是如此。记载世系时，通常也只记述宗族中的男性，包括其姓、名（回族名）、字、号、生卒年月、婚姻、子嗣、入仕等内容。

2. 回族家谱特点分析

（1）和汉族家谱相比，不少回族的家谱内容相对比较简单，主要是因为回族历史比较短。另外，回族宗法观念不如汉族强烈，回族宗法制度也相对汉族的简单，这是因为在回族的社会生活中宗教的作用远比宗族更大。

（2）由于回族人是信仰伊斯兰教的民族，伊斯兰教在回族的发展历史中，曾经发挥过重大的作用，伊斯兰教的教义在回族的生活中无所不在。这样，伊斯兰教的教义也就自然而然地出现在家谱中，许多回族族谱都强调伊斯兰教对回族生活和精神信仰的重要意义，其内容也大多富含浓厚的伊斯兰教色彩。有的家谱中写道：经书（古兰经）不可不读——非常清楚、明确地把信仰伊斯兰教作为族规。还有的家谱出现极具伊斯兰教色彩的“真主鸿恩”“真主福佑”等词汇。还有的家谱中出现阿拉伯文字。许多回族人，对本宗族的活动不积极，但却热衷于宗教活动，他们自愿将自己的财产无偿捐献给清真寺。从回族家谱中可以清楚地看到这样一个特点：回族虽然接受汉族的某些宗教制度、伦理观念以及儒家思想，但也不放弃信仰伊斯兰教。

（3）从历史上看，回族从明清时期才迁入中国，回族人口从少到多，历经数百年才逐渐壮大成规模，支系也多起来。因此，回族家谱出现的时间短，首修年代也晚。与汉族家谱比较，回族家谱的体例和内容，包括所录世系人物自然就简单且较少。这种情况在一些家谱中普遍存在，这也是回族家谱的一个特点。

3. 特色家谱介绍

（1）敦悦堂《马氏宗谱》

作为我国首部奉旨撰修的回族谱牒——敦悦堂《马氏宗谱》创建于明成化年间，由13位明代学士名人达官写了序言，从家谱序言中知道此谱由8位马姓族人递修，依次是：马斌、马隆、马聪、马良、马俭、马州、马和、马贵。由马依泽氏第二十代裔孙马义奉旨创修，首创家谱共72部。乾隆年间曾经两次重修，并最终在清光绪二年（1876）编撰成书，为木刻本。重修谱序中有9位清代学士名流高官传序，有清雍正后知名后裔的赞、传、合传，总共48篇。敦悦堂《马氏宗谱》始修于961年，一直修编到1876年，时间跨度达900余年，世系记载完整、清晰，从第1代记载到第37代所，保持延续，从没有断代。

该谱牒始祖马依泽，号鱼叟，谱文记载了自北宋建隆二年（961）西域穆鲁国人（阿拉伯人）马依泽入华修历以后，经明清两代，到光绪年间其后人已有200余万，堪称回族巨族。《马氏宗谱》用木刻版刊印83套，除卷首外共分15卷，70余万字，近2000页，篇幅巨大，是中国现存最古老的家谱之一，美国哥伦比亚大学东亚图书馆藏有该书。此谱对于了解回族的形成和发展非常重要，具有极高的学术价值。

（2）《贡氏族谱》

《贡氏族谱》历经元初修、明五次修、清十一次正修、民国两次重修，现该谱存于江苏丹阳市柳茹贡氏宗祠。

据其家谱序文载，贡氏起源于“端木”复姓，春秋末，先祖端木赐（公元前520年）出生于卫国（河南境内），拜孔子为师，比孔子小31岁。端木赐字子贡，是孔子七十二贤之一，名列颜回、子路之后，居第三位。汉代司马迁作《史记·仲尼弟子传》中有“黎阳侯端木赐子贡传”。子贡的后裔为追念他，以其字的后一个

“贡”字为姓，直传至今。贡姓发祥地是汉朝的广平郡（今河北鸡泽），宋代后迁徙到大名府长垣（今河南境内）、广德宣城（今安徽宣城棋盘乡）等地。贡氏先人中名人不少，宋代的德大夫贡祖文就是其一。他先后辅佐过康王（赵构，徽宗第九子，史称高宗皇帝）登基，与岳飞一起抗击金人，为保护岳飞三子免遭秦桧杀害，辞官携全家由宣城迁至地界偏僻的曲阿城南 15 公里的柳茹居住。21 年后，宋孝宗登基，岳飞被昭雪，贡祖文将岳飞儿子交出。因此受到孝宗皇帝的褒奖，获赠一块“旌表忠义”碑。此碑历来被砌在贡氏祠堂大门楼上，显得威武，金碧辉煌。贡祖文死后，其后裔为追念贡祖文功绩建墓立碑，墓棺内是贡祖文生前用的战刀一把，墓碑尚在，碑志记述其在明、清被陆续修建数次。

为更好地生存，贡氏后代先后分五大部分迁徙到各地，甚至也有移居海外的。现在江苏丹阳和安徽宣城贡氏均为同宗。清康熙年间，丹阳牛市行业兴盛，市场交易日益扩大。世居柳茹的文清公（由志仁公房铸公支排列 21 世），生于康熙九年（1670）三月，长大后从事牛市行业，为拓展业务，携全家老小迁到镇江落户。在经商中与同行回族人米氏建立了深厚友谊。因米氏信奉伊斯兰教，在他的宣演和感化下，文清公亦始信伊斯兰教，至目前镇江贡氏伊斯兰教信奉者已有 12 世代，长达三百年历史，且已将“穆氏根源教本十则”——“认主独一、知主公道、尊敬圣人、服从领袖、命人行好、止人干歹、远奸、近贤、爱国、勤学”写进了《贡氏宗谱》。

（3）《青郡赵氏宗谱》

《青郡赵氏宗谱》现存本为清乾隆十六年（1751）青州赵银重修，“至亲苍岩查松创式誊修”，手抄本，不分卷，四册。之前，曾于康熙二十四年（1685）由青州赵庆臻重修，初修时间不详。谱序名为《圣裔赵氏家乘序》，为康熙本原序。该谱记载了青州回族赵氏渊源。元咸阳王赛典赤赡思丁为“别庵伯尔之裔”，元世祖西征，“入宿卫从征伐”而入中华。青州赵氏先祖为赡思丁之孙、纳速拉丁长子伯颜，元中书平章政事，“卒年五十九岁，赠宣忠佐命开济功臣，开府仪同三司，追封淮王，谥忠武”。伯颜生三子，长子明高（原名买的耐），次子明方，三子明远（原名赛木马儿）。“元亡，明高、明方相继死节，惟明远蒙明太祖深嘉其讳，敕谕同始祖母诰封一品夫人马氏，改迁山东青州府益都县南柳社下户为民。”“洪武元年（1368）八月二十三日出京，至丙寅（洪武二年正月为丙寅月）初六日，入青州府益都县南柳社下户为民。”该谱的特点是不像汉族家谱那样，按儒家思想规范的体例，只有序言和直叙式世谱，较明显地受伊斯兰文化的影响。特别是前两世的人名中，如“得林”“哈木”“四罕”等，仍带有伊斯兰经名“易德里斯”“哈木宰”“易斯罕格”的音韵。正因如此，它反映了回族逐渐与汉文化融合的过程。

该谱为研究青州回族历史提供了宝贵的资料，也为研究赛典赤家族在中国的影响和中国回族史提供了宝贵的资料。原谱在今中央民族大学图书馆善本库房，绵纸线装，楷体墨书，孤本。页面 30cm×19cm，有插图、色线，保存完好。该谱已由赵潜从北京抄回复制，并分别赠与中国民族图书馆和上海图书馆。

四、回族家谱研究意义与史料价值

回族的族谱历来受历史学者重视，认为其是研究回族历史的宝贵资料，通过对回族家谱的整理研究，可以弄清楚在中国封建社会中回族的家族发展史，以及宗法制度的形成过程。由于一些回族家谱中记载和涉及某些重要的历史人物和事件，因此，回族家谱具有非常重要的历史价值。

1. 研究意义

回族家谱具有它的独特性，“以史为镜，可知兴衰”。北京大学杨大业教授曾说过：“如果说回族史是一个宝藏，回族古籍和文献就是挖掘机，能打开这个宝藏，它能把许多人们原来不知道的回族人民在历史上的贡献展现出来。”

回族人居住在全国各地，通过对回族家谱的研究和挖掘，也发现回族中有一些大的家族、名人、能工巧匠在当时的社会生活和经济发展中发挥过重要的作用。如民族学专家张公瑾在其主编的《民族文献概览》中，就通过对回族家谱的深入研究，从而证实元代大都城池的营造者是回族人也黑迭儿的史实，进而证明了回族对当时城市建设作出的贡献。

鉴于此，我们深信回族家族史将是一个很有前途的研究方向，而要研究回族历史，家谱是离不开的重要资料，整理这些回族家谱，能够通过了解若干家族的来龙去脉，去考证这个民族的族源、迁徙、分布以及社会经济状况、政治地位、风土人情、回汉两民族之间的关系。

家谱记录的不仅是一个家族的历史，从某些方面看，也可以说是记录一个民族的发展历程。回族是我国56个民族的一个重要组成部分，回族家谱文化是我们研究回族历史的“瑰宝”，充分搜集、整理、利用好这些回族家谱，可以推动我国回族史学研究的发展进程。

2. 史料价值

回族家谱的学术及史料价值也体现在有助于研究我国回族家族史方面，回族在我国分布很广，宁夏、甘肃、新疆、辽宁等地都有大量的回族人居住，人口约9，816，805万，回族中也有一些大的家谱，在当地回族中起着重要的作用，在历史上代表着当地回族历史的有郑和家族等。所以，研究回族家族史，家谱是离不开的重要资料，因为这些资料详细地记载了回族的家族历史。

回族家谱已经提供了大量回族历史人物资料，通过细致地收集、整理这些宝贵的资料，将极大地帮助我们研究这些回族历史人物。

从所收集到的回族家谱来分析，它的来源十分广泛，这些对于搞清楚我国各地回族的来源、职业特点、人口发展变化情况、迁徙路径，以及婚姻习俗等，均具有重要的史料参考价值。

3. 回族家谱收藏与研究的不足

与汉族家谱等相比，回族家谱的收藏与研究存在一些不足，主要表现在：

一是相较于其他民族家谱深入的学术研究，回族家谱的研究一直不瘟不火，学术成果不够广泛，大多集中于回族聚集较多的省份，如宁夏、甘肃、山东、海南等。

二是收藏和研究回族家谱的机构主要还是集中于少数民族地区，或者仅是专业的少数民族文献收藏机构，如中国民族图书馆、宁夏回族自治区图书馆、甘肃省图书馆等。其收藏和研究在地域和专业范围上均有局限性，这使得回族家谱的研究在深度和广度上受到了一定制约。

三是研究涉及面较简单，现在的所谓对回族家谱的研究，只停留在收集家谱、整理其目录，以及介绍单个族谱内容、总结特点等基础性的工作上，还没有进入更细致的研究，没有到达深入探讨、努力挖掘家谱的历史价值阶段。研究回族家谱的人员比较少，影响研究工作的深入开展。利用多地多个姓氏家谱提供的资料和回族聚居区地方志来研究回族的人口迁徙，乃至移民与当地汉族融合情况，怎样进入政府为官等方面，更是少见相关文章。这说明在很多重要领域还没有开展研究工作，学术界的关注度也不够。

四是对回族家谱史料的挖掘相当不够。由于回族是一支自西域迁入我国的少数民族，在漫长的岁月中回族经历了多次迁徙流转，回族人民都非常重视自己家族的世系支脉，恪守自己的伊斯兰信仰，也非常注意保存本家族的谱系牒文，因而，回族的家谱在我国大部分地区是普遍流传。但是，现在我国回族家谱的收藏有一个突出问题，私人收藏比较多，公共收藏机构——公共图书馆、高校图书馆及档案馆收藏的回族家谱比较少，这方面工作仍需继续加强，因为这将影响到研究的质量。

主要参考文献

[1] 薛文波. 回回姓氏考 [J]. 宁夏大学学报，1981 (2).

[2] 白寿彝. 评《中国回教史之研究》民族宗教论集 [M]. 石家庄：河北教育出版社，2001.

[3] 云南省编辑组编. 云南回族社会历史调查（一）[M]. 昆明：云南人民出版社，1985.

[4] 马建钊. 中国南方回族谱牒选编 [M]. 南宁：广西民族出版社，1998.

[5] 伊牧之、许万荣主编. 济南回族家谱选编 [M]. 济南市伊斯兰协会，2004.

[6] 赵潜.《青州回族溯源》[M]. 重庆：重庆出版社，2004.

[7] 王华北、王苹. 回族家谱与文化 [J]. 北方民族，2006 (4).

[8] 李小凤. 论回族家谱的特点和史料价值 [J]. 西北第二民族学院学报，2008 (3).

［9］拜学英. 回族习俗探源［M］. 北京：民族出版社，2009.

［10］吴建伟、张进海. 回族典籍全书总目提要［M］. 银川：宁夏人民出版社，2010.

［11］马文清. 回族谱序与宗源考略［M］. 长春：吉林文史出版社，2011.

［12］马安禄、翁乾麟主编. 南宁回族史稿［M］. 银川：宁夏人民出版社，2011.

锡伯族家谱研究

我国文字家谱最早见于商代的甲骨文和金文。唐代以前，修纂家谱和保存家谱全由官府掌握，所记载的也都是统治集团上层的贵族。家谱是家族荣誉、地位的象征。到清代仍有《满文老档》这样的官修家谱。民间私修家谱是随着平民受教育程度的提高慢慢开始的，明代开始比较普遍地出现，而真正繁荣起来是清代后期的事情。

民间也蕴藏着大量的锡伯族家谱。就目前收集的情况看，锡伯族家谱大多修于清后期、民国，至今仍有续修或者重修的现象。

一、锡伯族简述

1. 锡伯族族源

锡伯族发源于呼伦贝尔草原及俄罗斯、蒙古远东的广大地区。最初以打鱼狩猎为生，被称为打牲部落。关于锡伯族的族源问题一直存在争议，多数学者认为锡伯族的祖先是北方地区的拓跋鲜卑人。明朝时期，鲜卑遗民逐渐演变成锡伯族，归入蒙古科尔沁部落之下。清朝以后，锡伯族被编入满洲八旗，和一同归入的鄂温克族、鄂伦春族、达斡尔族统称为新满洲八旗（伊彻满洲）。另一种说法认为锡伯族是东海女真人的后裔。在清朝初期，自“九部之战”后，爱新觉罗家族在战争中取胜，日益强大，弱小的女真锡伯部逐渐降服，并被收编入满洲八旗。被编入八旗分三种可能：

一种情况是为生存，为顺应当时形势，主动投诚。《满文老档》曾记载，锡伯族巴达那部落的三十名人员，在头领的带领下，放弃祖先留下的故土，主动受编于满洲八旗，且头领还被授以官职。

另一种情况是在战争中被俘，一部分人被编入满洲八旗，另一部分人被作为奖赏，赏给立了战功的八旗士兵，沦为他们的家奴。

第三种是由蒙古八旗转入满洲八旗的。原来有些锡伯人属于蒙古科尔沁部落，天命四年（1619）科尔沁部落归顺金朝，自崇德元年（1636）至顺治五年（1648），陆续建立科尔沁十旗。因此归顺的锡伯人被编入各旗，成为蒙古八旗的一部分。康熙三十一年（1692），因战事兵员紧张，清政府要求科尔沁王公将其下属的女真锡伯、卦尔察等士兵派去驻守齐齐哈尔、伯都讷等地。这样，东海锡伯部就全部被编入满洲八旗。

2. 锡伯族西迁

为了巩固边疆防务、屯垦戍边，乾隆二十九年（1764），清朝把当时生活在东北的部分锡伯族人分两批陆续西迁至新疆，分布在霍城县（惠远城）、巩留县、塔城、博尔塔拉地区。这次西迁的部队共 1018 人，连同他们的家属共 3275 人，开始了守卫边疆的任务，从此便在那里生活繁衍。

3. 锡伯族的分布

中华人民共和国成立以后，在伊犁锡伯族聚集地成立了察布查尔锡伯自治县，还有霍城县的伊彻嘎善锡伯族乡。现在锡伯族主要分布在新疆、辽宁、吉林和黑龙江。

4. 锡伯族人口及姓氏

据 2012 年全国第六次人口普查，锡伯族总人口为 190481 人。锡伯族的“哈拉莫昆”制度，形成了具有氏族性质和以血缘为纽带的社会亲族文化系统。“哈拉”为姓，目前锡伯族有 60 余个姓，“莫昆”为姓的分支，目前有上百个。

锡伯族主要的姓氏见表 1：

表1 锡伯族姓氏转汉姓表

汉字音译	汉字单姓
瓜尔佳氏	关、管
何叶尔氏	何、贺、赫
哈斯胡里氏	韩、哈
图克色里氏	佟、通
巴雅拉氏	巴、白、拜
那拉氏	那
永托里氏	永
托库尔氏	拓、妥、陶
吴扎拉氏	吴
苏木尔氏	苏
安佳氏	安
胡西哈里氏	胡
富察氏	富、付、傅
伊拉里氏	伊
郭尔佳氏	郭、顾
杨吉尔氏	杨
觉罗氏	赵、焦
温都尔氏	温、文
孔古尔氏	孔
扎斯胡里氏	扎
华西哈尔氏	华
图木尔齐氏	涂、佟
额尔克勒氏	额、鄂
鄂托氏	鄂
春吉尔氏	春
格济勒氏	葛
固尔佳氏	顾

续表

汉字音译	汉字单姓
石佳氏	石
郭尔吉氏	郭
郭洛罗氏	郭、国

过去，由于经济社会交往较少，同一个“哈拉”以血缘为单位聚居在一起，不断繁衍。随着人口的增加，形成了同一个始祖的多个分支，就是“莫昆”，不同的“莫昆”各自独立生活，但祭祀同一个始祖。莫昆一旦形成，就是一个独立的共同体——家族，它由比较亲近的若干个家庭组成，形成具有一定内聚力的同胞组织，有自己的组织形式，由莫昆会议来推举莫昆达（族长），重修家谱，立下家法家规以约束家族成员的行为方式。莫昆从哈拉分出来以后，也有改姓的情况发生。新疆原来有杭阿里姓，后来有一支被安置到塔城，改姓为哈拉尔（单姓哈），并另立家谱，与原来的宗族已没有来往。杭阿里氏起汉姓韩以后，又同辽宁省的哈斯胡里氏韩姓家族联为同宗。这里值得一提的是，莫昆会议不是真正意义上的会议，而是解决宗族事务的权力机构，定期定时地召开会议，处理“莫昆”族内的事务。这些事务主要包括：家法和家规以及违反家规的处罚措施；重修及续修家谱；迁坟的事宜。莫昆会议的负责人是莫昆达，是由族人成员选举出来的德高望重的、公平公正的长老。

伊犁锡伯营镶黄旗佟佳氏于光绪十九年修家谱时选举4名男性为莫昆达，没有女性成员。民国十三年第四次修订家谱时，除选举6名男性为莫昆达以外，新增4名女性莫昆达。同一氏族，在民国二十六年对莫昆会议进行了改组，选举6名男性为莫昆达，4名女性为女莫昆达。莫昆会议下又分成若干分支，各指定男女2人负责。

伊犁锡伯营镶黄旗图木尔齐氏于民国二十五年重修家谱时，选举4名男性为莫昆达，其下又有男性孙子辈和曾孙辈各2人，共8名男性莫昆达。妇女1人和儿媳辈2人，共3名女性莫昆达。

5. 锡伯族的宗教信仰

锡伯族信仰原始宗教及萨满教，而后又信仰藏传佛教。原始宗教有自然崇拜、祖先崇拜、灵魂崇拜等，最主要崇拜“喜林妈妈”。喜林妈妈被锡伯族人尊称为“子孙妈妈”。她是保佑锡伯族世代延续、人丁兴旺的神。象征喜林妈妈的是一条长约10米的绳子，上面系着五颜六色的小布条、小弓箭、箭袋、嘎拉哈（gacuha，猪或羊的脊背骨头）、小铧犁、水桶、铜钱、小摇篮、小靴子等。它被看作是锡伯族原始的结绳记事的家谱。平日被存放在牛皮袋中。每年农历除夕，便将它从袋内拿出来供奉，由家长率领全家燃香跪地磕头以表崇敬。一直供奉其到二月初二，再重新将其收入牛皮袋。喜林妈妈的制作和请立要遵循许多规矩：所使用的布条、丝绳、弓箭、小摇篮等必须要向本村中人口最多、辈数最全的人家索取。然后再邀请人丁兴旺、子孙满堂的家庭中最年长的老者来亲手制作。每增加一辈人就往喜林妈妈（绳子）上添一个嘎拉哈，生男孩加一个小弓箭，表示祝愿他将来成为一名弓箭手；生女孩加一个小布条，表示她今后会勤劳持家。每娶一个媳妇就会往绳子上加一个小摇篮，祝福她多生儿女。

6. 锡伯族的语言与文字

锡伯族自清朝被归入满族八旗后，就留下了深深的满族烙印，他们的语言文字皆用满语满文，1974年进行文字改革，才形成现在的锡伯语、锡伯文。现在锡伯语除在新疆极少数地区使用外，东北地区的锡伯族已经不再使用本民族的语言文字，其他地区的锡伯族通用汉语汉文。

7. 锡伯族的节日

锡伯族的最重要的节日有每年农历四月十八日的西迁节，锡伯语叫杜因拜扎昆节，以及抹黑节。“西迁节”顾名思义就是纪念锡伯族西迁到新建。1764年，锡伯族官兵连同家属共计3275人从盛京（现在的沈阳）分两批，被清政府征调西迁到新疆伊犁地区屯垦戍边。这年农历四月十八日，将要西迁和继续留在东北的锡伯族人，在盛京的锡伯族家庙——“太平寺”一起祭奠祖先，并以此作为告别。次日清晨，西迁的锡伯族官兵及其家属启程前往新疆。因此，每逢农历四月十八日，两地的锡伯族人都要举办纪念西迁的活动，逐渐形成自己民族的传统节日。西迁节当天，锡伯族不论男女老少皆穿上盛装，聚集在一起，弹奏、吹响自己民族特有的乐器——“东布尔”和“墨克调”，跳起“贝勒恩”舞，姑娘们通过“抖肩”，小伙子们采取迈“鸭步”的形式，表达对故乡的无限思念和对未来生活的期望。

每年农历正月十六日的抹黑节是锡伯族人另一个具特色的传统节日。传说，这天“五谷之神”要下凡到世间，锡伯族人为了祈求老天爷开恩，保佑主要农作物小麦丰收，不染上黑穗病，于是就相互把脸上抹黑。这一天，一大早，锡伯族人就带着已经准备好并且抹满锅底黑灰的布或毡片，走向大街找寻抹黑的人。脸上被抹黑是吉祥的，可以避灾得福。这种节日形式雷同于云南西双版纳地区的泼水节。现在,“抹（锅底）黑”的节日内容已不复存在,“抹黑节”已经演变成男女青年间的一种娱乐活动。

二、锡伯族家谱概述

1. 锡伯族家谱的基本情况

锡伯族自古就有结绳记事的形态——喜林妈妈，但是真正的家谱形式的出现是在清朝后期，是受到满族文化的影响之后才出现的。从《中国少数民族古籍总目提要·锡伯族卷》看，创修较早的是乾隆三十年（1765）的新疆察布查尔《乌珠牛录顾　佳氏家谱》，1 副，棉布，满文形体墨书，页面 170cm×160cm，现保存于新疆维吾尔自治区察布查尔锡伯自治县乌珠牛录村郭东平处。所见最早的谱单是修于乾隆八年（1743）的《何氏家谱单》，4 纸，汉文楷体墨书，纸幅 70cm×90cm。该家谱单记其为“席北”人，姓虎尔哈氏，记录其始祖以下三大支的世系、人名、官职等。谱序记何氏自席北投归清太宗的经过及驻防抚顺的情形，对于研究锡伯族史和习俗史具有史料价值。

锡伯族家谱的名称十分丰富，从《中国少数民族古籍总目提要·锡伯族卷》记载的锡伯族家谱中看，锡伯族家谱的名称有：家谱，如《堆齐牛录佟佳氏家谱》；宗谱，如《安氏宗谱》；谱书，如《依拉齐牛录佟佳氏坟墓排列谱书》；家书，如《师锡家书》；系录，如《完颜家系录》；家谱册，如《卜姓三处坐落亲脉族内男女家谱册》。形式主要为谱书及谱单。

锡伯族家谱所用材料主要是纸张和绸布。绸布最好的材料是黄色或白色的绫子，绝对不用绸子和缎子，因为锡伯族人认为绸子和缎子是“愁子”“断子”的谐音，忌讳“愁”与“断”两字之意，所以只用绫子而绝不用绸子和缎子。

目前所见锡伯族家谱的版本主要是印刷和手写两种。随着时间的推移、科技的进步，谱书从手写逐渐演变为印刷。但是，目前所见谱单一律是手抄版本。

无论是谱书还是谱单，有繁有简，但是谱中一般都完整地叙述了整个家族的来龙去脉，真实地反映了锡伯族的历史、姓氏及习俗等。首先，一般都有谱名，谱名最主要是说明谱书所属姓氏，有的表明是汉姓氏，有的表明是锡伯族姓氏。如《安氏宗谱》《图克色里氏宗谱》，前者用的是汉译的姓氏，后者用的则是原锡伯姓氏。还有原锡伯姓氏与汉译简化姓同时标出的，如《瓜尔佳（关）氏宗谱》。还有的同时标有族名、锡伯族姓氏、汉译姓氏的，如《依尔根觉罗西伯肇宗谱》。依尔根觉罗是原锡伯姓，肇是现姓氏。其次，基本上所有的家谱都有谱序，不论谱书还是谱单基本都有，谱序有简有繁，内容形制上也是有的简短，有的正规、详细。第三，世系表也是锡伯族家谱的基本内容，锡伯族受原始宗教的影响信仰祖宗崇拜，又出于西迁的原因，更是对先祖、传承极为重视，所以家谱中记录宗族的传承是不可缺少的东西。世系表有的只是用文字记载世系排列，有的则画有世系表。谱书中还有的有按语、附记或附言、编后语、规诫、服制表、茔地图、世守之则、立谱意义、宗族溯源等。还有的附村中古钟铭文，如沈阳市新城子区（今沈北新区）尹家乡小营子村和于洪区解放乡达连屯（同宗）共修的《锡伯族瓜尔佳氏宗谱》。还有的附有亲族间财产馈赠清单。

总体来看，锡伯族家谱的主要内容有：

修谱情况：修谱的缘由、目的意义，修谱过程、资料来源、入谱原则，修谱人、修谱时间等；民族情况：如族名、族源、始祖、西迁情况、原居地、锡伯族姓氏及汉字姓氏等；家族人口情况：世系表、妻氏、出生死亡情况、字辈歌，宗教信仰，政治的归属及变革情况，语言文字的使用情况，家规家法等。

现在收集到和可见到的家谱所使用的文字不仅有汉文更有满文。自 1691 年，锡伯族归顺大清，被编入八旗之后，便开始学习、使用满文，后来同满族学习汉族文化一样，逐渐学习汉语，所以锡伯族家谱开始时一般都用满文书写，后逐渐演变为满汉合璧，最后随着满文逐渐被废止以及汉文的普及，锡伯族家谱也改为汉文书写了。当然，其中也不乏用锡伯文书写的家谱。从《中国少数民族古籍总目提要·锡伯族卷》收录的家谱中可以明显地看出以上特点。如：清乾隆三十年（1765）编修的《新疆察布查尔乌珠牛录顾尔佳氏家谱》为满文行体墨书，1 幅，页面 170cm×160cm，今藏于新疆维吾尔自治区察布查尔锡伯自治县乌珠牛录村郭东平处；民国二十四年（1935）编修的《新疆察布查尔宁固齐牛录郭尔佳氏家谱》为锡伯文行体墨书，1 纸，记录郭尔佳氏以绰霍泰为祖先的 10 代男性，按辈分上下 10 层排列，今藏于新疆维吾尔自治区察布查尔锡伯自治县宁固旗牛录村舒勒春家；《辽宁何氏宗谱》1 册不分卷，著录记载：清乾隆五十五年（1790）佚名用满文修，光绪二十九年（1903）译为满汉文，民国三十一年（1942）转写成汉文，记述原居地、迁徙、辈字、世系等，汉文楷体墨书，今藏沈阳市安振泰处；《依尔根觉罗西伯肇宗谱》1 册不分卷，44 页。《辽宁觉罗肇氏宗谱》于民国二十一年（1932）苏家屯吉尚阿等修纂，记述觉罗肇氏先祖迁盛京前的原居地，归附清廷及迁盛京原因、过程等，另有族名、命名肇字、“十规要言”、“八戒要务”、世系表，对于研究锡伯族族源、文化等有参考价值，汉文墨色，今藏于辽宁省沈阳市安振泰处。

2. 锡伯族家谱的收藏情况

就目前的资料来看，收集调查锡伯族家谱的工作源于中央组织的少数民族社会历史调查。《中国少数民族总目提要·锡伯族卷》中收录锡伯族家谱 91 种，谱单 18 种，数量是相当可观的。另外，由于锡伯族西迁，加之居住地都比较偏远；又由于锡伯族除主要聚居在新疆察布查尔锡伯自治县以及兴隆台、黄家两个锡伯民族乡之外，其余的居住都比较分散。所以应该有许多锡伯族家谱散落在民间。目前所知的大部分锡伯族家谱都藏在个人手中，主要收藏锡伯族家谱的单位为新疆社会科学院图书馆。这里要说的是：1904 年的日俄战争及以后的历次战乱中，一部分的锡伯族家谱被损毁，民国之后，由于汉族主义的浪潮，为了不受民族歧视，一部分锡伯族人更改了民族或者是丢弃了过去锡伯族的文化传统，家谱也随之消失。到了20世纪60年代,“文化大革命”、破“四旧”运动，使锡伯族家谱损失了不少。改革开放后，国家实施了新的民族政策，给予少数民族更多的政策和扶持，因此涌现了不少新修家谱，也对许多家谱进行了补修及续修。

3. 研究的情况

虽然锡伯族的家谱存世数量很大，但是由于有些家谱由满文写成，无人翻译；大量锡伯族家谱在个人手中收藏；锡伯族家谱修编起步较晚，内容比较浅显。查询国家图书馆以及中国民族图书馆馆藏目录仅有4种有关锡伯族家谱的图书，查询CNKI共有10篇文章研究锡伯族家谱，内容主要集中在介绍目前收集到的锡伯族家谱及锡伯族家谱的基本概况及对族源的梳理。可以说，对锡伯族家谱的研究是明显不足且浅显的，还需要我们不懈地努力。

三、介绍几个锡伯族家谱

1.《乌珠牛录顾尔佳氏家谱》

1幅。清乾隆三十年（1765），新疆察布查尔乌珠牛录顾尔佳氏编修的谱书。记录顾尔佳族10代男性，按辈分上下10层排列。棉布，满文行体墨书，页面170cm×160cm，保存完好。今藏于新疆维吾尔自治区察布查尔锡伯自治县乌珠牛录村郭东平处。

2.《扎库齐牛录觉罗氏家谱》

1幅。新疆察布查尔扎库齐牛录觉罗氏家谱于清咸丰五年（1855）编修。记录本家族11代共123名男性，按辈分上下11层排列。棉布，满文行体墨书，页面110cm×70cm，保存完好。今藏于新疆维吾尔自治区察布查尔锡伯自治县扎库齐牛录村赵如林处。

3.《乌珠牛录图克色里氏家谱》

1幅。锡伯族图克色里氏家谱。1900年由图克色里氏编修，1929年重修，由谱序、谱单组成。谱序记述图克色里氏族谱溯源、立谱意义及家规等。对于研究清代伊犁锡伯族宗谱文化有参考价值。布质，满文行体墨书，页面180cm×60cm，由该氏族长收藏。肖夫汉译文收入《锡伯族古籍资料辑注》，新疆人民出版社出版，

2005年。

4.《依拉齐牛录鄂尔克勒氏家谱》

1幅。新疆察布查尔依拉齐牛录鄂尔克勒氏家谱。清光绪二十九年（1903）编修，记录鄂尔克勒氏11代男性，按辈分上下11层排列。西迁伊犁的本家族成员即祖宗排列在第一层，其后的10层按辈分排列，其后代子孙共160人。棉布，满文行体墨书，页面150cm×120cm，保存完好。今藏于新疆维吾尔自治区察布查尔锡伯自治县依拉齐牛录村春孝处。

四、锡伯族家谱的特点

锡伯族家谱除了和其他民族的家谱一样，都记载了家谱的修纂情况，主体是世系表，记述了锡伯族家族的演进和流传，还有些详细记载了锡伯族的历史源流及西迁等情况，具有一些该民族自己的特点。

1. 包袱单子

锡伯族过年之时要祭祀祖先，为祖先烧纸时，要将给每个先祖的烧纸包成一包，在上面写上姓名。为了不遗漏先祖，要事先将已经去世的先人的名族写在一张纸上。每当祭祀时，拿出单子来按其所列名字一一书写，进行祭祀。这张纸就是“包袱单子”。这种“包袱单子”实际也是家谱的一种，古代称其为祭祀谱。单子上的已故先人的名字是后人一代代逐渐填上去的，一代一代相传，久而久之便形成了完整的世系表，所以当然可以认为“包袱单子”就是家谱的一种特别的形式。

2. 谱单

谱单在见到的锡伯族家谱中是一种独特的形式，它是简单、直观的家谱形式。谱单的形式非常多样，且没有统一格式。有的谱单只是一张世系表，有的谱单没有名称，有的谱单没有记载任何修谱的情况。但是谱单大部分为手书或者手绘，且为纸质。其中较为特别的是《吴门中锡伯人氏火火力祖谱单》，也称为《吴门中锡伯人氏火火力彩绘祖谱》，1纸，96cm×76cm，是一张手工彩绘谱单，为家族祭祀用图谱。图谱彩绘群山绿树拱护火火力祖先牌位，祖先牌位分为3组：始祖火火力及子夏几郎与夫人何氏为一组，牌位下绘红色莲花座；其左侧是子孙妈妈、伏里妈妈、马付妈妈，3 位为一组，牌位下绘有祥云；其右侧是牛王贝子、马王贝子，2 位为一组，牌位下有托座。3 组神位之下，是夏儿郎的后世子孙计 5 代的人名。汉文楷体墨书，保存完好。今藏于辽宁省新宾满族自治县永陵镇大堡村吴（胡）玉峰处。

3. 锡伯族布质家谱

锡伯族家谱有一种十分特别的载体形态。它就是布制家谱。材质主要是红布、黄布、棉布（为白棉布）、黄绸等。如《扎库齐牛录郭尔吉氏家谱》，1 幅，清光绪十六年（1890）编修。红布，满文行体墨书，保存完好。今藏于新疆维吾尔自治区察布查尔锡伯自治县扎库齐牛录村个人处。《孙扎齐牛录阿雅拉氏家谱》，1 幅，清光绪十一年（1885）编修。黄布，满文行体墨书，保存完好。今藏于新疆维吾尔自治区察布查尔锡伯自治县孙扎齐牛录村文明处。布制家谱容易携带也容易保存，这和锡伯族西迁有一定的关系。

4. 锡伯族家谱中记载的家规

锡伯族家谱中一般都规定家规。《中国少数民族总目提要·锡伯族卷》收录 10 种。分别是扎库齐牛录觉罗氏家族家规、依拉齐牛录苏穆尔家族家规、乌珠牛录佟佳氏家规、乌珠牛录永托里氏宗族族规、乌珠牛录托库里氏家规、扎库齐牛录扎斯胡里氏家族家规、乌珠牛录图木尔奇氏家规、扎库齐牛录托库里氏家规、依拉牛录顾尔佳氏家族家规、鄂尔克勒家规均为满文家谱。在《锡伯族估计资料辑注》中共有 4 种家谱的翻译文本，分别是：伊犁锡伯营镶黄旗（一牛录）佟佳氏家规、伊犁锡伯营镶黄旗（一牛录）额尔克勒氏世代遵行永世不变更之家规、伊犁锡伯营镶蓝旗（一牛录）托库里氏家规、伊犁锡伯营镶黄旗（一牛录）图木尔奇氏家规。从这四种翻译成汉文的家谱中可以看出，锡伯族家谱对于家规的记载十分详细，家规的内容主要是要求家族成员尊敬祖先，族内成员要和睦相处、互相帮助。

（1）伊犁锡伯营镶黄旗（一牛录）佟佳氏家规中记载：窃维自古至今，均以敬祖先，在九族之内和睦相处，亲疏不分为重，是即人有氏族之亲，犹如树木之有茂密之枝叶、水有无数之支溪一样。氏族之中以和睦为贵，家庭之内以孝悌为先。故理应崇尚和睦以固根基。家规中还记载了八条具体惩罚规则。

（2）伊犁锡伯营镶黄旗（一牛录）额尔克勒氏世代遵行永世不变更之家规中规定，自先祖世代相传之以九族之和睦，不分远近一视同仁，患难与共为本，重视戴孝服孝之礼，直至今日，世代相传，永为制度。

（3）伊犁锡伯营镶蓝旗（八牛录）托库里氏家规中也详细地规定了族人对长辈以及族人之间的行事规则：一条曰：在氏族内长辈以下众多子孙，相互称呼与行礼必须得体。或乘车或骑马而行，途中相遇必须按各自之辈分恭敬行事。倘若身为长辈而依自身之身价不知慈爱，随便凌驾欺人；晚辈而不懂尊敬长辈，不听从长辈之教导，有言行不轨或常有犯上行为者，氏族长立即通知其父兄，依其犯规之轻重，分清是非，将犯有家规者，重打三十大板了事。以后仍不改邪归正，轻视父兄者，则召集氏族会议，严加惩处示众。

一条曰：本氏族之人，在村落之外成在别处相遇，必须按辈分行礼。若有故意违犯者，告发之后，将失礼者，由氏族长通知其父兄，照家规，重打三十大板。若犯两项规则，就由氏族长一并惩罚了事。有些长辈若执法不严或不能公正处理，以为该犯身服重孝而不能及时处理等为由，不执行家规，以重情面者，将该长辈之罪向氏族长告发，以违犯家规论处，不轻易宽宥，要加重惩罚。将此晓谕众人，有犯规者则重打三十大板了事。

（4）伊犁锡伯营镶黄旗（一牛录）图木尔奇氏家规中记述的家规共九条，并规定了惩罚措施。

除了规定族人的行事规则外，锡伯族家谱家规中还有一个十分重要的方面，就是规定了详细的违规处罚规定。

如伊犁锡伯营镶黄旗（一牛录）佟佳氏家规中规定：

第一条，凡遇到氏族内大小诸事，得知而不去，派遣而不行走者，必须立即治罪，不得宽宥。

第二条，氏族成员在街道以及公共场所相遇长辈而不行礼、不让道或乘车骑马而相遇长辈不下车下马者均打三十大板。

第三条，媳妇们若在公共场所或氏族会议上口悬烟袋，脚穿拖鞋，高声喧笑，出言犯上者，行掌嘴之刑，以惩怠慢无礼之罪。

第四条，在氏族内有肆无忌惮之行为者，按其罪行之轻重严加惩处，不得宽宥。

第五条，身为晚辈而怠慢并侵犯长辈者，召集氏族会议，按所犯之罪行加以惩罚，不得宽宥。

第六条，氏族内凡遇到红白等事，每家每户各有一人或数人按时到场，共同行走，若有要事而不得不请假时，则向主持人说明原委请假而去，否则以怠慢之罪惩处。

第七条，在本氏族内，凡有人遇到困难或病魔缠身久治不愈或遭天灾时，必须相往来，共同扶持，以重血脉之相连。在外相遇不得像外人一样，必须相互关照。

第八条，在男娶女嫁时，必须向氏族内长辈请示，经众长辈同意之后，才能许亲或举行应行之一切礼信。此外，今后必须禁止指腹订婚之习俗。若有不遵守以上规定或自行其是者，必须按家规治罪。

从这些翻译成汉语的资料来看，锡伯族家谱的家规主要规定的是以下几个方面：

尊敬祖先、尊敬长辈，族内成员和睦相处；

氏族内成员互相帮助，共同扶持；

违反家规的惩罚措施。

锡伯族家谱所记载的家规，内容涉及尊敬祖先、尊敬长辈、族内成员和睦相处以及对违犯家规者的各种处罚条目，内容十分具体详细，具有与汉族家谱共同的伦理基础和道德要求，同时又具有鲜明的民族特点，是研究锡伯族宗教、文化不可多得的实物材料。

五、锡伯族家谱的价值

研究锡伯族家谱中所记载的节日、文化、传统音乐等内容，对于保存锡伯族历史文化遗产具有非常重要的意义。锡伯族家谱是锡伯人通过口传心授的形式一代一代传承下来的。截至2010年，有3项锡伯族代表项目:“西迁节”“贝伦舞”“锡伯族刺绣”入选了国家级非物质文化遗产名录,“汗都春”等38项入选新疆维吾尔自治区及地州级非物质文化遗产名录。另外，沈阳也有32项锡伯族优秀项目，主要包括锡伯族节日、故事、习俗、歌舞等进入国家、省、市级“非遗”目录。而这些内容在锡伯族家谱中均有体现。可以说，锡伯族家谱在再现锡伯族文化传统方面起到了重大的作用。而且，锡伯族家谱大多是民间自行修纂的，反映的是本民族的历史、传承，且又一直收藏传承在本民族内部，所以说锡伯族家谱中所反映的锡伯族文化现象是最真实、最朴实的。这也为锡伯族非物质文化遗产能够真实、长久地流传下来作出了贡献。

另外，由于锡伯族被编入满族八旗、进行西迁等，历史上关于锡伯族的文献是十分稀少的，这就给研究锡伯族带来了很大的难度。锡伯族家谱内容真实广泛，涉及锡伯族的方方面面，从族源、姓氏、迁徙到文化、宗教、节日，这些是研究锡伯族历史和文化的珍贵的史料。因此，锡伯族家谱在锡伯族历史文献中占据着重要的地位。

主要参考文献

[1] 永志坚、贺灵. 锡伯族研究文集（第一辑）[M]. 乌鲁木齐：新疆人民出版社出版，1998.

[2] 郝翠彬. 独具特色的锡伯族家谱 [J]. 兰台世界，2002 (9).

[3] 贺灵、佟克力. 锡伯族古籍资料辑注 [M]. 乌鲁木齐：新疆人民出版社，2005.

[4] 弥足珍贵的锡伯族家谱. [EB/OL] 沈阳网 http：//www. syd. com. cn/，2011.

[5] 中国少数民族古籍总目提要·锡伯族卷 [M]. 北京：中国大百科全书出版社，2007.

[6] 李云霞. 锡伯族文化探微 [D]. 中央民族大学，2010.

其他参考文献：

［1］徐建华. 中国的家谱［M］. 天津：百花文艺出版社，2002.

［2］王大良. 姓氏探源与取名艺术［M］. 北京：气象出版社，1996.

［3］杜泽逊. 文献学概要［M］. 北京：中华书局，2001.

［4］王华北. 中国少数民族家谱研究［M］. 北京：新华出版社，2013.

［5］姚建康. 家谱编修指南［M］. 昆明：云南人民出版社，2006.

［6］上海图书馆. 中国家谱论丛［M］. 上海：上海古籍出版社，2010.

［7］王华北. 少数民族谱牒研究［M］. 北京：中央民族大学出版社，2013.

［8］张联芳. 中国人的姓名［M］. 北京：中国社会科学出版社，1992.

下　篇

北方少数民族家谱题录

一、蒙古族家谱题录

1.《阿雅泰墨尔根阿海始十二代家谱》，蒙古文，清末毛笔抄本，1 幅，今藏于内蒙古社会科学院图书馆，见《中国蒙古文古籍总目》。

2.《成吉思汗九骏之一太师孛斡儿出家谱》，蒙古文，清末毛笔抄本，1 幅，迁始祖，孛斡儿。今藏于内蒙古社会科学院图书馆，见《中国蒙古文古籍总目》。

3.《伊克昭盟鄂尔多斯札萨克多罗贝勒阿勒坦鄂齐尔左翼前旗家谱》，蒙古文，民国时期毛笔抄本，72 幅，散页，始祖，成吉思汗，始迁祖，巴尔斯博罗特，记载从成吉思汗第十五代孙子巴图蒙克达延汗之三子巴尔斯博罗特开始的十九代的家谱。有满、蒙古文朱色札萨克印章。今藏于内蒙古社会科学院图书馆，见《中国蒙古文古籍总目》。版本附注：书中有鄂尔多斯左翼前旗总署印章，系满、蒙古两种文字。

4.《鄂尔多斯右翼后旗镇国公扎木苏始九代家谱》，蒙古文，清光绪四年（1878）毛笔抄本，1 幅，始迁祖，扎木苏。今藏于内蒙古社会科学院图书馆，见《中国蒙古文古籍总目》。版本附注：书中有鄂尔多斯左翼前旗总署印章，系满、蒙古两种文字。

5.《鄂尔多斯右翼后旗镇国公扎木苏始十一代家谱》，蒙古文，民国时期毛笔抄本，1 幅，始迁祖，扎木苏。今藏于内蒙古社会科学院图书馆，见《中国蒙古文古籍总目》。

6.《鄂尔多斯右翼后旗贝子色棱纳木扎始六代家谱》，蒙古文，清光绪二十年（1894）毛笔抄本，1 幅，始迁祖，色棱纳木扎。今藏于内蒙古社会科学院图书馆，见《中国蒙古文古籍总目》。版本附注：书中有鄂尔多斯左翼前旗总署印章，系满、蒙古两种文字。

7.《鄂尔多斯右翼后旗贝子色棱纳木扎始六代家谱》，蒙古文，清光绪二十六年（1900）毛笔抄本，1幅，始迁祖，色棱纳木扎。今藏于内蒙古社会科学院图书馆，见《中国蒙古文古籍总目》。版本附注：书中有鄂尔多斯左翼前旗总署印章，系满、蒙古两种文字。

8.《鄂尔多斯右翼后旗贝子色棱纳木扎始七代家谱》，蒙古文，民国二十四年（1935）毛笔抄本，1幅，始迁祖，色棱纳木扎。今藏于内蒙古社会科学院图书馆，见《中国蒙古文古籍总目》。版本附注：书中有鄂尔多斯左翼前旗总署印章，系满、蒙古两种文字。

9.《鄂尔多斯右翼后旗贝子色棱喇什始六代家谱》，蒙古文，清光绪二十七年（1901）毛笔抄本，1幅，始迁祖，色棱喇什始。今藏于内蒙古社会科学院图书馆，见《中国蒙古文古籍总目》。

10.《鄂尔多斯右翼后旗札萨克固山贝子都棱始七代家谱》，蒙古文，清光绪二十七（1901）毛笔抄本，1幅，始迁祖，都棱。今藏于内蒙古社会科学院图书馆，见《中国蒙古文古籍总目》。

11.《鄂尔多斯右翼后旗札萨克固山贝子都棱始八代家谱》，蒙古文，民国九年（1920）毛笔抄本，1幅，始迁祖，都棱。今藏于内蒙古社会科学院图书馆，见《中国蒙古文古籍总目》。

12.《鄂尔多斯右翼后旗札萨克固山贝子都棱始九代家谱》，蒙古文，民国十年（1921）毛笔抄本，1幅，始迁祖，都棱。今藏于内蒙古社会科学院图书馆，见《中国蒙古文古籍总目》。

13.《鄂尔多斯右翼后旗巴图蒙克达延汗三子巴尔斯博罗特始十八代家谱》，蒙古文，清光绪元年（1875）毛笔抄本，28幅，散页，始迁祖，巴尔斯博罗特。今藏于内蒙古社会科学院图书馆，见《中国蒙古文古籍总目》。版本附注：书中有鄂尔多斯左翼前旗总署印章，系满、蒙古两种文字。

14.《鄂尔多斯右翼后旗巴图蒙克达延汗三子巴尔斯博罗特始十八代家谱》，蒙古文，清光绪十一年（1885）毛笔抄本，19 幅，散页，始迁祖，巴尔斯博罗特。今藏于内蒙古社会科学院图书馆，见《中国蒙古文古籍总目》。版本附注：书中有鄂尔多斯左翼前旗总署印章，系满、蒙古两种文字。

15.《鄂尔多斯右翼后旗巴图蒙克达延汗三子巴尔斯博罗特始十七代家谱》，蒙古文，清道光十五年（1835）毛笔抄本，22 幅，散页，始迁祖，巴尔斯博罗特。今藏于内蒙古社会科学院图书馆，见《中国蒙古文古籍总目》。版本附注：书中有鄂尔多斯左翼前旗总署印章，系满、蒙古两种文字。

16.《鄂尔多斯右翼后旗巴图蒙克达延汗三子巴尔斯博罗特始十七代家谱》，蒙古文，清咸丰五年（1855）毛笔抄本，28 幅，散页，始迁祖，巴尔斯博罗特。今藏于内蒙古社会科学院图书馆，见《中国蒙古文古籍总目》。版本附注：书中有鄂尔多斯左翼前旗总署印章，系满、蒙古两种文字。

17.《鄂尔多斯右翼后旗巴图蒙克达延汗三子巴尔斯博罗特始十七代家谱》，蒙古文，清同治四年（1865）毛笔抄本，28 幅，散页，始迁祖，巴尔斯博罗特。今藏于内蒙古社会科学院图书馆，见《中国蒙古文古籍总目》。版本附注：书中有鄂尔多斯左翼前旗总署印章，系满、蒙古两种文字。

18.《鄂尔多斯右翼后旗三等台吉阿巴勒始七代家谱》，蒙古文，清光绪二十七年（1901）毛笔抄本，1 幅，始迁祖，阿巴勒。今藏于内蒙古社会科学院图书馆，见《中国蒙古文古籍总目》。

19.《鄂尔多斯右翼后旗三等台吉阿巴勒始八代家谱》，蒙古文，民国十三年（1924）毛笔抄本，1 幅，始迁祖，阿巴勒。今藏于内蒙古社会科学院图书馆，见《中国蒙古文古籍总目》。

20.《鄂尔多斯右翼后旗三等台吉义杰始九代家谱》，蒙古文，民国十三年（1924）毛笔抄本，1 幅，始迁祖，义杰。今藏于内蒙古社会科学院图书馆，见《中国蒙古文古籍总目》。版本附注：书中有鄂尔多斯左翼前旗总署印章，系满、蒙古两种文字。

21.《鄂尔多斯右翼后旗镇国公索诺木始十代家谱》，蒙古文，清光绪二十四年（1898）毛笔抄本，1 幅，始迁祖，索诺木。今藏于内蒙古社会科学院图书馆，见《中国蒙古文古籍总目》。版本附注：书中有鄂尔多斯左翼前旗总署印章，系满、蒙古两种文字。

22.《鄂尔多斯右翼后旗镇国公索诺木始十代家谱》，蒙古文，清光绪二十六年（1900）毛笔抄本，1 幅，始迁祖，索诺木。今藏于内蒙古社会科学院图书馆，见《中国蒙古文古籍总目》。版本附注：书中有鄂尔多斯左翼前旗总署印章，系满、蒙古两种文字。

23.《鄂尔多斯右翼后旗镇国公索诺木始十代家谱》，蒙古文，清光绪二十七年（1901）毛笔抄本，1 幅，始迁祖，索诺木。今藏于内蒙古社会科学院图书馆，见《中国蒙古文古籍总目》。

24.《鄂尔多斯右翼后旗诸台吉家谱》，蒙古文，清道光二十五年（1845）毛笔抄本，1 幅，开头和结尾部分残缺。今藏于内蒙古社会科学院图书馆，见《中国蒙古文古籍总目》。版本附注：书中有鄂尔多斯左翼前旗总署印章，系满、蒙古两种文字。

25.《鄂尔多斯右翼后旗诸台吉家谱》，蒙古文，清光绪二十一年（1895）毛笔抄本，12 幅，散页，七代以前内容残缺。今藏于内蒙古社会科学院图书馆，见《中国蒙古文古籍总目》。版本附注：书中有鄂尔多斯左翼前旗总署印章，系满、蒙古两种文字。

26.《鄂尔多斯右翼后旗诸台吉家谱》，蒙古文，清末毛笔抄本，9 幅，散页，六代以前内容残缺。今藏于内蒙古社会科学院图书馆，见《中国蒙古文古籍总目》。版本附注：书中有鄂尔多斯左翼前旗总署印章，系满、蒙古两种文字。

27.《鄂尔多斯右翼后旗诸台吉家谱》，蒙古文，清末毛笔抄本，10 幅，散页，九代以前内容残缺。今藏于内蒙古社会科学院图书馆，见《中国蒙古文古籍总目》。版本附注：书中有鄂尔多斯左翼前旗总署印章，系满、蒙古两种文字。

28.《鄂尔多斯右翼后旗诸台吉家谱》，蒙古文，民国四年（1915）毛笔抄本，12 幅，散页，七代以前内容残缺。今藏于内蒙古社会科学院图书馆，见《中国蒙古文古籍总目》。版本附注：书中有鄂尔多斯左翼前旗总署印章，系满、蒙古两种文字。

29.《鄂尔多斯右翼后旗诸台吉家谱》，蒙古文，民国十四年（1925）毛笔抄本，12 幅，散页，六代以前内容残缺。今藏于内蒙古社会科学院图书馆，见《中国蒙古文古籍总目》。版本附注：书中有鄂尔多斯左翼前旗总署印章，系满、蒙古两种文字。

30.《鄂尔多斯右翼后旗诸台吉家谱》，蒙古文，民国二十四年（1935）毛笔抄本，10 幅，散页，七代以前内容残缺。今藏于内蒙古社会科学院图书馆，见《中国蒙古文古籍总目》。版本附注：书中有鄂尔多斯左翼前旗总署印章，系满、蒙古两种文字。

31.《鄂尔多斯右翼后旗诸台吉五代家谱》，蒙古文，清光绪二十一年（1895）年毛笔抄本，2 幅，散页，开头与结尾部分残缺。今藏于内蒙古社会科学院图书馆，见《中国蒙古文古籍总目》。版本附注：书中有鄂尔多斯左翼前旗总署印章，系满、蒙古两种文字。

32.《鄂尔多斯右翼后旗诸台吉五代家谱》，蒙古文，清末毛笔抄本，3 幅，散页，开头与结尾部分残缺。今藏于内蒙古社会科学院图书馆，见《中国蒙古文古籍总目》。版本附注：书中有鄂尔多斯左翼前旗总署印章，系满、蒙古两种文字。

33.《鄂尔多斯右翼中旗管旗章京诺尔布家谱》，蒙古文，清宣统三年（1911）毛笔抄本之缩微胶卷，2 幅，1 盘，（原件藏于德国，1986 年 6 月，内蒙古大学图书馆复制为胶片）。今藏于内蒙古社会科学院图书馆，见《中国蒙古文古籍总目》。版本附注：书中有鄂尔多斯左翼前旗总署印章，系满、蒙古两种文字。

34.《鄂尔多斯左翼前旗札萨克固山贝子色棱始十一代家谱》，蒙古文，清光绪二十七年（1901）毛笔抄本，1 幅，始迁祖，色棱。今藏于内蒙古社会科学院图书馆，见《中国蒙古文古籍总目》。版本附注：书中有鄂尔多斯左翼前旗总署印章，系满、蒙古两种文字。

35.《鄂尔多斯左翼前旗巴图蒙克达延汗三子巴尔斯博罗特始十八代家谱》，蒙古文，清光绪三十三年（1907）毛笔抄本，30 幅，散页，始迁祖，巴尔斯博罗特。

今藏于内蒙古社会科学院图书馆，见《中国蒙古文古籍总目》。版本附注：书中有鄂尔多斯左翼前旗总署印章，系满、蒙古两种文字。

36.《鄂尔多斯左翼前旗巴图蒙克达延汗三子巴尔斯博罗特始十八代家谱》，蒙古文，民国十三年（1924）毛笔抄本，23 幅，散页，始迁祖，巴尔斯博罗特。今藏于内蒙古社会科学院图书馆，见《中国蒙古文古籍总目》。版本附注：书中有鄂尔多斯左翼前旗总署印章，系满、蒙古两种文字。

37.《鄂尔多斯左翼前旗巴图蒙克达延汗三子巴尔斯博罗特始十七代家谱》，蒙古文，清末毛笔抄本，67 幅，散页，始迁祖，巴尔斯博罗特。今藏于内蒙古社会科学院图书馆，见《中国蒙古文古籍总目》。版本附注：书中有鄂尔多斯左翼前旗总署印章，系满、蒙古两种文字。

38.《鄂尔多斯左翼前旗巴图蒙克达延汗三子巴尔斯博罗特始十六代家谱》，蒙古文，清光绪二十三年（1897）毛笔抄本，4 幅，散页，始迁祖，巴尔斯博罗特。今藏于内蒙古社会科学院图书馆，见《中国蒙古文古籍总目》。版本附注：书中有鄂尔多斯左翼前旗总署印章，系满、蒙古两种文字。

39.《鄂尔多斯左翼前旗巴图蒙克达延汗三子巴尔斯博罗特始十六代家谱》，蒙古文，清末毛笔抄本，46 幅，散页，始迁祖，巴尔斯博罗特。今藏于内蒙古社会科学院图书馆，见《中国蒙古文古籍总目》。版本附注：书中有鄂尔多斯左翼前旗总署印章，系满、蒙古两种文字。

40.《鄂尔多斯左翼前旗巴图蒙克达延汗三子巴尔斯博罗特始十六代家谱》，蒙古文，清末毛笔抄本，50 幅，散页，始迁祖，巴尔斯博罗特。今藏于内蒙古社会科学院图书馆，见《中国蒙古文古籍总目》。版本附注：书中有鄂尔多斯左翼前旗总署印章，系满、蒙古两种文字。

41.《鄂尔多斯左翼前旗巴图蒙克达延汗三子巴尔斯博罗特始十六代家谱》，蒙古文，清末毛笔抄本，43 幅，始迁祖 ，巴尔斯博罗特。今藏于内蒙古社会科学院图书馆，见《中国蒙古文古籍总目》。

42.《鄂尔多斯左翼前旗巴图蒙克达延汗三子巴尔斯博罗特始十六代家谱》，蒙古文，清末毛笔抄本，71 幅，散页，始迁祖，巴尔斯博罗特。今藏于内蒙古社会科学院图书馆，见《中国蒙古文古籍总目》。版本附注：书中有鄂尔多斯左翼前旗总署印章，系满、蒙古两种文字。

43.《鄂尔多斯左翼前旗巴图蒙克达延汗三子巴尔斯博罗特始十九代家谱》，蒙古文，民国二十四年（1935）毛笔抄本，59 幅，散页，始迁祖 ，巴尔斯博罗特。今藏于内蒙古社会科学院图书馆，见《中国蒙古文古籍总目》。版本附注：书中有鄂尔多斯左翼前旗总署印章，系满、蒙古两种文字。

44.《鄂尔多斯左翼前旗巴图蒙克达延汗三子巴尔斯博罗特始十九代家谱》，蒙古文，民国时期毛笔抄本，78 幅，散页，始迁祖，巴尔斯博罗特。今藏于内蒙古社会科学院图书馆，见《中国蒙古文古籍总目》。版本附注：书中有鄂尔多斯左翼前旗总署印章，系满、蒙古两种文字。

45.《鄂尔多斯左翼前旗巴图蒙克达延汗三子巴尔斯博罗特始十九代家谱》，蒙古文，民国时期毛笔抄本，68 幅，散页，始迁祖，巴尔斯博罗特。今藏于内蒙古社会科学院图书馆，见《中国蒙古文古籍总目》。版本附注：书中有鄂尔多斯左翼前旗总署印章，系满、蒙古两种文字。

46.《鄂尔多斯左翼前旗固噜岱青始十九代家谱》，蒙古文，清末毛笔抄本，21 幅，散页，始迁祖，固噜岱青。今藏于内蒙古社会科学院图书馆，见《中国蒙古文古籍总目》。

47.《鄂尔多斯左翼前旗固噜岱青始十九代家谱》，蒙古文，清末毛笔抄本，18 幅，散页，始迁祖，固噜岱青。今藏于内蒙古社会科学院图书馆，见《中国蒙古文古籍总目》。

48.《鄂尔多斯左翼前旗固噜岱青始十二代家谱》，蒙古文，清末毛笔抄本 ，26 幅，散页，（不全，存 1—20、51—56 幅），始迁祖，固噜岱青。今藏于内蒙古社会科学院图书馆，见《中国蒙古文古籍总目》。版本附注：书中有鄂尔多斯左翼前旗总署印章，系满、蒙古两种文字。

49.《鄂尔多斯左翼前旗莽鼐岱青始九代家谱》，蒙古文，清末毛笔抄本，11 幅，散叶，始迁祖，莽鼐岱青。今藏于内蒙古社会科学院图书馆，见《中国蒙古文古籍总目》。

50.《鄂尔多斯左翼前旗沙达塔楚胡尔台吉始十代家谱》，蒙古文，清末毛笔抄本，40幅，散页，始迁祖，沙达塔楚胡尔台吉。开头部分残缺。今藏于内蒙古社会科学院图书馆，见《中国蒙古文古籍总目》。

51.《鄂尔多斯左翼前旗诸台吉十代家谱》，蒙古文，清末毛笔抄本，5幅，散页，今藏于内蒙古社会科学院图书馆，见《中国蒙古文古籍总目》。版本附注：书中有鄂尔多斯左翼前旗总署印章，系满、蒙古两种文字。

52.《鄂尔多斯左翼前旗诸台吉十代家谱》，蒙古文，民国十七年（1928）毛笔抄本，38幅，散页，今藏于内蒙古社会科学院图书馆，见《中国蒙古文古籍总目》。版本附注：书中有鄂尔多斯左翼前旗总署印章，系满、蒙古两种文字。

53.《鄂尔多斯左翼前旗诸台吉十一代家谱》，蒙古文，清咸丰五年（1855）毛笔抄本，25幅，今藏于内蒙古社会科学院图书馆，见《中国蒙古文古籍总目》。版本附注：书中有鄂尔多斯左翼前旗总署印章，系满、蒙古两种文字。

54.《鄂尔多斯左翼前旗诸台吉十一代家谱》，蒙古文，清末毛笔抄本，26幅，散页，今藏于内蒙古社会科学院图书馆，见《中国蒙古文古籍总目》。版本附注：书中有鄂尔多斯左翼前旗总署印章，系满、蒙古两种文字。

55.《鄂尔多斯左翼前旗诸台吉十二代家谱》，蒙古文，清末毛笔抄本，20幅，散页，今藏于内蒙古社会科学院图书馆，见《中国蒙古文古籍总目》。版本附注：书中有鄂尔多斯左翼前旗总署印章，系满、蒙古两种文字。

56.《鄂尔多斯左翼前旗诸台吉十二代家谱》，蒙古文，清末毛笔抄本，24幅，散页，今藏于内蒙古社会科学院图书馆，见《中国蒙古文古籍总目》。版本附注：书中有鄂尔多斯左翼前旗总署印章，系满、蒙古两种文字。

57.《鄂尔多斯左翼前旗诸台吉家谱》，蒙古文，民国时期毛笔抄本，13幅，散页，开头与结尾部分残缺。今藏于内蒙古社会科学院图书馆，见《中国蒙古文古籍总目》。版本附注：书中有鄂尔多斯左翼前旗总署印章，系满、蒙古两种文字。

58.《鄂尔多斯左翼前旗诸台吉家谱》，蒙古文，民国时期毛笔抄本，2幅，散页，开头与结尾部分残缺。今藏于内蒙古社会科学院图书馆，见《中国蒙古文古籍总目》。版本附注：书中有鄂尔多斯左翼前旗总署印章，系满、蒙古两种文字。

59.《鄂尔多斯左翼后旗巴图蒙克达延汗三子巴尔斯博罗特始十六代家谱》，蒙古文，清光绪十年（1884）毛笔抄本，1幅，始迁祖，巴尔斯博罗特。今藏于内蒙古社会科学院图书馆，见《中国蒙古文古籍总目》。

60.《鄂尔多斯左翼中旗首授二等台吉阿南达始九代家谱》，蒙古文，清末毛笔抄本 ，1幅，始迁祖，阿南达。今藏于内蒙古社会科学院图书馆，见《中国蒙古文古籍总目》。版本附注：书中有鄂尔多斯左翼前旗总署印章，系满、蒙古两种文字。

61.《鄂尔多斯左翼中旗首授二等台吉巴特玛始八代家谱》，蒙古文，清末毛笔抄本，1幅，始迁祖，巴特玛，今藏于内蒙古社会科学院图书馆，见《中国蒙古文古籍总目》。版本附注：书中有鄂尔多斯左翼前旗总署印章，系满、蒙古两种文字。

62.《伊克昭盟鄂尔多斯左翼中旗巴特玛家谱》，蒙古文，清末毛笔抄本缩微胶卷，1盘，始迁祖，巴特玛（原件藏于德国，1988年6月内蒙古大学图书馆拍摄以胶片形式收藏于本馆）。今藏于内蒙古社会科学院图书馆，见《中国蒙古文古籍总目》。版本附注：书中有鄂尔多斯左翼前旗总署印章，系满、蒙古两种文字。

63.《鄂尔多斯左翼中旗首授二等台吉沙克苏尔始九代家谱》，蒙古文，清末毛笔抄本，1幅，始迁祖，沙克苏尔。今藏于内蒙古社会科学院图书馆，见《中国蒙古文古籍总目》。版本附注：书中有鄂尔多斯左翼前旗总署印章，系满、蒙古两种文字。

64.《伊克昭盟鄂尔多斯左翼中旗沙克素尔家谱》，蒙古文，清末毛笔抄本之缩微胶卷，1盘，始迁祖，沙克素尔（原件藏于德国，1988年6月，内蒙古大学图书馆拍摄以胶片形式收藏于本馆），今藏于内蒙古社会科学院图书馆，见《中国蒙古文古籍总目》。版本附注：书中有鄂尔多斯左翼前旗总署印章，系满、蒙古两种文字。

65.《鄂尔多斯左翼中旗首授二等台吉玛里始九代家谱》，蒙古文，清末毛笔抄本，1幅，今藏于内蒙古社会科学院图书馆，见《中国蒙古文古籍总目》。版本附注：书中有鄂尔多斯左翼前旗总署印章，系满、蒙古两种文字。

66.《鄂尔多斯左翼中旗首授二等台吉托音始九代家谱》，蒙古文，清末毛笔抄本，1幅，始迁祖，托音，今藏于内蒙古社会科学院图书馆，见《中国蒙古文古籍总目》。版本附注：书中有鄂尔多斯左翼前旗总署印章，系满、蒙古两种文字。

67.《鄂尔多斯左翼中旗首授二等台吉瓦巴始十一代家谱》，蒙古文，清末毛笔抄本，1幅，始迁祖，瓦巴，今藏于内蒙古社会科学院图书馆，见《中国蒙古文古籍总目》。版本附注：书中有鄂尔多斯左翼前旗总署印章，系满、蒙古两种文字。

68.《伊克昭盟鄂尔多斯左翼中旗瓦巴家谱》，蒙古文，1幅，1盘，始迁祖，瓦巴，（原件藏于德国，1988年6月内蒙古大学图书馆拍摄以胶片形式收藏于本馆）。今藏于内蒙古大学图书馆。见《中国蒙古文古籍总目》。版本附注：书中有鄂尔多斯左翼前旗总署印章，系满、蒙古两种文字。

69.《鄂尔多斯左翼中旗和硕亲王固噜始十代家谱》，蒙古文，清中期毛笔抄本，1幅，始迁祖，固噜，今藏于内蒙古社会科学院图书馆，见《中国蒙古文古籍总目》。版本附注：书中有鄂尔多斯左翼中旗总署印章，系满、蒙古两种文字。

70.《鄂尔多斯左翼中旗和硕亲王固噜始八代家谱》，蒙古文，清中期毛笔抄本，1幅，始迁祖，固噜，今藏于内蒙古社会科学院图书馆，见《中国蒙古文古籍总目》。版本附注：书中有鄂尔多斯左翼中旗总署印章，系满、蒙古两种文字。

71.《伊克昭盟鄂尔多斯左翼中旗和硕亲固噜长子家谱》，蒙古文，清末毛笔抄本之缩微胶卷，1幅，1盘，始迁祖，固噜长子，（原件藏于德国，1988年6月内蒙古大学图书馆拍摄以胶片形式收藏于本馆）今藏于内蒙古大学图书馆。见《中国蒙古文古籍总目》。版本附注：书中有鄂尔多斯左翼中旗总署印章，系满、蒙古两种文字。

72.《伊克昭盟鄂尔多斯左翼中旗和硕亲固噜第三子家谱》，蒙古文，清末毛笔抄本之缩微胶卷，1幅，1盘，始迁祖，固噜第三子，（原件藏于德国，1988年6月内蒙古大学图书馆拍摄以胶片形式收藏于本馆）今藏于内蒙古大学图书馆。见《中国蒙古文古籍总目》。版本附注：书中有鄂尔多斯左翼中旗总署印章，系满、蒙古两种文字。

73.《鄂尔多斯左翼中旗台吉阿必什格始九代家谱》，蒙古文，清末毛笔抄本，1幅，始迁祖，阿必什格。今藏于内蒙古社会科学院图书馆，见《中国蒙古文古籍总目》。版本附注：书中有鄂尔多斯左翼中旗总署印章，系满、蒙古两种文字。

74.《鄂尔多斯左翼中旗台吉伊什丹巴始九代家谱》，蒙古文，清末毛笔抄本，1幅，始迁祖，伊什丹巴。今藏于内蒙古社会科学院图书馆，见《中国蒙古文古籍总目》。版本附注：书中有鄂尔多斯左翼中旗总署印章，系满、蒙古两种文字。

75.《伊克昭盟鄂尔多斯左翼中旗台吉伊什丹巴家谱》，蒙古文，清末毛笔抄本之缩微胶卷，1幅，1盘，始迁祖，伊什丹巴，（原件藏于德国，1988年6月内蒙古大学图书馆拍摄以胶片形式收藏于本馆）今藏于内蒙古大学图书馆。见《中国蒙古文古籍总目》。版本附注：书中有鄂尔多斯左翼中旗总署印章，系满、蒙古两种文字。

76.《鄂尔多斯左翼中旗台吉纳穆僧格始七代家谱》，蒙古文，清末毛笔抄本，1幅，始迁祖，纳穆僧格。今藏于内蒙古社会科学院图书馆，见《中国蒙古文古籍总目》。版本附注：书中有鄂尔多斯左翼中旗总署印章，系满、蒙古两种文字。

77.《伊克昭盟鄂尔多斯左翼中旗台吉纳穆僧格家谱》，蒙古文，清末毛笔抄本之缩微胶卷，1幅，1盘，始迁祖，纳穆僧格，（原件藏于德国，1988年6月内蒙古大学图书馆拍摄以胶片形式收藏于本馆）今藏于内蒙古大学图书馆。见《中国蒙古文古籍总目》。版本附注：书中有鄂尔多斯左翼中旗总署印章，系满、蒙古两种文字。

78.《鄂尔多斯左翼中旗台吉善巴始九代家谱》，蒙古文，清末毛笔抄本，1幅，始迁祖，善巴。今藏于内蒙古社会科学院图书馆，见《中国蒙古文古籍总目》。版本附注：书中有鄂尔多斯左翼中旗总署印章，系满、蒙古两种文字。

79.《伊克昭盟鄂尔多斯左翼中旗台吉善巴家谱》，蒙古文，清末毛笔抄本之缩微胶卷，1盘，始迁祖，善巴，（原件藏于德国，1988年6月内蒙古大学图书馆拍摄以胶片形式收藏于本馆）今藏于内蒙古大学图书馆。见《中国蒙古文古籍总目》。版本附注：书中有鄂尔多斯左翼中旗总署印章，系满、蒙古两种文字。

80.《鄂尔多斯左翼中旗台吉达尔扎始七代家谱》，蒙古文，清末毛笔抄本，1幅，始迁祖，达尔扎。今藏于内蒙古社会科学院图书馆，见《中国蒙古文古籍总目》。版本附注：书中有鄂尔多斯左翼中旗总署印章，系满、蒙古两种文字。

81.《伊克昭盟鄂尔多斯左翼中旗台吉达尔扎家谱》，蒙古文，清末毛笔抄本之缩微胶卷，1 盘，始迁祖，达尔扎，（原件藏于德国，1988 年 6 月内蒙古大学图书馆拍摄以胶片形式收藏于本馆）。今藏于内蒙古大学图书馆。见《中国蒙古文古籍总目》。版本附注：书中有鄂尔多斯左翼中旗总署印章，系满、蒙古两种文字。

82.《鄂尔多斯左翼中旗台吉多尔济始十代家谱》，蒙古文，清末毛笔抄本，1 幅，始迁祖，多尔济。今藏于内蒙古社会科学院图书馆，见《中国蒙古文古籍总目》。版本附注：书中有鄂尔多斯左翼中旗总署印章，系满、蒙古两种文字。

83.《鄂尔多斯左翼中旗台吉察罕始八代家谱》，蒙古文，清末毛笔抄本，1 幅，始迁祖，察罕。今藏于内蒙古社会科学院图书馆，见《中国蒙古文古籍总目》。版本附注：书中有鄂尔多斯左翼中旗总署印章，系满、蒙古两种文字。

84.《鄂尔多斯左翼中旗台吉扬罕始九代家谱》，蒙古文，清末毛笔抄本，1 幅，始迁祖，扬罕。今藏于内蒙古社会科学院图书馆，见《中国蒙古文古籍总目》。版本附注：书中有鄂尔多斯左翼中旗总署印章，系满、蒙古两种文字。

85.《鄂尔多斯左翼中旗二等台吉图巴什始九代家谱》，蒙古文，清末毛笔抄本，1 幅，始迁祖，图巴什。今藏于内蒙古社会科学院图书馆，见《中国蒙古文古籍总目》。版本附注：书中有鄂尔多斯左翼中旗总署印章，系满、蒙古两种文字。

86.《鄂尔多斯左翼中旗协理四等台吉阿玉什始七代家谱》，蒙古文，清末毛笔抄本，1 幅，始迁祖，阿玉什。今藏于内蒙古社会科学院图书馆，见《中国蒙古文古籍总目》。版本附注：书中有鄂尔多斯左翼中旗总署印章，系满、蒙古两种文字。

87.《鄂尔多斯左翼中旗郡王栋如布始九代家谱》，蒙古文，清末毛笔抄本，1 幅，始迁祖，栋如布。今藏于内蒙古社会科学院图书馆，见《中国蒙古文古籍总目》。版本附注：书中有鄂尔多斯左翼中旗总署印章，系满、蒙古两种文字。

88.《鄂尔多斯右翼后旗镇国公索诺木始承袭爵位之八代家谱》，蒙古文，清光绪二十七年（1901）毛笔抄本，1 幅，始迁祖，索诺木。今藏于内蒙古社会科学院图书馆，见《中国蒙古文古籍总目》。

89.《鄂尔多斯右翼后旗镇国公索诺木始承袭爵位之九代家谱》，蒙古文，民国时期毛笔抄本，1 幅，始迁祖，索诺木。今藏于内蒙古社会科学院图书馆，见《中国蒙古文古籍总目》。

90.《鄂尔多斯右翼后旗镇国公索诺木始九代家谱》，蒙古文，民国时期毛笔抄本，1幅，始迁祖，索诺木。今藏于内蒙古社会科学院图书馆，见《中国蒙古文古籍总目》。

91.《章京莽鼐苏木诸台吉家谱》，蒙古文，清光绪十一年（1885）毛笔抄本，1幅。今藏于内蒙古社会科学院图书馆，见《中国蒙古文古籍总目》。

92.《章京莽鼐苏木诸台吉家谱》，蒙古文，清光绪二十一年（1895）毛笔抄本，1幅。今藏于内蒙古社会科学院图书馆，见《中国蒙古文古籍总目》。

93.《章京巴雅尔莽鼐苏木诸台吉家谱》，蒙古文，民国四年（1915）毛笔抄本，1幅。今藏于内蒙古社会科学院图书馆，见《中国蒙古文古籍总目》。

94.《章京阿勒坦格日勒苏木诸台吉家谱》，蒙古文，民国三十四年（1945）毛笔抄本，1幅。今藏于内蒙古社会科学院图书馆，见《中国蒙古文古籍总目》。

95.《巴图蒙克达延汗之子巴尔斯博罗特家谱》，蒙古文，清末毛笔抄本，经折装，1册，始迁祖，巴图蒙克。今藏于内蒙古自治区锡林郭勒盟苏尼特左旗档案馆，见《中国蒙古文古籍总目》。

96.《巴图蒙克达延汗三子巴尔斯博罗特始十五代家谱》，蒙古文，清末毛笔抄本，20幅，散页，始迁祖，巴图蒙克。今藏于内蒙古社会科学院图书馆，见《中国蒙古文古籍总目》。

97.《巴图蒙克达延汗三子巴尔斯博罗特始十六代家谱》，蒙古文，清末毛笔抄本，4幅，散页，始迁祖，巴图蒙克。今藏于内蒙古社会科学院图书馆，见《中国蒙古文古籍总目》。

98.《杭锦旗家谱》，蒙古文，清光绪十一年（1885）毛笔抄本，1幅，始迁祖，巴图蒙克。今藏于内蒙古社会科学院图书馆，见《中国蒙古文古籍总目》。

99.《三等台吉达尔扎家谱》，蒙古文，清末毛笔抄本之缩微胶卷，1盘，始迁祖，达尔扎。（原件藏于德国，1988年6月内蒙古大学图书馆拍摄以胶片形式收藏于本馆）今藏于内蒙古大学图书馆。见《中国蒙古文古籍总目》。

100.《三等台吉多尔济斯克布家谱》，蒙古文，清末毛笔抄本之缩微胶卷，1盘，始迁祖，多尔济斯克布。(原件藏于德国，1988年6月内蒙古大学图书馆拍摄以胶片形式收藏于本馆）今藏于内蒙古大学图书馆。见《中国蒙古文古籍总目》。

101.《三等台垂勒泰家谱》，蒙古文，清末毛笔抄本之缩微胶卷，1盘，始迁祖，垂勒泰。(原件藏于德国，1988年6月内蒙古大学图书馆拍摄以胶片形式收藏于本馆）今藏于内蒙古大学图书馆。见《中国蒙古文古籍总目》。

102.《三等台吉巴雅尔始七代家谱》，蒙古文，清光绪二十七年（1901）毛笔抄本，1幅，始迁祖，巴雅尔。今藏于内蒙古社会科学院图书馆。见《中国蒙古文古籍总目》。

103.《章京恩克纳逊苏木诸台吉家谱》，蒙古文，清同治四年（1865）毛笔抄本，1幅，今藏于内蒙古社会科学院图书馆。见《中国蒙古文古籍总目》。

104.《章京玛尼巴达尔苏木家谱》，蒙古文，清光绪元年（1875）毛笔抄本，1幅，今藏于内蒙古社会科学院图书馆。见《中国蒙古文古籍总目》。

105.《鄂尔多斯右翼后旗章京乌克云苏木诸台吉家谱》，蒙古文，清光绪十一年（1885）毛笔抄本，1幅，今藏于内蒙古社会科学院图书馆。见《中国蒙古文古籍总目》。

106.《鄂尔多斯右翼后旗章京哈达苏木诸台吉家谱》，蒙古文，清光绪二十一年（1895）毛笔抄本，1幅，今藏于内蒙古社会科学院图书馆。见《中国蒙古文古籍总目》。

107.《鄂尔多斯右翼后旗章京哈达苏木诸台吉家谱》，蒙古文，清光绪三十一年（1905）毛笔抄本，1幅，今藏于内蒙古社会科学院图书馆。见《中国蒙古文古籍总目》。

108.《鄂尔多斯右翼后旗章京朋素克琳沁苏木诸台吉家谱》，蒙古文，民国四年（1915）毛笔抄本，1幅，今藏于内蒙古社会科学院图书馆。见《中国蒙古文古籍总目》。

109.《鄂尔多斯右翼后旗三等台吉珲第始九代家谱》，蒙古文，民国十三年（1924）毛笔抄本，1幅，今藏于内蒙古社会科学院图书馆，见《中国蒙古文古籍总目》。版本附注：书中有鄂尔多斯右翼后旗总署印章，系满、蒙古两种文字。

110.《鄂尔多斯右翼后旗绰勒们苏木诸台吉家谱》，蒙古文，民国二十四年（1935）毛笔抄本，1幅，今藏于内蒙古社会科学院图书馆。见《中国蒙古文古籍总目》。

111.《鄂尔多斯右翼后旗章京布噜齐禄苏木诸台吉家谱》，蒙古文，民国三十四年（1945）毛笔抄本，1幅，今藏于内蒙古社会科学院图书馆。见《中国蒙古文古籍总目》。

112.《三等台吉沙达塔垂库尔始十一代家谱》，蒙古文，民国时期毛笔抄本，1幅。今藏于内蒙古社会科学院图书馆。见《中国蒙古文古籍总目》。

113.《伊克昭盟鄂尔多斯左翼前旗札萨克固山贝子扎纳吉哩第家谱》，蒙古文，清末毛笔抄本，66幅，始迁祖，巴图蒙克。今藏于内蒙古社会科学院图书馆。见《中国蒙古文古籍总目》。版本附注：书中有鄂尔多斯左翼前旗总署印章，系满、蒙古两种文字。

114.《伊克昭盟鄂尔多斯左翼前旗札萨克固山贝子扎纳吉哩第家谱》，蒙古文，清末毛笔抄本，21幅，始迁祖，巴图蒙克。今藏于内蒙古社会科学院图书馆。见《中国蒙古文古籍总目》。版本附注：书中有鄂尔多斯左翼前旗总署印章，系满、蒙古两种文字。

115.《二等台吉朋素克家谱》，蒙古文，清代毛笔抄本之缩微胶卷，1盘。（原件藏于德国，1988年6月内蒙古大学图书馆拍摄以胶片形式收藏于本馆）。今藏于内蒙古大学图书馆。见《中国蒙古文古籍总目》。

116.《鄂尔多斯右翼后旗章京色登扎布苏木诸台吉家谱》，蒙古文，民国二十年（1931）毛笔抄本，1幅，今藏于内蒙古社会科学院图书馆。见《中国蒙古文古籍总目》。版本附注：书中有鄂尔多斯右翼后旗总署印章，系满、蒙两种文字。

117.《鄂尔多斯右翼后旗章京察罕齐禄苏木诸台吉家谱》，蒙古文，民国十四年（1925）毛笔抄本，1幅，今藏于内蒙古社会科学院图书馆。见《中国蒙古文古籍总目》。

118.《札萨克台吉旗家谱》，蒙古文，清光绪十年（1884）毛笔抄本，1幅，始迁祖，巴图蒙克。今藏于内蒙古社会科学院图书馆。见《中国蒙古文古籍总目》。

119.《伊克昭盟鄂尔多斯左翼中旗辅国公色布腾诺尔布家谱》，蒙古文，清毛笔抄本之缩微胶卷，1盘，始迁祖，色布腾诺尔布。（原件藏于德国，1988年6月内蒙古大学图书馆拍摄以胶片形式收藏于本馆）今藏于内蒙古大学图书馆。见《中国蒙古文古籍总目》。版本附注：书中有鄂尔多斯左翼中旗总署印章，系满、蒙古两种文字。

120.《伊克昭盟鄂尔多斯左翼中旗台吉阿必什格家谱》，蒙古文，清末毛笔抄本之缩微胶卷，1盘，始迁祖，劳扬。（原件藏于德国，1988年6月内蒙古大学图书馆拍摄以胶片形式收藏于本馆）今藏于内蒙古大学图书馆。见《中国蒙古文古籍总目》。版本附注：书中有鄂尔多斯左翼中旗总署印章，系满、蒙古两种文字。

121.《伊克昭盟鄂尔多斯左翼中旗郡王萨克巴次子家谱》，蒙古文，清毛笔抄本之缩微胶卷，1盘，始迁祖，萨克巴达牧林。（原件藏于德国，1988年6月内蒙古大学图书馆拍摄以胶片形式收藏于本馆）今藏于内蒙古大学图书馆。见《中国蒙古文古籍总目》。版本附注：书中有鄂尔多斯左翼中旗总署印章，系满、蒙古两种文字。

122.《伊克昭盟鄂尔多斯左翼中旗郡王萨克巴四子家谱》，蒙古文，清毛笔抄本之缩微胶卷，1盘，始迁祖，洛桑沙日布。（原件藏于德国，1988年6月内蒙古大学图书馆拍摄以胶片形式收藏于本馆）今藏于内蒙古大学图书馆。见《中国蒙古文古籍总目》。版本附注：书中有鄂尔多斯左翼中旗总署印章，系满、蒙古两种文字。

123.《伊克昭盟鄂尔多斯左翼中旗郡王扎木扬家谱》，蒙古文，清毛笔抄本之缩微胶卷，1盘，始迁祖，扎木扬。（原件藏于德国，1988年6月内蒙古大学图书馆拍摄以胶片形式收藏于本馆）今藏于内蒙古大学图书馆。见《中国蒙古文古籍总目》。版本附注：书中有鄂尔多斯左翼中旗总署印章，系满、蒙古两种文字。

124.《伊克昭盟诸台吉家谱》，蒙古文，民国时期毛笔抄本，2幅，散页，开头与结尾部分残缺。今藏于内蒙古社会科学院图书馆。见《中国蒙古文古籍总目》。

125.《伊克昭盟二等台吉劳扬始七代家谱》，蒙古文，清光绪年间毛笔抄本，1幅，始迁祖，劳扬。今藏于内蒙古社会科学院图书馆。见《中国蒙古文古籍总目》。

126.《参领巴延楚克辖下诸台吉家谱》，蒙古文，清同治四年（1865）毛笔抄本，1幅，始迁祖，瓦齐尔图雅勒登和硕齐。今藏于内蒙古社会科学院图书馆。见《中国蒙古文古籍总目》。

127.《参领伊丹扎布辖下诸台吉家谱》，蒙古文，清光绪十一年（1885）毛笔抄本，1幅，始迁祖，额尔德尼和硕齐。今藏于内蒙古社会科学院图书馆。见《中国蒙古文古籍总目》。

128.《参领图门巴雅尔辖下诸台吉家谱》，蒙古文，清光绪二十一年（1895）毛笔抄本，1幅，始迁祖，额尔德尼和硕齐。今藏于内蒙古社会科学院图书馆。见《中国蒙古文古籍总目》。

129.《参领图门巴雅尔辖下诸台吉家谱》，蒙古文，清光绪二十一年（1895）毛笔抄本，2幅，散页，始迁祖，额尔德尼和硕齐。今藏于内蒙古社会科学院图书馆。见《中国蒙古文古籍总目》。

130.《参领巴延多尔济辖下诸台吉家谱》，蒙古文，民国四年（1915）毛笔抄本，1幅，始迁祖，额尔德尼和硕齐。今藏于内蒙古社会科学院图书馆。见《中国蒙古文古籍总目》。

131.《台吉参领锡伦多尔济辖下诸台吉家谱》，蒙古文，民国十四年（1925）毛笔抄本，1幅，始迁祖，额尔德尼和硕齐。今藏于内蒙古社会科学院图书馆。见《中国蒙古文古籍总目》。

132.《参领台吉巴延多尔济辖下诸台吉家谱》，蒙古文，民国三十四年（1945）毛笔抄本，2幅，散页，始迁祖，额尔德尼和硕齐。今藏于内蒙古社会科学院图书馆。见《中国蒙古文古籍总目》。

133.《喀尔喀札萨克图汗部札萨克图汗兼多罗郡王索特诺木喇布坦旗三等台吉色日宁家谱》，蒙古文，清光绪二十七年（1901）毛笔抄本，1幅。今藏于国家图书馆。见《中国蒙古文古籍总目》。版本附注：书中有旗总署印章，系满、蒙两种文字。

134.《喀尔喀札萨克图汗部札萨克图汗兼多罗郡王索特诺木喇布坦家谱》，蒙古文，清光绪二十七年（1901）毛笔抄本，1幅。今藏于国家图书馆。见《中国蒙古文古籍总目》。版本附注：书中有旗总署印章，系满、蒙两种文字。

135.《喀尔喀札萨克图汗部右翼左旗镇国公衔札萨克一等台吉玛尼巴扎尔家谱》，蒙古文，清光绪二十七年（1901）毛笔抄本，1幅。今藏于国家图书馆。见《中国蒙古文古籍总目》。版本附注：书中有旗总署印章，系满、蒙两种文字。

136.《喀尔喀札萨克图汗部中右翼末次旗镇国公衔札萨克一等台吉达木丹萨毕沙家谱》，蒙古文，清光绪二十七年（1901）毛笔抄本，1幅。今藏于国家图书馆。见《中国蒙古文古籍总目》。版本附注：书中有旗总署印章，系满、蒙两种文字。

137.《喀尔喀札萨克图汗部右翼后旗镇国公衔札萨克一等台吉巴扎尔巴尼家谱》，蒙古文，清光绪二十七年（1901）毛笔抄本，1幅。今藏于国家图书馆。见《中国蒙古文古籍总目》。版本附注：书中有旗总署印章，系满、蒙两种文字。

138.《喀尔喀札萨克图汗部右翼右旗札萨克辅国公衮布索伦家谱》，蒙古文，清光绪二十七年（1901）毛笔抄本，1幅。今藏于国家图书馆。见《中国蒙古文古籍总目》。版本附注：书中有旗总署印章，系满、蒙两种文字。

139.《喀尔喀札萨克图汗部贝子衔辅国公云敦多尔济旗二等台吉洪垂扎布家谱》，蒙古文，清光绪二十七年（1901）毛笔抄本，1幅。今藏于国家图书馆。见《中国蒙古文古籍总目》。版本附注：书中有旗总署印章，系满、蒙两种文字。

140.《喀尔喀札萨克图汗部贝子衔辅国公云敦多尔济家谱》，蒙古文，清光绪二十七年（1901）毛笔抄本，1幅。今藏于国家图书馆。见《中国蒙古文古籍总目》。版本附注：书中有旗总署印章，系满、蒙两种文字。

141.《喀尔喀札萨克图汗部中左翼右旗札萨克辅国公巴济尔噶勒家谱》，蒙古文，清光绪二十七年（1901）毛笔抄本，1幅。今藏于国家图书馆。见《中国蒙古文古籍总目》。版本附注：书中有旗总署印章，系满、蒙两种文字。

142.《喀尔喀札萨克图汗部左翼左旗镇国公衔札萨克一等台吉纳逊布延济尔噶勒家谱》，蒙古文，清光绪二十七年（1901）毛笔抄本，1幅。今藏于国家图书馆。见《中国蒙古文古籍总目》。版本附注：书中有旗总署印章，系满、蒙两种文字。

143.《喀尔喀札萨克图汗部达什喇布坦旗世袭一等台吉噶勒当凌扎布家谱》，蒙古文，清光绪二十七年（1901）毛笔抄本，1幅。今藏于国家图书馆。见《中国蒙古文古籍总目》。版本附注：书中有旗总署印章，系满、蒙两种文字。

144.《喀尔喀札萨克图汗部达什喇布坦旗辅国公图多尔济家谱》，蒙古文，清光绪二十七年（1901）毛笔抄本，1幅。今藏于国家图书馆。见《中国蒙古文古籍总目》。版本附注：书中有旗总署印章，系满、蒙两种文字。

145.《喀尔喀札萨克图汗部御前侍卫扎克河源毕都哩雅诺尔盟盟长中右翼末旗贝子衔札萨克辅国公达什喇布坦家谱》，蒙古文，清光绪二十七年（1901）毛笔抄本，1幅。今藏于国家图书馆。见《中国蒙古文古籍总目》。版本附注：书中有旗总署印章，系满、蒙两种文字。

146.《喀尔喀札萨克图汗部幅盟长中左翼左旗郡王衔札萨克多罗贝勒阿尔达萨噶喇家谱》，蒙古文，清光绪二十七年（1901）毛笔抄本，1幅。今藏于国家图书馆。见《中国蒙古文古籍总目》。版本附注：书中有旗总署印章，系满、蒙两种文字。

147.《喀尔喀札萨克图汗部左翼后末旗札萨克阿克旺车凌家谱》，蒙古文，清光绪二十七年（1901）毛笔抄本，1幅。今藏于国家图书馆。见《中国蒙古文古籍总目》。版本附注：书中有旗总署印章，系满、蒙两种文字。

148.《喀尔喀札萨克图汗部左翼中旗札萨克镇国公达木定索伦家谱》，蒙古文，清光绪二十七年（1901）毛笔抄本，1幅。今藏于国家图书馆。见《中国蒙古文古籍总目》。版本附注：书中有旗总署印章，系满、蒙两种文字。

149.《喀尔喀札萨克图汗部札萨克辅国公巴扎尔喇克察旗世袭恩骑尉扎勒楚布家谱》，蒙古文，清光绪二十七年（1901）毛笔抄本，1幅。今藏于国家图书馆。见《中国蒙古文古籍总目》。版本附注：书中有旗总署印章，系满、蒙两种文字。

150.《喀尔喀札萨克图汗部右翼右末旗札萨克辅国公巴扎尔喇克察家谱》，蒙古文，清光绪二十七年（1901）毛笔抄本，1幅。今藏于国家图书馆。见《中国蒙古文古籍总目》。版本附注：书中有旗总署印章，系满、蒙两种文字。

151.《喀尔喀札萨克图汗部札萨克纳木凯多尔济家谱》，蒙古文，清光绪二十七年（1901）毛笔抄本，1幅。今藏于国家图书馆。见《中国蒙古文古籍总目》。版本附注：书中有旗总署印章，系满、蒙两种文字。

152.《喀尔喀札萨克图汗部左翼右旗札萨克逊索伦家谱》，蒙古文，清光绪二十七年（1901）毛笔抄本，1幅。今藏于国家图书馆。见《中国蒙古文古籍总目》。版本附注：书中有旗总署印章，系满、蒙两种文字。

153.《喀尔喀札萨克图汗部中右翼末旗札萨克图布多尔济家谱》，蒙古文，清光绪二十七年（1901）毛笔抄本，1幅。今藏于国家图书馆。见《中国蒙古文古籍总目》。版本附注：书中有旗总署印章，系满、蒙两种文字。

154.《喀尔喀札萨克图汗部车凌多尔济旗辅国公达什车林家谱》，蒙古文，清光绪二十七年（1901）毛笔抄本，1幅。今藏于国家图书馆。见《中国蒙古文古籍总目》。版本附注：书中有旗总署印章，系满、蒙两种文字。

155.《喀尔喀札萨克图汗部札萨克车凌多尔济家谱》，蒙古文，清光绪二十七年（1901）毛笔抄本，1幅。今藏于国家图书馆。见《中国蒙古文古籍总目》。版本附注：书中有旗总署印章，系满、蒙两种文字。

156.《喀尔喀札萨克图汗部辉特旗札萨克色德布济当索伦扎布家谱》，蒙古文，清光绪二十七年（1901）毛笔抄本，1幅。今藏于国家图书馆。见《中国蒙古文古籍总目》。版本附注：书中有旗总署印章，系满、蒙两种文字。

157.《札萨克图汗部统领喀尔喀右翼军副将军左翼前旗札萨克辅国公罗布桑敦多布家谱》，蒙古文，清光绪二十七年（1901）毛笔抄本，1幅。今藏于国家图书馆。见《中国蒙古文古籍总目》。版本附注：书中有旗总署印章，系满、蒙两种文字。

158.《黄金家族二十九代家谱》，蒙古文，清同治十二年（1873）毛笔抄本，1幅。今藏于内蒙古社会科学院图书馆。见《中国蒙古文古籍总目》。

159.《乌兰察布盟喀尔喀右翼札萨克旗索特纳木多尔济家谱》，蒙汉合璧，清宣统三年（1911）毛笔抄本之缩微胶卷，1盘。（原件藏于德国，1988年6月内蒙古大学图书馆拍摄以胶片形式收藏于本馆）今藏于内蒙古大学图书馆。见《中国蒙古文古籍总目》。

160.《乌兰察布盟喀尔喀右翼旗台吉阿穆古郎家谱》，蒙汉合璧，清宣统三年（1911）毛笔抄本之缩微胶卷，1盘。（原件藏于德国，1988年6月内蒙古大学图书馆拍摄以胶片形式收藏于本馆）今藏于内蒙古大学图书馆。见《中国蒙古文古籍总目》。

161.《乌兰察布盟茂明安旗二等台吉桑杰扎布家谱》，蒙古文，清宣统三年（1911）毛笔抄本之缩微胶卷，1盘。（原件藏于德国，1988年6月内蒙古大学图书馆拍摄以胶片形式收藏于本馆）今藏于内蒙古大学图书馆。见《中国蒙古文古籍总目》。版本附注：书中有满蒙文印章。

162.《乌兰察布盟喀尔喀右翼云端旺楚克旗察布丹家谱》，蒙汉合璧，清宣统三年（1911）毛笔抄本之缩微胶卷，1盘。（原件藏于德国，1988年6月内蒙古大学图书馆拍摄以胶片形式收藏于本馆）今藏于内蒙古大学图书馆。见《中国蒙古文古籍总目》。

163.《乌喇特东公旗台吉家谱》，蒙古文，民国时期毛笔抄本，1幅。今藏于内蒙古自治区图书馆。见《中国蒙古文古籍总目》。

164.《兀良哈氏诺颜家谱》，蒙古文，清末毛笔抄本之复印件，1幅。今藏于辽宁省阜新蒙古族自治县蒙古语文办公室。见《中国蒙古文古籍总目》。

165.《乌图尔氏家谱》，蒙古文，清末毛笔抄本之复印件，1幅。今藏于辽宁省阜新蒙古族自治县蒙古语文办公室。见《中国蒙古文古籍总目》。

166.《博尔济根察罕什巴古家谱》，蒙古文，清咸丰九年（1859）毛笔抄本之复印件，10页。今藏于辽宁省北票蒙古族自治县惠宁寺。见《中国蒙古文古籍总目》。

167.《哈鼐诺颜洪古尔至玛哈巴拉家谱》，蒙古文，清嘉庆二十年（1815）朱墨毛笔抄本，1幅。今藏于内蒙古自治区阿拉善盟阿拉善左旗档案馆。见《中国蒙古文古籍总目》。

168.《哈鼐诺颜洪古尔长兄二子家谱》，蒙古文，清嘉庆年间竹笔抄本，1幅。今藏于青海民族大学少数民族语言文学系才仁巴利先生家。见《中国蒙古文古籍总目》。

169.《罕图特氏家史与谱系》，蒙古文，清末毛笔抄本之复印件，平装，1 册。今藏于辽宁省阜新蒙古族自治县蒙古语文办公室。见《中国蒙古文古籍总目》。

170.《哈布图哈萨尔家谱》，蒙古文，清光绪三十四年（1908）毛笔抄本，1 幅，绿、蓝、黄三色边框表格。今藏于内蒙古社会科学院图书馆。见《中国蒙古文古籍总目》。

171.《黄金家族哈萨尔世系谱》，蒙古文，清毛笔抄本，线装，1 册。今藏于内蒙古自治区档案馆。见《中国蒙古文古籍总目》。

172.《喀喇沁左旗王爷乌梁海氏家谱》，蒙古文，民国时期毛笔抄本，1 幅。今藏于辽宁省喀喇沁左翼蒙古族自治县档案馆。见《中国蒙古文古籍总目》。

173.《哈尔固苏木哈尔固嘎查宝山家谱》，蒙古文，民国时期钢笔抄本，线装，1 册。今藏于内蒙古自治区哲理木库伦旗档案馆。见《中国蒙古文古籍总目》。

174.《青海札萨克一等台吉索诺木多尔济家族史》，蒙古文，清光绪三十二年（1906）毛笔抄本之复印件，4 页，散页。今藏于青海省黄南州州志办公室才让先生家。见《中国蒙古文古籍总目》。

175.《青海札萨克一等台吉车棱达哩家族史》，蒙古文，清宣统三年（1911）毛笔抄本之复印件，4 页，散页。今藏于青海省黄南州州志办公室才让先生家。见《中国蒙古文古籍总目》。

176.《青海厄鲁特部前头旗札萨克多罗郡王巴勒珠尔喇布坦家族史》，蒙古文，清光绪十四年（1888）毛笔抄本之复印件，4 页，散页。今藏于青海省黄南州州志办公室才让先生家。见《中国蒙古文古籍总目》。

177.《碑文及家谱》，蒙古文，清刻本、清宣统二年（1910）毛笔抄本之复印件，线装，10 册。1-6 册为满汉蒙合璧刻本之复印件，7-10 册为汉蒙合璧碑文之复印本。今藏于内蒙古日报社蒙文资料室。见《中国蒙古文古籍总目》。

178.《蒙古营家史》，蒙古文，清毛笔抄本之复印件，15 盘。（原件藏于德国，1989 年 12 月内蒙古大学图书馆拍摄以胶片形式收藏于本馆）。今藏于内蒙古大学图书馆。见《中国蒙古文古籍总目》。

179.《蒙古孛儿只斤氏家族史》，蒙古文，清末毛笔抄本之复印件，线装，1册。今藏于辽宁省阜新蒙古族自治县蒙古语文办公室。见《中国蒙古文古籍总目》。

180.《察哈尔某人家谱》，蒙古文，清竹笔抄本之缩微胶卷，9盘，（原件藏于德国，1989年12月内蒙古大学图书馆拍摄以胶片形式收藏于本馆）今藏于内蒙古大学图书馆。见《中国蒙古文古籍总目》。

181.《诸台吉家族史》，蒙古文，清同治五年（1866）毛笔抄本，线装，1册。今藏于内蒙古自治区锡林郭勒盟苏尼特左旗档案馆。见《中国蒙古文古籍总目》。

182.《多罗额驸家谱》，蒙古文，清毛笔抄本，1幅。今藏于辽宁省喀喇沁左翼蒙古族自治县档案馆。见《中国蒙古文古籍总目》。

183.《多尔济等诺颜家谱》，蒙古文，清宣统年间毛笔抄本之缩微胶卷，119片。（原件藏于德国，1989年12月内蒙古大学图书馆拍摄以胶片形式收藏于本馆）今藏于内蒙古大学图书馆。见《中国蒙古文古籍总目》。

184.《章京巴吉扎布苏木家谱》，蒙古文，清同治五年（1886）毛笔抄本，1幅。今藏于内蒙古社会科学院图书馆。见《中国蒙古文古籍总目》。

185.《章京布延察罕苏木诸台吉家谱》，蒙古文，清道光二十五年（1845）毛笔抄本，1幅。今藏于内蒙古社会科学院图书馆。见《中国蒙古文古籍总目》。

186.《章京赛音济雅苏木诸台吉家谱》，蒙古文，清光绪四年（1878）毛笔抄本，1幅。今藏于内蒙古社会科学院图书馆。见《中国蒙古文古籍总目》。

187.《章京德勒格尔苏木诸台吉家谱》，蒙古文，清光绪二十一年（1895）毛笔抄本，1幅。今藏于内蒙古社会科学院图书馆。见《中国蒙古文古籍总目》。

188.《哲理木盟奎蒙克塔斯哈喇诺颜始十六代家谱》，蒙汉合璧，民国时期毛笔抄本，1幅，散页。今藏于内蒙古社会科学院图书馆。见《中国蒙古文古籍总目》。

189.《哲理木盟与阿鲁科尔沁部家谱》，蒙古文，毛笔抄本，线装，1册。今藏于内蒙古社会科学院图书馆。见《中国蒙古文古籍总目》。

190.《哲理木盟郭尔罗斯部乌巴什鄂特罕诺颜家谱》，蒙古文，清宣统三年（1911）毛笔抄本之缩微胶卷，1盘。（原件藏于德国，1988年6月内蒙古大学图书馆拍摄以胶片形式收藏于本馆）今藏于内蒙古大学图书馆。见《中国蒙古文古籍总目》。

191.《耶律氏家谱》，蒙古文，清末毛笔抄本之复印本，1 幅。今藏于辽宁省阜新蒙古族自治县蒙古语文办公室。见《中国蒙古文古籍总目》。

二、满族家谱题录

1.《赵氏谱书》于 1941 年 6 月，由赵玉臣、赵得润等纂修，主要内容有：序、谱序、祭祀事项、世系。谱书记载了赵氏系满洲镶蓝旗马鲁佐领下陈满洲，原居北京，道光三年，因饥荒困苦，约半数人口奉命移居至今吉林省双城堡。谱书详细记载了满族习俗，并用图示说明祭祀的摆设方式。赵氏世系共计 12 代，由努尔哈赤时代至 1941 年前后三百余年。始祖 1 人，二世 1 人，三世 4 人，由四世起分为京师和双城堡两地，七、八世中有该汉姓赵者。谱书现收藏于辽宁省瓦房店市赵家。

2.《喜塔拉氏尊族宗谱》，1 卷，清德荣等纂修，以世系为主，光绪二十三年（1897）完成。主要内容包括：完整记载喜塔拉氏始祖以下二十世及全部支脉，族人封地、奖赏及战功情况被记录在宗谱的最后。

3.《沙济富察氏谱牒》，修谱者为沙氏第十一代世孙公春修，清乾隆四十五年（1780）完成，刻本，1 册。主要内容：户部尚书梁国治做的序、正文，公春写的跋。谱牒记载富察氏世系十四世，详细记录每世各支传承，兄弟、子孙等情况。富察氏家族始祖为檀都，系镶黄旗。其家族后人出过许多名人，如内务府总管、户部尚书、议政大臣等。谱中还特别详细介绍了沙氏族人所立战功者或有谥号者的情况。

4.《伊尔根觉罗氏家谱》，1 卷。清清德等撰，道光元年刻本。编撰者清德为伊尔根觉罗氏十一代世孙。家谱主要内容：卷前有序，正文由世系、家传、世略组成。世系记录了伊尔根觉罗氏支脉的传承，共记载十二世。伊尔根觉罗氏家族中有官职或有传者，都附录在其名字后；有关所立功绩及所受奖赏情况，则在家传中记录。事略主要介绍修谱者们的生平事迹及所任官职等情况。

5.《他塔喇氏家谱》，清秀堃撰，嘉庆十九年（1814）刊成，道光十五年（1835）重修。今为大连图书馆馆藏。家谱包括《本支家谱》和《他塔喇氏西祖以下近支宗谱》。

6.《瓜尔佳侯关宗谱》，现藏在吉林有永清县乌拉街关姓家中。总谱存于黑龙江省宁安县（今宁安市）。此支谱为康熙十九年（1680）“另请而来”。该谱记载：其始祖康古里原为东海窝集部的位噶善达，是努尔哈赤的换帖兄弟，世居今吉林省汪清县百草沟一带。康古里曾被封为贝子，天聪初年则因罪削爵，被贬至乌拉为奴。至乾嘉时，该氏额尔登保国战功被清廷封侯，故称侯关。

7.《扈什哈哩氏宗谱》，现收藏在抚顺县关姓家中。光绪三十二年（1906）修纂，宗谱主要内容有谱序 、世系、满汉文敕命、诰命。宗谱记载：满洲扈什哈哩氏原居长白山东瓜尔察地方。天命十年（1625），始祖泥卡达随努尔哈赤定天下。二世祖岳乐顺国进攻旅顺而得世职，清顺治朝本族驻防京师属满洲正红旗以后被派到永陵为官，而迁届兴京（今新宾）下夹河。世系中共记 12 代。该谱中收录了由二世祖岳乐顺在天聪八年（1634）所得的第一份敕书到光绪二十九年（1903）各代所得的敕书共 14 份。这些敕书依次相连、每代一份，一代不漏，完整系统实属罕见，为研究满族及清代的世职承袭制度提供了珍贵的资料。

8.《赫舍哩氏康族世谱》，现收藏在辽宁省凤城满族自治县康姓家中。1922 年，由十九世孙明良、德广等人修纂。内容有谱序、例言、科甲仕宦、旗员武职、节烈妇女、恭录索尼墓碑记及诰命、世系等。上溯至希福巴克什，疑为索额图后代，以卡奇郎为始祖，其子达什巴、招里其分为二支，后拨凤凰城驻防分归正黄、正白二旗。正白一旗赫氏后代自立谱书，正黄一旗赫氏自一族为康氏，碑记、科甲仕宦、旗员武职及世系所记，颇有价值。

9.《吴氏族谱》，现收藏在辽宁省瓦房店市（原夏县）吴姓家中，始修谱于清初。西郎阿续修谱于光绪二年（1876 年），十六世孙吴安居第三次修谱于 1915 年。称本族为吴穆氏。内容有编者之话、谱序四篇、修讲志文、祖先传单、世系谱单、先志文、世系、跋等，记始祖吴索浑原居于长白山三道沟。四世祖尼他库后金时来归。顺治朝迁居于北京，隶满洲正蓝旗。六世祖原任领催于康熙二十六年（1687）拨往复州，其后代曾出征云南、台湾、噶尔丹，屡立战功，受皇帝赏赐。嘉庆二十五年（1820），又有拨往吉林双城堡者。统计全族人员数目列于谱中，颇有价值。

10.《满洲正白旗鄂族谱书》，现收藏在辽宁省抚顺县鄂氏家中，铅印本，线装本共186页。1943年由鄂裕宝等人根据老谱编纂，老谱现已失传。谱书主要内容有谱序、碑记略图、世系、祭产管理等。谱书记载鄂氏始祖牙尔胡达原居于长白山，因屡建功勋被封为鄂国公。坟冢在沈阳东郊。其五世祖一支后裔有居抚顺县者，后又迁至沈阳东靠山屯。由始祖到修谱时已传至18代。

11.《巴雅勒氏宗统系谱》，现收藏于辽宁省北镇满族自治县（今北镇市）巴姓家中。原谱修纂时同不详，续修于20世纪50年代。内容有谱序、世系。谱中记载：巴氏原居于长白山，与清皇族称雄，明朝衰落亡际，辅佐清太祖遂西迁，分驻北京、沈阳、铁岭、北镇等地，并受封官爵，族中有任武显大将军、佐领、侍郎等职务者。第七代（乾嘉时期）用汉字，姓巴。

12.《博氏谱书》，现收藏于辽宁省岫岩满族自治县傅姓家中。手抄本，共118页。1996年族人根据前人遗留的简略谱牒编纂而成。主要内容有谱序、例言、世系 。谱书记载：博氏原籍为长白山二沟人，满姓富察，属佛满洲。清朝入关后，康熙二十六年（1687）本谱始祖三被拨往辽宁省开原县（今开原市）。同年又拨往岫岩隶腾八十三佐领下 。

13.《瓜尔佳氏合族谱册》，收藏在辽宁省岫岩满族自治县关姓家中。1923年，由族人保安依据册档编纂而成。主要内容有谱序、世系、祭祀典要，另附生意经。谱册记载：本族原居于长白山，随龙到京，隶居二扎蓝第七佐领文寿佐领。顺治八年（1651），拨民到岫岩始祖额尔博曾任护军校。族人十世孙马凌额言：旗人八大家、八大姓为佟、关、马、索、徐、傅、安、郎。祭祀典要细致入微。祭祀时念的阿察布蜜歌、察出布蜜歌（由汉字标注满文音），引人注目。生意经记录了各种货物的价格，可以了解满族的经济生活。世系共记10代，较为简略。

14.《马佳氏家谱》首序：

粤我马佳氏历代以来，族大支繁。子孙命名，每多重复，殊非敬慎宗支之道。于是仿先贤家法，合族公同会议，重修宗谱，以笃亲谊，而正名号，拟定十六字曰：文、熙、启、秀，积、庆、开、先，忠、诚、绍、世，谦、惠、延、年，按代依字命名，或满或汉总以本字冠首，名字既免重复，辈行亦易分晓。自族谱中第三世祖之十四代即以文字排起，毋得紊乱。凡我同宗其遵守之。

承修人：第十二代孙刑部郎中锡福、礼部侍郎升寅。副修人：第十一代孙正红旗协领兼正蓝旗佐领功敏、礼部赞礼郎达三、第十二代孙刑部笔帖式相图、礼部赞礼郎富成、正蓝旗协领增福、复州笔帖式阿常阿、户部员外郎崇福、兴京防御德克德柯、第十三代孙户部六品官明峻、刑部主事明钦，京户部主事宝琳、刑部笔帖式明昌、刑部笔帖式承恩禄、盖州笔帖式明善、广宁骁骑校克升额、复州骁骑校恩特贺、第十四代孙工部司库文元。

道光二年二月二十一日敬修

嗣因其中有应避字样，乃于道光十七年丁酉合族商定由原定十六字内酌定八字。自谱中马始祖之第十四代孙即以绍字排起。毋得紊乱，其八字曰：绍、世、延、熙、忠、诚、积、庆。我马佳氏族大支繁，旧有谱书向按先贤家法，议定数字，俾后世子孙，按照辈行遵字命名；惟以前所定之绍、世、延、熙、忠、诚、积、庆八字，均已用罄，兹续拟八字载在谱首，由二十二世起即遵以下之字冠字命名。庶几易于查考，而免紊歧，无任盼切之至，兹将八字列后：福、德、保、裕、永、春、广、荣。

重修族谱序：

我马佳氏系出长白，为满洲望族。自始祖马穆敦公得姓受氏，簪缨世守，奕禩承庥。有清肇基王迹，佐命龙兴，爵公侯位、将相者，代有其人，载在国史，著之家乘，世人犹能道其详焉。厥后椒聊繁衍，派别枝分，武烈文谟，或虑失坠。道光初叶，刑部郎中锡公福、礼部尚书升勤直公寅，议修族谱，宗功祖德，赖以昭垂。特其间旁支挺出，苗裔分岐，记载犹疏，钩稽多缺，滋足憾也。有清崛起长白，我先人櫜弓箙矢，或从征关内，或居守辽中，服劳王家，为八旗世仆，而散居各行省，占驻防旗籍者，尤不胜偻指计。不有谱牒，奚析源流，数典忘祖，甚为病之。延喜奉吾父海楼公暨吾母那太夫人命，饬修旧谱。爰搜辑各支，北溯吉江、南逾渤碣，周谘博访，遗者补之，疑者阙之。虽不敢谓秩然灿然臻于美备，庶几遥宗近胄，粗识渊源。后之读是谱者，咸思一本同根之谊，而葛蕊犹知托庇，萁豆不致相煎，以是为五族一家之先河焉，蔑不可也，斯则延喜兢兢修谱之志云尔。

民国十六年岁建丁卯六月

十六世孙马延喜谨述

重修马佳氏族谱序：

族谱之作，其原出于史官。昔周小史定世系，辨昭穆，凡以垂梗祀，重明德也。自隋唐以上，官有簿状，家有谱牒，实为家乘之嚆矢焉。溯满祖之先，周为者慎，汉界三韩，魏晋位于挹娄，元魏列于勿吉，唐称靺鞨，金属完颜夷。考史册，其源盖远。洎清室肇兴，功成佐命。我马佳氏人才蔚起，担圭列爵，代有传人，谟烈昭垂，可谓盛矣！道光二年，族人刑部郎锡公福、大宗伯升勤直公寅，始有创修族谱之举，规模宏备，垂裕后昆，厥功至伟。迄今百有余年，继续无人，流风阒寂，追原本始，不免数典忘祖之讥。辽阳子元族叔，笃念宗支，缅怀先烈，慨捐巨款，从事续修。奚以氏族繁衍，命绩等任调查之役，舟车所至，博采旁咨，期无遗佚。虽驻防各省者，未遍搜寻，而两京、辽沈同宗，悉已征求遍载。公复躬任纂修，亲为诠次，凡三阅寒暑，是谱乃成。毅力热心，举族钦佩。考我清初旧谱，马佳、费莫实为同族，《俭史·氏族考》载有费莫氏，而马佳氏尚未著闻，孰后孰先，前谱从略。嗣于辽中得费莫氏清文译谱内。我始祖马穆敦公，上溯三代，记载颇详，乃知我族之先源出于费莫，缘遭家难，移居嘉礼库城马佳地方，因以为氏。稽其时代，当在元末明初之际，分合源流，于以证明。继至复县，旗人以光绪十三年重修之谱见示，复增入五祖光文、八祖章京费扬武二支。凡所阙略，经此次修辑，灿然大备；又编次凤城多起一族，原谱注称亦在十九祖之列，惟次第失考，印证无从，姑阙所疑，以俟知者。方今世风递降，宗法凌夷，族系不详，曷资敦睦。凡我马佳子孙恭览是谱，怆怀祖德，克迪前光，于以叙彝伦绵，似续胥有赖焉，岂非吾宗族之厚幸也哉？敬述本末，昭示来兹，是为序。

中华民国十六年岁次丁卯六月

十七世孙马佳绩谨述

宗祠碑文：

我马佳氏发源于满洲马佳地方，世居嘉理库城，始祖讳马穆敦，传至六世祖讳克库噶哈生七子，长屯泰、次图莫图（后裔住辽阳）、三农托式、四农岱（后裔散住奉天、北京）、五农塔式、六金塔式、七满岱。克祖为清朝国初名将，晋封男爵，留守陪都，以战伤逝世，赐葬奉天大西边门外南孤家子地方。四时派员致祭，并赐祭田，一百五十亩，以示酬庸。迨光绪二十四年，奉省开辟商埠，由交涉司附设清查房地局，欲将祖茔及祭田发价收归官有。是时第十四孙好受光禄大夫太保总管内务大臣绍英、请准交涉司，愿将祭田收归官买，酌朗茔地，永远保存。由茔田项下，备价银六百两，领回茔地二十亩；又由绍英公出购料百两，建筑茔端及守茔房屋。嗣于民国十三年，商埠日见发达，又将茔园之东占去南北长三十四丈五尺，东西宽四丈余，修作马路。商埠局复以该处已成通衢，茔地不便存在，拟令迁坟，将地收归公用，招户承租。当经合族公议，以祖茔保留已有前案，而先人守葬已数百年，不忍令迁。公举第十六世孙延喜吁请当道，准将茔墓改建宗祠，以垂久远。又由延喜个人出资一万余元，建立祠宇，于民国十四年十月一日落成。宗祠所用地基共一亩二分，二经路马路占地二亩八分，下余之地十六亩整，招户出租，所得租金，充作宗祠岁修经费及族中公益之用。并由合族公举十五世孙显、十六世孙延喜会同管理宗祠及租地事宜特记崖略如下：

第十六世孙，马延喜承修

第十五世孙，马世福监修

第十六世孙，马延伦监工

第十六世孙，马延勳监工

中华民国十四年旧历十月初一日敬

15.《谭氏族谱》序：

原册由清朝同治三年，君显闻诸叔父而言谕，汇记于纸，所具是册，延至民国八年重抄后，迁居有变，而本册是抄于民国八年之录册也。一九五八年立（公元）册内并无修改之迹。

尚我族之谱，迄今十世余矣，已经农业，无人修订。历世滋蔓，流落异乡，其支派尚有孝子贤孙，归至溯流穷原，尔难辞其责矣。裒辑于册，勿途（徒）于故纸，苟不诚贮，余之罪也。

盖闻夫国则有史，家则有谱。吾之先祖，始籍山东登州府蓬莱县之民。兹之灾荒，流寇侵扰，联招岁欠，十室九空，天人交迫，不得已而合（舍）故居，斯投瀛洲抵辽东故址居，创造启土筑室。熙朗受天之明命，授田人册，于分镶红，距辽五十里，近有古村大东山堡，投领金王府公庄头。

序

我族始祖，始居奉天省辽阳州镶红旗于汤沟，因姓为名，谭家卜字代之。

泉（皇）请光绪三十二年，斯安本溪县公署，至清宣统垂斯。

民国元年。皇清雍正四年，查准绳红册地四百零二亩，余地口日。斯有

口朝官、臣、政、雄兄弟四人地，将此册余地按两份分开，此册地三十日半，余地九亩。延至熙朝皇（乾隆）三十八年，有谭氏叔兄弟三人（英、华、杰），每人应分按此均开，其余则二百拾亩口，惟又谭训、谟兄弟二人，十七日半，余有谭宝珍、珠、玉四人各分四日。余地九亩，如是应付国税。此四重券，以在熙朝皇清乾隆五十年前，系金王府下库于厢红当人丁差政，因有多年，家资竣阳，门户萧条，引官事繁杂，亏欠差银，经邓五包衣达于嘉庆八年斯号五，租六十五日三亩。待至道光二十五年，大水冲压，经京员有德二位大人验销口，英、华、杰三人各销一日，其余七日按伊两大股均摊。由此各守地界，碍边开垦，延留子孙鼓腹而口矣。

我先祖之剃草开林，启土筑室，而为百世不拔之基，良有以也。王道循环，无往复，我熙朝受天之明命，子惠万民离故土来京，于厢红，投入金王

府第佐领，自是以甫得鼓腹而乐泰平。农业相承，迄今十世。不肖哀哉？尝受业于邑塾，奈禀昏懦志趋卑。凡是以来，反躬修德，以践履实行，足至虚靡有年，而以无所成，方肘在苫块哀疚之中。一日，捧阅族谱，第列于片纸，戚然感愧，恍若身无容所。及大事毕，以此请向吾诸伯叔日：呜呼！吾族之谱，无人修订，非一日矣。汝苟何置于膜外，历世滋蔓，以致荒穰。厥诸子孙，不知祖宗名行与幼自所出，恐孝子贤孙将有所为，咎汝难辞其责矣。永(承）命之下，益深祇惧，乃哀辑名行于族谱，数以质年日所闻，父祖之谕，汇成帙，题曰:《谭氏族谱》。尤望百而后世，性之贤达者，宜溯流穷原，绪加修订。近者十年，远者二十年，以书生卒之明配适死，记葬所之迹形，实以垂不朽。勿违以葬之，视之以重，树不肖之罪可也。

16.《专图尼吗察氏族谱》谱例十二条：

第一条：我专图（此二字译汉文第十扎蓝，清朝开基国语即第十队）呢吗察氏（此四字译汉文“榆”字，即我族姓氏），惟清皇与我族及各旗满人，统系长白山发起，故有世谱之称，原本同种同文。

自盛京建造满洲国时，值明朝崇祯年间，清朝开基定制，凡满人原籍在长白山附近，天然八道巨沟，阔长数百里，满人分居与内。惟我族祖居长白山榆树沟地方，因以“榆”字为姓。满军收服邻部，编设四旗，一正红，一正黄、一正蓝、一正白。满军势振，建修盛京（今奉天省)，满主称帝，国号大清。复添四旗，镶红、镶黄、镶蓝、镶白，共为八旗，分左右翼。自顺治初年，清皇迁都顺天，方统一中原，而有天下。

第二条：详细考察我族，由阿书从征为始，以上各代实难追察。自大清顺治年间，编入都京顺天左翼满牛录正白旗。至康熙初年，第三世二祖额特晕，调任辽阳镶蓝旗防御。三世祖兄弟六人，长海他幼故，三海珠，四加晕，五歪库，六佛伦。自此四位随任迁移辽阳后，额特公迁升都京马蓝峪佐领，其胞弟四人并未随往，入盛京（今奉天）镶蓝旗右翼籍贯。我族自此驻防辽阳镶蓝旗，占领辽阳东北五里许东京城（今新城)。经四世祖佛保领名册地二日，坐落新城东关外，兑换新城关东内弥陀寺白地半日，坐落新域正南二里许石嘴山东北坡处，作为祖茔。经四世祖佛保胞弟富林太，奉二世祖额合偏武昭陵立主。至乾隆元年，经五世祖衣奇那出名，愿将自己领名册地四日，加入祖茔祭田，延至数年，尚未更名税契，至伊曾孙恒详，仍将此地撤出。当经佛保后人与之交涉，明晰论定，嗣后另起新坟，墓在新城南官道东。奉四世祖三保昭陵立主。三世五祖六祖另立他处，故未人祖茔并葬，三世大祖之墓，亦在瞭高山南头。我族茔事，详为记载。根据表白，以上三世祖六位茔葬，各有注名地点，茔事产业自此交革清楚。故有三处祖茔分别之论说，以释后世子孙狐疑之念耳。又于清光绪二十八年俄日交战之际，经第八世孙崇吉，第九世孙锡珍，第十世孙景善等，将坟树售卖，复用此款，于清宣统三年八月初九日接买第十世孙九春名下中则地十八亩。地近祖茔毗连，遂更尼吗察氏领名。原卖时言明靠祖茔坎下，留垄五条，不在卖数处，诚施与祖茔，作为祭田。公有石碑已为记载。又于民国十年七月三十日报领祖茔祭田，减则余地三亩，祖茔之产，前后首报二领计地二十一亩，为公共所有。又于清光绪二十九年，仍经前起崇吉等三人，栽养松树百株，至今茔运巍巍，树木森森，仰先人不减之余荫，此之谓我族之实迹也。

第三条：或谓某姓宗谱上，始追溯想数千代、数百代、数十代，其为详尽。试问最初先祖又系何人所生，毋论何人其必无词对。于我尼吗察氏，仅以知之为知，不知为不知之义，实谓无根之谈哉。

第四条：查我满人，不以先人为祖宗，专以倭什晕佛（以上四字即是满人语音）为祖。历遵国制，追考各代先人，本旗四年一次，按户抄录人口，册簿存储国库为宗旨。与汉人不同，汉人供奉祖先堂，追远各辈先人，排字讳名，一次十字或二十字，惟恐户大丁多，人口繁盛，以防年湮代远，更改名讳者，恐有失型。

第五条：凡满族普通一体，凡姓氏者以名为姓。果有父子不同姓之论说，故有各代同名重字者，未免分歧有碍。值此改造民国社会之时代，如再不重整谱事，惟恐数十年后，更行紊乱矣。因谱而略事增改，仍存原名，并以第几代注明。满人与汉人不同，惟恐年代深远，贫富不等，迁移不定，忘其根本，无证可察焉。追周公作礼，同姓者不结婚，可谓古制。惟恐族宗倘无留心之人，无处追察，有此逆伦之事，将如之何？为我先人有灵，含笑于九泉也。

第六条：我族占领辽阳四支，驻顺天（今北京）一支，乏嗣一支，均有著实地址。祖茔谱事，随时博访，详细调查，按处考究，乃我族人人之责任，非一二人之专事也。

第七条：粤我专图尼吗察氏，历代以来，族大支繁，子孙命名者每多重复，殊非敬慎宗支之道。于是仿先贤家法，合族公同会议，重修宗谱，以笃亲谊而正名号。传至十三代时，值民国成立有年，我族不可遵照旧制，前后辈名讳相犯者甚多，其中有应避先人名讳字样。初修谱牒议定由十二代起，拟定十六字，载列谱首第七条。因我族大支繁，兹谓取缔满国，改革满人抄录户口册籍，幸第十世孙富金留心，早年由本旗存储旧谱，均系满文，译作汉字，照抄三二本备出录得确定，务将拟定之字，传示后世子孙，按照辈数遵字命名。第十二代之人已有名者，均行改去上一字。十三代之人名讳遵国字者，亦复不少。嗣后起名，应照所拟首一字，均作上一字排用。十二代以上之人，多有相犯者，碍难更改。谱书告成，凡我族务得遵照此列；如再仍前胡乱起名，擅自更改者，惟恐年湮代远，或迁移无定之户，或久不读书之人，不顾宗支者，以讹传讹。远虑之念，不可不慎。甚至结亲换谱，庶几易于查考，而免紊歧，无任盼切之至。兹将所拟定十六字，凡我族人，各宜遵守，谨列于左（下）：

振国兴家，云汉维济，鼎铭显耀，世荣延续。

第八条：谱书告成，每逢子年（即十二年）修谱一次，至亥年调查印出是也。谱事以族中公推素有名望资产之人办理，经费仍由祭田地项下筹备，倘不足用，按户均摊，如有自愿出资若干者，听其自便。

第九条：谱书告成以后，生人以十二岁谓成丁年龄。十一岁死之者，概不录册。各家均用坚固之纸订立一簿日族谱。副本应将已故之人生死年月日，茔地方向，以并存在之人男者生年月日，娶妻何氏，何村何人第几女，现有子女几人，则聘与何人为妇，详载明白，以备修谱时容易调查，尤能知何处为亲戚也。

第十条：民国十九年起初修谱牒，查得无三世二祖额特晕公一支。遵照旧谱，知其驻防。曾于光绪二十二年，照本旗户口存册，查得清光绪十六年，第九世孙毓环仲举，亲至马蓝峪考察，明确此支咸系额特公之后裔无讹。因满国逊位，取缔满人抄录户口，殊难臆定，暂列三世祖五位，专待下次修谱编纂列续，再为更正，依然抄录，加入正谱，以示后人参考云尔。

第十一条：三世大祖海他幼故。三世二祖额特晕驻马蓝峪。三世三祖海珠生二子。三世四祖加晕生四子。三世五祖歪库生二子。三世六祖佛伦生三子。各占地基，选择坟茔，人口日见繁盛。各族所居之地址，详载列后，以备世湮追远，容易明白，以警后人勿得失传之故耳。

第十二条：谱书告成，应分送每户一部，应留余本若干部，如有分家之户，务得随时领取。因此初办用款太巨，碍难筹备，公同拟定由祖坟项下备出，恐不及数，只得按支分给，以便轮阅为宗旨。待至下次修谱，按户均沾，以备壮观，惟我族完全也。

17.《富察氏谱本》满洲族祭祀仪注本

略识祀文录某省、市、县、村等处，我们富察氏后裔，第几世孙，某名。兹为修祖供奉，择祭祀良辰。春露秋霜，以表不忘之诚。是以叩恳祖宗位前，默佑子孙等昌盛，老幼康泰。谚云：人家旺，敬祖上，以聊忱追远之念，俾得先祖之庇。为后昆者，若能孝悌忠信，及赖先祖在天之灵，德沛下逮乎。为子孙不可忘之。其然其不然乎？谨疏理应春祀秋尝，以酬报祖德之厚恩。为祝为颂，尚飨。某年月日具。

祭祀仪注序夫祭者，记也，所记先人之遗事。祀者，恩也，克思祖宗之余恩。故水源木本，以此追远之孝。春露秋霜足感祭祀之诚。然古人以礼义分尊卑，今人虽不能遵古之行，而亦不可失其真礼。其然其不然乎？我们富察氏历代以来，族大支繁，散居各处，子孙蕃衍，尚对祭祀不彻底者，非但惹人讥笑，尤恐我族子孙相继更感茫然矣。予甚忧之，是以将祭祀仪注附录，永志不忘云尔。

为后裔者，务要注意以上的各项，此切。

祭仪注择要解释祭祀日，合族大小男子，在屋内祖宗前不准戴帽子。于头一天，令优秀妇女多名，午下刻元米元豆面子，以备做饽饽用。是日午上挑元豆酌量，合族人口办理。

祭祀应用器具等品物用小簸箕一件，笤帚、刷帚、新布一尺，挫左股绳子三条，绑猪嘴用，新三盆一个，浇酒用，好秫秸三根，做梭龙杆子用，铁勺九把，烤猪皮用，木把小铁尖刀一件，筷子二双，其余酌核办理，再临时现做。

吃祭肉规则第一，不放桌子，不使筷子，葱蒜一概不许吃，表示祖宗千年以上时。出征，风餐露宿，适野设谋，马上传令，令简而速，所向皆捷。头一天祭祖，二天祭梭龙杆子。分大小祭祀，大祭十冬腊，小祭七、八、九。大祭用猪，小祭用蔬菜。有屋内从简，用猪一口亦可。

兹详供祖宗板架之原因普通请供一架，坐西向东，供香碟三个，是供三位仙女恩固伦、正固伦、佛库伦。再详祖宗，有随龙从征者，特请祖板二架，供香碟四个，二架共八个，以表献（现）国家之浩恩。详细列下：前三位是三位仙女，加供范察，计四位；次架四位，国祖讳肇祖、兴祖、景祖、显祖是也。有供二架祖宗板，受清朝厚恩不忘的深心耳。

附注大祭祀礼式主祭人择定吉日。头一天下午抓猪绑好，放在祖宗屋外，猪头向东。族中人全脱帽行礼。女子们行举手礼，三作至额角处，起立时不作揖。男子亦不作揖，男子连叩三个一抬头，三回，起立不作揖，名曰凤凰三点头的参礼。此是我们满洲族的长白山千年以上的老古礼也。

祭祀设备须知主祭人日落时，催令合家族人等开办，先将祖前设备齐楚应用一切品物。待星星出全时，取不落地的井水装盆内。人酒三盅，浇猪用，全都备好。令厨下蒸糕，选优秀妇女们作饽饽。供献九碟，每碟九个，头一碟供祖宗板上，其余顺序上献，从北往南上，上齐，叩礼。礼毕少息一小时，合族人食糕。食完抬猪，先将猪身上用新笤帚扫七下，主祭人和合族执猪耳，扶猪走三步，进屋至祖宗前。猪头向外，左耳向上，合族人等全跪下，主祭人用盆中酒水，对正猪耳头眼浇之，猪耳一幌摇，为领牲。族人一齐起全叩头，不拘数，越多越好。礼毕，站起时，向主祭人道喜，宰猪抬厨中退好，割八大块，猪头不算，灌血肠一条。把木资槽盆，放祖宗前，先献猪头，装槽盆中，顺序一一地献上。上一块，用刀片割一薄片，三片亦好。先割猪拱嘴三片，装碗内，供祖宗板上。每上一块割三片，依次装碗上，上齐时，每碗加肉汤三勺，共九碗，祖宗前八碗，由北往南上。上齐时，成一个整猪形。将血肠一条，围猪嘴上，用网油一张，盖在猪头上，木柄小尖刀一把，插猪的左鼻孔中。上齐时，合族行参礼，脱帽叩头为参。礼毕，将猪抬厨下煮熟。祖宗赏下，合族人食肉，此是祭毕矣。食肉时，不准用筷子，以树枝作筷子，以表祖宗出征时候，适野设席，风餐的样子，就地坐席即是露宿的一样。后裔们要知先祖的辛苦，以此之故，才永久存祭祀之诚。

外祭祀仪注式外祭即是祭天，名之曰梭龙杆子。主祭人用好秫秸三根，以绳系九道，立在大门东，前方桌子一张，上供小米、高粱各一碗，以作乌鸦等食。因先祖出征时，被难有救驾好处，报之耳。主祭人将猪令人抬至梭龙杆子前，如屋内祭式一样，左耳向上，主祭人浇酒，猪领牲。合族人一样照屋内行礼道喜。礼毕宰猪剥皮。肉照屋内祭式一样献件子。装碗浇汤和屋一样。惟有猪的皮用豆秸火烤，烤好煮好，盖槽盆上像一个整猪形。合族人等叩礼。礼毕，猪抬厨中煮好，大家食肉。供梭龙杆子桌上的碗中肉片，撮合一堆混合切碎小肉丁，合小米子入锅，煮稀粥一大锅，名曰小肉饭。屋内也作一锅，不许内外乱吃，各在各地场吃。吃完，此是内外两祭全完：令人把猪的喉骨，套在梭龙杆子尖上，把猪的骨全端送到郊外，小米、高粱倒撒大门东边，叫乌鸦、喜鹊等鸟吃。此是报清初时受过众鸟的好处不忘耳。飞禽走兽全有救驾的功能，自古至今不能忘记也。

18.《八旗满蒙氏族通谱》(纳喇氏)序:

国朝自定鼎燕都迄今百八十余年矣，满洲世仆有留于乌拉哈达辉发叶赫永镇者，有从龙神京散拎八旗者，有派拎诸处坐镇者。同宗分处，远隔天涯，虽支派一脉相逢俱莫识，当面谁何矣良堪欢也。况一族散拎八旗甲喇佐领各略而指名为姓，相习日久能识。百十年前同族乎深可畏也。予叨蒙一介微员，上而不敢忘君国，下而不敢违父母，敢云克忠克孝兮。忠不能镇静边疆，孝不能绳其祖武，媿也奚如闲居无聊，偶遇住陵贝子奕（讳）绪者府内有乾隆二十三年御制八旗氏族通谱一书。寔为新奇之卷，予细观之上字鼻祖以迄拎今某族某户代代官级了了其如视诸掌乎，如迷途之指南暗室之夜光，见之喜不自胜，敦请二三知己敬谨抄录以遗后嗣使知百世本支，夜以继日幸而得知矣，是以为序。

东陵赞礼郎兼防御德成额谨识

时道光子年蒲月中浣书

19.《伊尔根觉罗氏家传》先曾祖穆公传:

先曾祖讳穆森泰氏伊尔根觉罗，满洲镶蓝旗人。入京后，隶正黄。世居吉林鸭绿江之西，高祖宣公有子七，公则殿也。取札笏陀氏，生子五，其勇锐半如之。公兄六，皆嗜博，家中落。公以猎糊口，将军挑三音哈哈驻京，公予之，三音哈哈者言好汉也。军虎枪营，以杀虎晋蓝翎常在，贤良门前中五矢，晋三等侍卫，后卫塔尔巴哈台卡伦侍卫。土尔扈特私入卡夺牲畜，先曾祖杀为首者三，参赞以擅杀罪，奏斥之。忧愤卒于边，骨为张义士归，事详以示传以先祖封典。诰封振威将军。

张义士传

义士氏张，宣化人，失其名，先曾祖义子也。幼为鲜民，随其戚之塔尔巴哈壹业梓以为食。先曾祖为卡伦侍卫，使治屋，见其技精而人纯，遂止署以食焉。义士每于上塚时，必具纸与酒，东向叩头而哭。问起故，曰小人早失父母，无从报罔极之恩，是以恸也。一日先曾祖绕庭树独步，欷歔垂涕，至于数四。义士问之，曰吾今苍苍白发，死且无日，虽有五子，皆远在万里外。倘不起，骨遣何人归？义士长跪请曰：小人受恩深且厚，昊天罔极，虽父母爱子不是过。愿拜膝下以代五人劳，肝脑涂地所不惜也。土尔扈特数十人私入卡夺牲畜，先曾祖手刃为首者三，余逃匿。上宪不为功，以擅杀罪，奏褫职。义士怒，立声其冤於官。受杖破皮肉几死。先曾祖既慨无力归，有痛义士受创之为己，五内崩裂至成痼疾。义士侍汤药如所生。乘间问里居墓次，求人书诸袋。先曾祖果不起，义士哭号声四邻，好义者嘉奖其义，出金以为殓，是时也。先祖从军於伊犁，二叔祖以禁门失火遣戍，三四五皆幼。先君则襁褓也。义士悉其状，遂舁先曾祖骨於背以东，投宿无资，夕则置骨於长松古柏间，身为之卫。乞食于途，得食必先祭。边风彻骨，而薄棉仅至骭，若遇雷电，必默祝曰：义父无惊，儿在侧也。徒行万数千里，穷艰极苦，为报一日恩。足茧荒山，血流透履，踰年始达于吾先人之墓次，先曾祖母及三叔祖，含恩感泣，叩头以谢，皆不受，问其名，不告，曰：母已子我矣，何名为？窀穸礼成后，天未明遂去，赞曰：子之事亲兮，当不顾身，不意异姓兮，乃有此义人，置木主而奉祀，以志不敢忘我之心。

20.《碧鲁氏通谱》序：

是岁十月之朔日崇济川太守来持其新修碧鲁氏族谱，而命堉为之序，堉恭考八旗满洲氏族，向有通谱萃八旗各氏，共载有其中初修于雍正十三年乙卯十二月初一日。至乾隆九年甲子十二月初三日奉旨继续修，蒙高宗皇帝亲为制序，内有云八旗龙从凤附之众云合响应，熊罴之士不二心，臣效命疆场，建谋帷幄重以婚姻酬以爵命族姓日繁，不可不继修，令绪凡兹食旧德服先畴者其何以无禶厥绪是则所厚望也。堉读至此不仅豁然欢曰：天恩高厚，覆载帡幪而八旗之沾被绵延信乎，其深自久也。考碧鲁氏为满洲通谱之一姓，其先世有祝襄敏公讳玛拉系镶白旗人，世居叶赫地方，国初来归。率兵征松花江取旅顺口以次而杭州而福建而广东恢复三府三州十八县累功升都统授子爵世袭。同谱中有锡公讳图琥系正白旗人亦以战功擢任骁骑校，子孙繁盛，人才炳蔚，迄今已有二百余年矣。济川为锡公九世孙由九江府任读礼归旗，因念碧鲁氏向无专谱，捐资修刊共若干部，皆其地济堂校勘成书，散诸族众俾德家置一编以资考鉴。夫八旗人文之渊数也，碧鲁氏八旗中之一巨族也，襄敏公者碧鲁氏功首页当国家肇造之处，八旗人才麟麟炳炳如江如汉如霆如雷战必胜攻必克。凡一时效命之士无不争先踊跃慷慨成功。各思建不世之勋以垂远大之绩。今日者海宇设防各国交涉富强之策，随地需材八旗诸公果能卓然奋起如襄敏公其人者以答朝廷培植之恩，以昭先世忠贞之烈，运筹帷幄之中，决胜千里之外。不诚大有人在哉，济川之创氏举以固此意为同族望。而堉亦旷览时之需人兴风会之所向窃谓天下人才之兴始为八旗，望而即为天下望也，故乐序数语以为兴起之券，至其氏族所由始支派所由分均载载谱中，故不复云。

光绪二十二年岁次丙申十月初一日
赐进士出身翰林院庶吉士四品衔礼部员外郎
掌精膳司司务厅印随代加三级山左徐堉恭序

碧鲁氏谱自序：

碧鲁氏为满洲之一姓，氏族载八旗通谱中而碧鲁氏专谱未有也，后每思修辑有志未逮是岁也。后自九江府任乞假归旗，乘此间居捐资刊刻偕弟璞校勘成书。分散族众家置一编以资观感。吾碧鲁氏字先世皆战功卓著，载载旂常迄今二百余年矣，支派繁衍膺官禄者世不法人。天恩如此其厚也，先泽如此其远也，方今天下时事正当需材之秋，凡吾族人当必有奋然兴者。后窃不禁有厚望焉是为序。

光绪二十二年岁次丙申十月二十二日
赏戴花翎三品衔调署江西饶州府事
特授九江府知府随带加六级正白旗碧鲁氏崇俊谨序
赏戴花翎理事同知衔户部南档房委署主事广西司
行走随带加二级正白旗碧鲁氏崇璞恭校

21.《萨克达氏谱书》

大矣哉，我族之垂统亦云旺矣。查《满洲源流考》，仅注萨克达氏苏赛公子孙数人贵显者而已。当明季之时，盗贼蜂起，国纪变迁，人民各处流漓，百姓因而失宗矣。会清朝肇兴先始祖里富哈公，承先人之功绩，得膺第一任防守尉，驻牛庄，遂家焉。

始祖姓萨克达，讳里富哈，择本城东门外台地而葬之，即为立主。始祖之呼，盖本于此，从此，即以里字为姓也。其后族人散居各处，日渐繁盛，遇不相识，识不相亲，疏如陌路。迨清光绪初年，先曾祖纯公，任牛庄八旗委官，有感于斯，知东门外之古墓，系我始祖葬此，碑碣攲侧，半为土覆，出而观之，字迹模糊，略可辨认。当是时也，舍宇连亘，市井繁华，负贩呼叫，游人践踏，叹非佳城之所，因会合族众，提倡聚金，另卜城北三里许河滨而葬焉。并勒石纪念，培植树株，置备司守，制食盒，造祭，使三屯轮流值年，（里家窝堡、邢家窝堡、前望台）。每年十月初，四日，合族人等，佥来致祭，立簿记一本，遵为定例，排列辈行，世守毋移，使族众皆知追远睦族之义。

又念宗支繁衍，远而愈疏，族不求收，宗何以敬，复邀集里家窝堡，邢家窝堡、小望台、鸥立坨子、盖界八家子等处，越县出省者。遣骑详查，编注宗牒经，经年藏事，共纂宗谱多份，按支给存，世守传流，于是宗支之系，可稽考焉。至今数十年来，生齿日繁，分支益多，散居之处，不知凡几。继有族叔广居字止仁者，生性诚朴而好学，经理坟事有年，每当祭日，族人虽众，半不相识，又以宗谱年久失修，遂不惮劳瘁，不避艰辛，奔波数载，调查周实，其用心深且远，矣。于戏！承曾祖之志者，尚有止仁，将来承止仁之志者，不知何人。噫嘻！（俊），长才劣德薄，读书数年，学无一成，曾祖没时，长年甫四周，故见闻未能及时，每闻先伯父松泉公，尝谈曾祖生前仁慈、孝友、忠义、廉明，遐迩驰薯，平生义举之事颇多，长遗忘大半，不能详述。慎终追远，曾子贻训，今人但能慎终，不知追远，哀哉！语云：忠孝传家远，诗书继世长。近来宗族之众，何止千人，于吾个人固有亲疏，然吾祖宗视之均子孙也，俨然大家庭，何有亲疏之别。若夫全国人民分为六族，族有万姓，号称同胞者，示亲爱也。长受族长之致嘱，广居之重托，附以先代之原谱，暨近年之草谱，不揣简陋，勉为应命，经两月余，乃汇集成轶，排列宗支，世世均有秩序。印刷百廿份，按支领存，尚希吾族人众，相亲相爱，并知吾族中之历史。盖始祖以前，世代荒远，无可考稽，始祖以后，源源本本，历历在谱，今特志之，以示后人不忘云尔。

乙亥年十月十一，世孙俊长沐手敬述

世系

舒赛公四子：立升、吉升、布特升、吉尔浑布，三侄：雅鼎、成鼎、齐鼎。(舒赛公)，明万历八，年，子侄八人，由阿扈河，(原注：距宁古塔东南一百二十里)，率领该地民众投效满洲国兴祖帐下，拜护军统领。万历二十一年，因功（即征尼堪外兰及蒙古之功)，官至正白、正红，正蓝三旗督统，经管旗务大臣。天命十年八月卒，葬沈阳城西十里茔地，今有里大人屯。天聪二年追赠建业公。

立升，行一，正蓝旗册，官护军前锋。明万历二十年，征蒙古殉难，无嗣。吉尔浑布后人承祧。

吉升，行二，盛京镶黄旗佐领。天聪五年，随莽古尔泰伐明比月攻破旅顺口，袭山东水路戴明兵，因功保留金州协领，在该城本旗人册档。

布特升，行三，兴京正白旗驻防，世职前锋参议。明万历，二十一年，征蒙古阵亡，无嗣。

吉尔浑布二子：里丰、祝发。(吉尔浑布)，官居兵部员外郎，代管本旗佐领，兼理正红旗协领。天聪二年进关，四年调回福陵，迹归正蓝旗，原先三户当差。聘阿古都督之三女，长女嫁依尔根觉罗氏，次女适于显祖。天命六年收服沈阳，太祖高皇帝封三户国戚。老娘家，翻满语阿克初；姨娘家，翻满语洼哈木。

均在陵上当差。

雅鼎，行一，生二子：长名里兴，官至京师镶白旗都统、热河副都统。在山关战死。

成鼎，行二，官至协领、山东青州府副都统、绥远城将军。

齐鼎，行三，明万历二十年，死在战马场，后人口克丰世袭云骑尉，升锦州镶白旗佐领。乾隆初年，有孝子入祠，续齐鼎后人，但名字模糊不真。现沈阳书院内东正房有孝子牌位可考焉。

里丰，行一，字克明（官居陵上伯堂），三子：松西、里富哈、翁申泰。

祝发，行二，字兴清，官居陵上章京。现今福陵左近地名乱泥洼子，有祝姓一户，是其后裔。

松西，行一，任务笔帖式、陵上祭供章京、陵上总管。子嗣未详。

里富哈，行三。曾驻扎汉山城，后奉命回国防务牛庄、营口等地。迨至顺治二年正月，立旗务，初立四旗，因防杜年久，且熟习地面，即委办地方事件，经管四旗人丁。由外城拨来住防者，均入牛庄册档。复奉御旨：凡有报领旗产，归户部红册纳粮，立牛庄仓，在牛庄征收。报纳贡物、开垦荒田、征各处税课，俱归旗署承办。所有一切粮钱，兵丁人命，学科廪费及各处赏项等等花销，熔收尽放，剩有盈余，解到盛京供副。康熙二十一年经明喜请添四旗，共八旗，改为防守尉经理旗务，免一切冒加浮费，同县官一体，教化善政，不口推重攀轻，统以地方为要。

翁申泰，行三，官至正蓝旗护军校，后到辽阳城负责防御。现在辽阳市城南八卦沟姓翁的是其后人。

始祖里富哈（茔地在牛庄北关沙河西南），二子：富里丹阿、乌尔当阿（略）。

22.《索绰罗氏谱书统宗》原序：

客有问余：何为而集谱书也？余应之曰：此编一成，上之可以追述先人，下之可以流传后世。凡人皆宜重本源，况我满人，尤宜郑重，而不容遗忘也。

回溯我先祖自长白山，遂（随）我朝太祖高皇帝创业东方，乾坤一统，圣祖仁皇帝将我先祖，自京拨往盛京岫岩以来，迄今三百余年，族大户繁，考诸世系而不得其详，即询诸父老，不过略述梗概，究未深悉其由来，详说其支派，余每留此事问之，不禁怅然。于是稽查册档，一一详集。此编庶几，世虽远而根抵可考，户即繁而支派编清，非好劳也。但欲集成谱书，延及后裔，皆知重本原也云尔。

清朝光绪十五年岁在乙丑桂月上旬延亭庆春自序。

祭祀

安祖宗方位章程。佛满洲安祖宗，在上屋西墙上。并立两分，每分木头香碟两个，西墙北边安索绳口袋，小香碟子一个，么镇箭一根，带线麻编索绳长三丈二尺，拴五色绸条。祖宗架长一尺八寸，中宽八寸，条宽八分，厚六分，板长尺一寸，宽六寸，厚八分，香碟长四寸，宽一寸六分，高二寸二分，小香碟长二寸二分，宽一寸二分，高一寸六分，大蒙子一块，黄色长三尺六寸，宽三尺六寸，小蒙子一块，亦黄色长二尺八寸，宽一尺二寸。

院内中官后安天地神位，上香之处安天地杆子一根，高七尺二寸，加锡斗子，出头露尖，影壁也可长六尺六寸，高六尺六寸。

祭祀应用的器具。单高桌一张、长炕桌一张、方盘一个、围盘四块、大锅一口、酒壶两把、大酒盅六个、小酒盅六个、筷子六双、大碗八个，五寸碟子十个、小碟四个、元米一斗、元米酒一罐、烧酒一瓶，祭猪三口、鹅一只，无鹅猪羊也可。一祭祀前二日，不准宰杀，不煎炒，用元米一斗，在先祖堂前，用净水过清。第二日压面，所有上用的家器洗净。

至祭日起早，西炕上放桌一张，桌后放净枕头两个，将小蒙子蒙在枕上。桌上放六双快子，六个大酒盅，斟元米酒，香碟全放桌上，上达子香，春用豆面饽饽，夏用菜叶饽饽，秋冬均用年糕。饽饽蒸好时，装八碟：皂神一碟、索柱妈妈一碟、祭桌上六碟。家主率众行礼三次，如用羊一只，进屋内请南边头香碟，家主举往羊头上按三按，腰按三按，尾按三按，香燻羊打鼻涕为接，宰羊下锅。煮熟时，每分三刀切为片肉六碗，其余按件摆在桌上全供，左蹄含口，贯（灌）血肠，将满肚油蒙羊头上，左肋叉刀。家主率众行礼，换酒三次，全撤，第四次收留。大家吃肉不放桌，放圈盘哈元米酒，不哈烧酒。使羊亦然。如使鹅往上举三举插翅为接，宰鹅下锅。煮熟，第一碗装义乌，第二碗翅膀，第三碗腰节骨，第四碗胸脯肉，第五碗头，第六碗爪，每碗血肠一节，四碗收礼同。

午后西炕放桌一张，桌后悬大蒙子，桌上放六双筷子，六个小酒盅斟烧酒，上香，蒸好饽饽装九碟：皂神一碟、索柱妈妈一碟、留背灯一碟、桌上六碟。用净水一碗放桌下，换酒行礼三次。用猪一口，进屋请牲，每盅酒往猪耳内灌，耳动为接，宰猪下锅。煮熟，贯（灌）血肠。放高桌，按件摆主，左蹄含口满肚油蒙头，左肋叉刀，换酒行礼三次。用北头香碟一个，饽饽一碟，大蒙子包上酒盅一个，全放高桌上，抬在房门后，背灯用人在桌旁换酒三次，拿蹄骨扔地下，家主行礼，明灯将桌抬回，全撤。大家吃肉喝烧酒。

第二日还愿，碟子三个，高桌一张，碗、筷子、锅、刀、板、水、火柴，户应用的家器一并齐出。在天地前高桌桌上小米子一碟、吹泡苦胆一碟、上线香。在院西安锅、用猪一口，包皮不贯（灌）血，按件各要小分，左边长肋两根。右边短肋三根、连头整派、按骨三刀、将小分下锅。煮熟时，切为肉丝两碗，小米饭两碗，筷子四双。拿索子骨套天地杆子上，小肉丝、长短肋两砘，均供天地杆前，行礼一次，撒小米子，礼毕。大家吃小肉饭，不哈酒。饭后燎猪皮，大肉进屋煮熟，不供同吃，将骨拿了送天地前，用毛纸叠三角三个，火燎杆子，一根将纸挟上，每人全擦，将杆子洗碗水一并送出。

第三日换索，在西炕北角放桌、小香碟一个、净水碗一个、装瓜尖苦胆碟一个，箭一支、小酒盅一个斟烧酒。坊门外东边立柳枝一个，毛纸一张裁条，挂柳枝上，拉索绳拴在柳枝上。屋里行礼一次，将桌抬出放在柳枝下，用猪一口，在桌前请牲，一盅耳动为接。宰猪下锅，贯（灌）血肠，肉熟，按件，每分三刀，共合一处，分为两碗，小米饭两碗，筷子四双，供在祭桌上，肉按件摆上。行礼一次，将箭转三转，四碗每碗拨出一点，归一碗用，外人在门旁等，全搭进屋内，叫他在外吃。吃完将碗放在门外，三日后拿碗，礼毕。全撤，桌立西炕上，本家吃肉，不给外人吃。吃（完），收缩绳，将洗碗水、扫地土、柳枝一并送出。

23.《那氏族谱》序言：

吾叶赫那拉氏构远祖奇玛瑚从龙入关，九子分支，有随入北京者，有于沈阳、辽阳、开原、复州、熊岳各城驻防而以为家，不相往来。而吾先祖羊山公，为远祖第九子，亦即于此时以凤凰城南占地卜居而为家焉。累代相传，枝叶繁庶，今已十余世矣。以前记事类皆满文，而记载亦多简略，更以满人一入仕途，即随官姓，如汪尔塔之后人改姓王，并官姓亦不以其字矣。胜清乾隆朝相国明珠本叶赫那拉氏，而其子成德则名为纳兰，改拉为纳兰，音同字不同，此又一例也。吾友三多将军自称系叶赫那拉氏，杭州驻防，联为同宗，而其旗则蒙古镶黄，是又同宗不同旗之一例也。吾寓北京十余年，常遇叶姓之人，询其哈拉（满语以姓为哈拉），则云叶赫那拉，遂即联为同宗，此又一例也。总之满文失传以后，欲寻求宗谱已无可考稽，是前人即无师程，不妨自我作古。吾宗兄庆奎年逾，六十，家居无事，探虑代远年湮，所有祖宗遗留之规矩礼法渐至失传，湮没无闻，乃发起修谱。宗弟庆铎等实赞成之，乃追溯羊山公以下世系表，坟墓图以及冠婚丧祭各仪注叙述一编，虽不能成为信史，而使后人知其来由，自以继往古，而来开也，亦不过礼失而求诸野之意云尔。

自序

凤凰城正蓝旗泰口佐领下，佛满洲系叶赫那拉氏，于清康熙中叶，拨往凤凰城正蓝旗驻防，故于城南六十里石柱子占地为家。吾祖第三世那郎阿原系骁骑校，复南迁六十里至今凤城县六区蓝旗村，迄今已历二百余年矣。查我先人除人仕途外，余者非习弓马，即垂钓行猎，是以往事毫无记载。余以为再逾数百年，恐后世子孙即先人之坟墓、姓名，亦难得知，故余费数年之收集搜索遗注，追根寻底，尽余所知稍有微末，是以编成族谱，以备后世子孙有所考证。

[伪] 康德十年岁次癸未孟春，那寿山自序
于蓝旗屯山头本宅

叶赫那拉氏羊公墓表

饮水思源，受恩图报，而况始迁之祖，其坟墓所在，虽代远年湮鞠为茂草，而报本追远之思岂有既哉！吾乡郡氏为叶赫嫡派，本姓那拉。清初有奇玛瑚者随世祖章皇帝人关，隶正蓝旗满洲，生子九人，其季讳羊山，于康熙中拨往凤凰城驻防。遂携次子那郎阿卜居于城西南六十里石柱子东沟，殁因葬焉。长子彦图里官侍卫，留京后数年，彦土（图）里子黑色，随叔防御郎阿复南迁六十里，至今之六区界蓝旗堡，遂定厥居，迄今已十世近二百载，户数十，丁口数百，虽无大显贵者而历世簪缨绵延不绝。今人民国犹有膺任职者，斯后正方兴未艾。惟其裔孙庆奎等不忌（忘）报本之意，祭扫之余，因念道里隔绝，惧先祖坟垅年久失修，松柏时虞斩伐，加以人事变迁，朝代更易，复阅数百载，恐为耕犁所及，牛羊所践踏，有不知此地昔为谁氏之墓者，遑问其名字，思及此不禁怆然兴感，遂纠合族人醵金伐珉。乞余为文表诸幕前，以告后世为永久之纪念云。

清生员东海札库他氏张瑞山拜撰
凤城五区通远堡居氏卢广敬书
中华民国十二年旧历十一月穀旦立

24.《凌云堂白氏事宜录》

夫我始祖护军校崇厄力公，生我二，世祖兄弟五人，于清康熙二十六年拨驻防于盛京岫岩。屈指以清康熙二，十六年至民国十年，共历二百二十余年，固子孙振振，和气绵绵，莫不称庆。惟年延日久，杂居异地，往来疏通，名讳不一，渐至长幼失序，甚或见面，而弗知其为谁者。念虑及此，因

清光绪八年执斋公同瑜霭轩叔侄二人，创修十六部，分给各支，使世世知长幼尊卑，制序井焉。迨至民国十年，又历四十余载，支派既多，迁居各方，世代既远，族大支繁，或迁居湮没而不传，或涣散紊乱而失序，遂大家公议续修谱书五十部，分给各支。以近年祭田余资，作修谱书之费。仅将伯宁之孙五十七之次子文秀公，子子孙孙五百余口，详细填注，方为完善。是以各份自带男支女氏名目清底填注谱书，以励族谊，可谓孝矣。夫国有史知兴失，家有谱所以昭世系、明统宗也。故老泉苏氏有云：人家三世不修谱，则同小人矣。

我族籍隶岫东，派分长白，年湮代远，几有疎典忘宗之虞。故援古证今，除华崇实，以远论则出手长白满洲，以近论由康熙二十六年拨驻防于岫岩世居焉。今历十一世，名登仕版，世代书香，不乏其人。驯至瓜瓞绵绵，子孙振振，繁衍已久，名字难齐，复详加考证，俾支分派别，一日（目）了然，是为序也。

盖闻一年计莫若树谷，十年计莫若树树，百年计莫苦树人。诚哉，树人之言，乃传家至宝也。试详言之，今我族虽已重修谱纂字，设亲族会，严整家规，以振家声，实外表修而内心未治也。既有英华发外，未必和顺积中，而欲树人谋百年计，岂可得乎？夫法矩于外，教化于心，圣人之道以教心为上，凡我族欲树人造幸福，急宜各立家教，按日早晚定钟点，会长幼，讲道德，说仁义，择四书五经之经言，选诸家家语、家训并孝经烈女传等，使一家男女长幼耳浴目染，因成风俗，岂非予万世造幸福之基耶了？噫！我族中君子，果恒依法兴教，其一家长幼，或至五伦悖逆，而不上和下睦，终迄王家败祀者，岂理也哉！选此忠言，敬告族人，如有不信，请尝试之。后人有志，幸勿坠废，是所厚望焉，云云。

以十二世至三十世命名，拟定二十字列左（下）：

国锡恩承厚家兴庆有余

平安生盛世作善学吉人

清光绪八年，首倡创造人景亮率侄瑜瑞，造修十六部，分与各支。今续修五十部，每支领一部。

续修发起纂修人：瑜瑺、瑜瑞

赞助人：瑜珂、瑜琅、瑜瑭、瑜玱、瑜瑛

监修人：廉方

校阅人：廉燧

誊录人：瀛润

民国十年春重修

又序

吾白氏满洲人也。北有长白，是吾故里，清太祖在此发祥，招服满洲，编立八旗。吾白氏编入正黄旗黑太佐领下，至顺治元年定鞠燕京，吾先祖从龙人入关，传至崇厄力，生我二世祖兄弟五人。康熙二十六年拔驻防于盛京岫岩，隧世居焉。崇厄力公长子罗起，世居哨子河大岭后白家堡子；次托起，世居哨子河南正沟（一名教场沟）；保喜世居哨子河南黄旗沟、岭沟、北沟等处；保住无后，五失名回京。保喜系护军校崇厄力之三子，生子五：长伯宁、次伯寿、三常保、四常住、五保山，墓在哨子河街东北岭沟沟口。伯宁公生子四人：长九尔、次五十三、三五十七、四小兵。于前清乾隆五年二月伯宁公主分居，同亲友将洋拉寨房地一份作为一股，凭阄分抓与九尔名下管业；哨子河南黄旗沟房地一份作为二股，凭阄分抓与五十三、五十七人名下管业；小兵公元后嗣。后伯宁公卒葬于黄旗沟口东山麓阳宅房后。五十七公生群住，于乾隆三十三年十二月二十日又生文秀公。乾隆五十五年正月二十日群住公、文秀二人分居，群住公分得老房东头二间、仓房一间、西沟地一分、西山底下地一份，房前房后之地两股均分。文秀公凭阄分得老房西头二间、门楼一间、李家坟头地一处、上沟庙西山地一处。自分居之后，文秀公因无地耕种，于嘉庆十三年开垦庙西沟荒场，历年积蓄。群住公同长子艾青阿、三子郡青阿，于嘉庆二十五年二月十八日奉文，由岫岩本旗播册携眷赴双城堡去讫，次子无后葬于祖茔北扎栏外。至光绪八年九十有三载，五世同居，论人百有五十余口，产业已积百万之多，租粮约有三千余石。因人口众多，房基窄小，无处修房，遂公议于是年三月按三股阄分，三支小股亦阄分各立门户。

长支分得典买各地价三拾万零三千一百八十四吊四百文。按七股分劈：长曰耕读堂，分得大岭后张家堡子潮沟西中院，典买各价四万二千五百六十二吊；次曰成善堂，分得大岭后张家堡子潮沟西东院，典买各价四万二千二百四十吊，后因被回禄，迁居潮沟东买房居住；三曰积善堂，分到娘娘城，因系典契未去，遂在大岭后白家堡子买地修房居住，典买各价四万二千五百二十吊；四曰富有堂，分在老宅东院，典买各价三万八千二百五十四吊四百文；五曰玉山堂，分得大岭后张家堡子潮沟西西院，典买各价四万二千三百四十七吊；六曰永善堂，分到唐家隈子河西，典买各价四万二千六百四十六吊；七曰崇善堂，分到娘娘城，因系典契未去，遂自在二道河子买田宅居住，典买各价四万二千五百一十五吊。

次支分得典买各价三拾万零八千五百二十七吊九百文，按五股均劈，每股摊地价六万一千六百二十五吊。长曰永和堂，分到唐家限子来去，在大岭后白家堡子买田产居焉；次曰云德堂，分到哨子河街；三曰宝善堂，分到大岭后白家堡子；四曰庆云堂，分到大岭后白家堡子东头；五曰同云堂，分到黄旗沟大东园子。

末支分得典买各价三拾万零五千二百三十八吊一百文，照四股分劈，每股摊地价七万六千三百吊有奇。长曰福善堂，分到马道沟；次曰同善堂，分到唐家隈子等处，居住黄旗沟前房子，买刘永丰之产；三曰锡福堂，分到黄旗沟老院；四曰福庆堂，分到黄旗沟大西院。

各领各产，各守各业，为此详注，以志不忘。至于老分单分书三本，各存各支。析居之后，执斋公羡有谱书可以知支派，遂创修谱书十六部。每股领一部，诚善事也。然迄今已四十余年，支派既多，迁居各方，在谱书者可知支派，未在者不可考也。遂大家公议续修谱书，详细填注方为完善，以近年祭田余款作为费项。然而遗漏别文（支），实属不备，而连及外支，实难详考。仅将伯宁之孙五十七之次子文秀公子子孙孙图谱，详细填注，是为序也。

民国十一年春

重修于岫岩永裕堂石印局

25.《马佳氏族谱》是谱四卷首一卷，马延喜修，民国十六年（1927）京华印书局铅印本，五册。书名据版心题，序题：满洲马佳氏第三次续修族谱；版心下题：京华印书局刷印。十行二十三字，四周双边，黑口。始祖马穆敦初居嘉里库，辽中马佳地方，故以为氏弟格恩特衣留居原处费莫地方，因以费莫为氏，皆同族。马佳氏为满族镶黄旗。是谱名人谱：（1）图海（？—1681），清满洲正黄旗，马佳氏，字麟洲。第三世五祖第九代。清顺治时任内秘书院学士，迁弘文院大学士、议政大臣。康熙即位，授本旗都统。《清史稿》卷二五一有传。（2）绍英（1811—1877），字越千，第三世三祖第十四代孙，清宣统初，度支部侍郎，内务府大臣。其事迹《清史稿》卷三七五有载。

26.《他塔拉氏家谱》，（清）魁升修，民国三年（1914）石印本，八册一函，乌丝栏，线装。书开本为325mm×215 mm，每册封面质地为生宣裱糊染蓝，左侧有“吉林他塔喇氏家谱”竖读篆书签名，系朝墉手迹，右侧为每册篇目标签。卷首印有“吉字元号”的版权页，标明系吉林印书局印制。包括：他塔喇氏源流考、家谱序（有谈国桓、成多禄等名臣序跋）、谱系表、舆图（吉林省全图、双城府分图、额穆县属分图、黑龙江全图、龙江府分图）、坟茔图、敕命、家谱小传等。

迁始祖为贝楞额，太祖朝随穆坤达罗屯来归后族散布宁古塔，康熙十年（1671）移住吉林隶满族镶红旗二领居城西北七十五里大唐家屯。是谱名人谱：魁升（1862—?），是谱主修者，字星阶，系他塔拉氏十三世孙，清光绪三十三年（ 1907）曾任管理黑龙江财政事务官员，民国后，任吉林省省长。此谱又在1989年，由张晓光整理，中国社会科学出版社出版影印、铅印本。此书后附《（吉林）他塔拉氏家谱》人名、地名索引，使用快捷、便利。

27.《满洲正黄旗修乌雅氏本支谱》是清光绪抄本，分三册：谱一卷、家传一卷、坟图一卷。（清）佚名修编。乌雅氏先祖居住在乌雅滩，所以居住地名作为家族姓，后来搬迁到乌拉哈达一带生活，归入满洲正黄旗。支谱乌雅世系记载到清光绪二十六年（庚子）。支谱中记载的名人有：（1）官保（？—1776），乌雅氏族八世孙，字用民，号师泉，先后担任副都统、工部侍郎。历任正红旗蒙古、满洲都统，理藩院、刑、户、吏部尚书，协办大学士，谥号“文勤”。《清史稿》卷三四九有其传记。（2）万宁（1733—1809），乌雅氏族九世孙，号咸斋，历任内阁中书、山西按察使，贵州布政使，江西布政使，太常寺卿通政使司通政使，都察院左副都御使。《清史稿》卷一八七、二〇三记述了其事迹。（3）凝德（1741—1800），号厚菴。官保子。历任蓝翎侍卫，銮仪舆卫治仪正、冠军使等职。《清史稿》卷三四九有其传记。

28.《钦赐瑚旺济雅尔氏谱系》未分卷，抄本。清乾隆满福抄录。共三张，用满、汉两种文字书写。一张上写：康熙十三年（1674）瑚旺济雅尔氏先人们奉旨归入满洲镶蓝旗，后清皇帝钦赐其为瑚旺济雅尔氏。另一张记载的是原沈阳三家铺人哈兰吉彦苏尔氏的谱系。

29.《爱新觉罗宗谱》是谱为伪满洲国康德间铅印本，七册。书名据书名页题，是谱为清代皇室谱系，谱以甲、乙、丙、丁、戊、己、庚名册。

先世发祥于长白山东布库哩山下之布勒瑚里池。甲册文宗、宣宗、仁宗、高宗、世宗、圣祖、世祖、太宗位下世系，乙、丙二册太宗位下世系，丁册显祖位下世系，戊、己、庚三册景祖、興祖位下世系。

30.《玉牒》，为清代皇室谱系，未分卷。清内府抄本，七册。前六册记录的是宣宗、文宗两系谱，从清嘉庆年间开始记录，至宣统元年。第七册记录的是宣宗皇帝后的奕、载、溥三代的谱系，从宣宗长子奕纬开始记载，到溥伟截止。

31.《马佳氏宗谱文献汇编》，马熙运辑。影印本，一册。1993 年马熙运据民国十七年汉文铅印本四修，1995 年河北燕赵乡音杂志社印刷厂影印出版。始祖，（明）穆敦、（明）黑德莫尔根，始迁祖，（清）阿兰泰，平装本，今藏于中国民族图书馆。

32.《八旗氏族通谱辑要》，不分卷，（清）阿桂等辑，清抄本，宫纸局抄本。一册，始祖，（清）爱新觉罗，线装本，今藏于中国民族图书馆。

33.《八旗满洲氏族通谱》，（清）鄂尔泰等纂，清乾隆九年（1744）内府刊本。《通谱》凡为满汉文各一部，记述八旗满洲各氏族源流。所载氏族，凡满洲分瓜尔佳氏等640姓，附载满洲旗分内蒙古235姓，唯不收皇族爱新觉罗氏。编撰体例以姓氏为纲、地名、人名为目，详载各氏族得姓之由、原籍故里、源流世系、归附年月。记载满族氏族源流最为详备，于东北赫哲族、达斡尔族、鄂温克族、鄂伦春族、锡伯族等民族先世与迁徙编旗过程也有涉及，是考究明清之际东北民族分布于满族历史的重要史籍。

乾隆武英殿本《四库全书》本。1989年辽沈书上据武英殿本影印，末附“姓氏人名索引”。今藏于内蒙古大学图书馆、中央民族大学图书馆。

34.《清皇室四谱》，唐邦治辑。民国十二年（1923）上海聚珍仿宋印书局排印本，二册，始祖，（清）布库里雍顺，始迁祖，（明）爱新觉罗·都督孟特穆，线装本，今藏于中国民族图书馆。

35.《右翼近支旗第四族宗室黄册》，不分卷，清宗人府编（清宗人府黄档房抄本）。一册，下限至宣统十二年（1921），始祖，自奕字辈行三至启字辈行一，线装本，今藏于中国民族图书馆。附注：内有黄档房印章。

36.《吉林成氏家谱》十卷，成多禄辑。清宣统二年（1910）石印本，二册，始迁祖，（清）凤鸣，字岐山，七世始迁吉林乌拉城。附注：封面、书名页所题之书名，书口所题《成氏家谱》。线装本，今藏于中国民族图书馆。

37.《正红旗满洲哈达瓜尔佳氏家谱》，六卷首一卷末一卷，（清）恩龄修。清道光二十九年（1849）刊本，八册，始祖，费佶勇公，讳英东开，始迁祖，（清）尼雅济布，（1）瓜尔佳氏一百有二派；（2）六大门分别为阿炳安、阿炎阿、琳昌、塞得立、吴达善、纳英阿；（3）姓遵钦定八旗氏族通谱（正文以门分卷，自五代始立六大门）。线装本，今藏于中国民族图书馆。

38.《曹氏宗谱》（五庆堂重修），不分卷，（清）曹氏纂修。1990年5月北京燕山出版社影印本，一册，始祖，（明）良臣，谥安国公，始迁祖，（明）俊，家族名人，（清）曹雪芹，附注：（1）四房十二世与十三世列有曹雪芹祖辈及父亲名字，至十四世有曹天佑，待考。（2）金州、海州、盖州、辽阳、广宁、宁远俱有分住。线装本，今藏于中国民族图书馆。

39.《八旗满洲氏族通谱》，（清）吕炽等纂，雍正十三年（1735）刻本。本书共收录满洲姓氏637种，蒙古姓氏235种，汉军及高丽姓氏272种，对满洲、蒙古、汉军八旗各氏族谱系姓氏做出考证。内容包括满、蒙、汉八旗人物的姓氏、旗籍、支系、同族祖先、传略始归、世职、居住地等情况。

40.《马氏族谱》（辽宁本溪），不分卷，马燕山纂修，一册，清道光年间一修本，据1984年续修本编辑出版，始祖，（清）马连通、（清）马连达，始迁祖，（清）马国庶，原谱书世系未载入本书。马氏原籍山东登州府栖霞县马家营。见《本溪县满族家谱研究》，平装本，今藏于中国民族图书馆。

41.《尹氏宗谱》尹永荣主编，2006年9月出版，236页，平装本（原谱长3.6米、宽2米，多处破坏）。该谱由尹氏后代隆化县教师尹永荣自2004年开始，历时两年修撰而成，从其堂弟尹永龙家传二百年的《尹氏族谱》据雍正十三年（1735）所立《地亩当（档）册》，民国初年承德县知事手谕、分家单、营业执照以及乾隆晚期至民国年间买卖典租土地合同等为依据，又经访问亲门近支，寻根探祖，搜集资料，续写成书，文字与口碑相互印证，具有很强的历史价值和真实性。为研究承德满族历史、文化、经济、政治、民俗等诸多方面提供了珍贵的资料。

42.《开国佐运功臣弘毅公家谱》，不分卷。清乾隆稿本，共十二册，书中还粘贴浮签，用墨笔修改过。

该谱包括家谱序、凡例、谱引、弘毅公家传、弘毅公谱国史馆弘毅公别传、国史馆三代合传、实录内所载弘毅公勋绩、吏部旧籍所载弘毅公自述文、圣祖仁皇帝追赐一等子爵敕书、世祖章皇帝敕建碑文、圣祖仁皇帝御制碑文。

本谱记录世系十三世，本支谱后，又以堂兄、堂侄房支系单独成册，成《弘毅公堂兄房谱》《弘毅公堂侄房谱》。

卷前《家谱序》阐明修谱的目的："绍述前修，昭明世系"，记录先人之"骏烈鸿献”，以及“所有祖宗之世系子姓之骈繁以及官阶事迹”，使“百世下如亲见之”。

家谱中的凡例规定了修谱准则，共二十三条，从谱的书写格式到入谱的内容等都作了说明。其中的一些准则，在其他民族家谱中没有出现过，也突破了汉族修谱的传统。第一，重名要根据长幼尊卑的原则晚辈要改名。第二，女子可以嫁娶方（男方）的官职爵位入族谱，如满洲蒙古汉军某氏，任何职，娶本族某女等。而女子未婚的，只写生女的数量。第三，如果很年轻就死亡的，如果要进入家谱，必须曾娶过妻子，但没有孩子的，也没有或继承官的，可以记录在谱图中，排在其父母名后，另入世次。另外，没有娶妻室，也没有做过官，很小就死亡，埋葬时也没有坟的不可入谱。第四，收养（过继）的男丁可以入谱，在收养者名后写明收养几子。第五，无子的，但别的族人的子孙为其奉祀的，入谱时要写清楚谁是奉祀者。

43.《他塔喇氏家谱》，不分卷，乾隆元年奇宝修，嘉庆十六年至十八年（1811—1813）诺敏重修。抄本，共十册。卷前有奇宝修谱所著的序、诺敏所作的跋。

家谱包括三部分：祖茔图、各支世系图、《八旗满洲氏族通谱》。祖茔图中有东北先祖的祖茔图、北京新的祖茔图；各支世系图包括始祖各长孙的世系图。家谱记载，始祖硕启原最早在塔拉城居住，后来移居到扎库木，隶属于正白旗，共育有五子。

44.《叶赫那拉氏世系生辰谱》，清叶赫那拉那淳编撰，抄本。生辰谱主要记载编者高祖胡锡布至祖兴葆三代人，以及其父亲常钧妻妾、子女等情况。

45.《家乘绀珠》，花沙纳撰，清咸丰年间抄本。八行二十字，白口，单鱼尾，四周双边。钤“花沙纳”等五印，记事到光绪九年。正黄旗乌米氏，始迁祖白勒克图。

46.《叠膺芝诰》，花沙纳撰，清道光二十四年（1844）稿本。八行十九字，白口，单鱼尾，四周双边。钤“花沙纳”印。正黄旗乌米氏，始迁祖诺门达赉。

47.《正白旗满洲叶赫那拉氏宗谱》崇秀等续修，清同治九年（1870）抄本，满汉合璧。此谱记录了叶赫那拉氏族世系及源流，包括明珠、苏克萨哈及慈禧太后。始祖为土默特·星根达尔汗。

48.《满洲正白旗碧鲁氏通谱》三卷，清崇俊纂修，清光绪二十二年（公元1896年）完成，木刻印本。现收藏于辽宁省沈阳市满族文化研究会等处。始祖为镶白旗人祝玛拉，世居叶赫地方。

49.《抚顺地方满族佟佳氏佟氏世系谱牒》（民国）佟兆元续修，该谱《盛京（今沈阳）地方满族佟佳氏佟氏世系谱牒》《直隶乐亭地方满族佟佳氏佟氏世系谱牒》等作为“别录”记入《谱》内。始祖为（后金）巴虎忒各慎。

三、朝鲜族家谱题录

1.《金海金氏派谱》为朝鲜族金海金氏京派家族的世谱，由金应用修撰，2卷，共158页，约1.7万字。正文前有5张先祖墓图、谱序和凡例。金姓为朝鲜族的第一大姓氏，以朝鲜古代驾洛国始祖金首露王为都始祖，以十三世孙新罗金庚信为中始祖，以下分为98个派系。其直系宗派为：以高丽朝的金牧卿为中始祖的金海金氏京派、以其弟金益卿为中始祖的金海金氏四君派、以金管为中始祖的金海金氏三贤派等三派。《金海金氏派谱》为金海金氏京派家族的世谱，记录了中始祖金牧卿后的43代世系，为铅印线装本，汉文，1927年4月在吉林省龙井印制，原保存于吉林省龙井市德新乡河北村农民、金海金氏京派第四十八代世孙金钟敏家，现收藏于吉林省延边朝鲜族自治州龙井朝鲜族民俗博物馆。

2.《善山朴氏世谱》为朝鲜族善山朴氏家族的世谱，由朴允信修撰，共2卷，汉文，约1.8万字。正文前有4张祖先墓图和谱序、凡例。朴氏以新罗开国始祖王朴赫居世为都始祖。善山朴氏的始祖为朴善敏，是新罗景明王的长子密城大君朴彦忱的二十二世孙，以善山为籍贯。他的曾孙朴崇原为朝鲜王朝的领议政，后被发配到咸京北道明川而世居，因而朴崇的后孙以他为中始祖，以善山为本贯继承了世系。该族谱记载了从始祖朴善敏，包括中始祖朴崇以下21代世系，为铅字线装本，1928年9月在吉林省龙井印制，原保存于吉林省原和龙县龙水乡文化站职工、善山朴氏第二十三代世孙朴达成家，现收藏于吉林省延边朝鲜族自治州龙井朝鲜族民俗博物馆。

3.《关北江陵崔氏世谱》为朝鲜族江陵崔氏关北派家族的世谱，由崔峙亿修撰，2卷，共798页，约2.9万字。正文前有5张祖先墓图、凡例和谱序。崔氏是历史悠久的朝鲜民族大姓，其中的江陵崔氏为高丽初期从庆州崔氏分籍的派系，将高丽时期太祖的驸马、曾任大卿的崔欣奉为始祖。崔欣奉的第十二代世孙崔立子为建立李朝立了大功，被封为江陵君，因而形成了江陵崔氏的另一派系。关北指现在朝鲜的咸镜北道一带。崔立子儿子崔安海后定居于咸镜北道庆兴而成为世族，他的后代开始崔安海为始祖，以关北为本贯，延续了关北江陵崔氏家族。该《关北江陵崔氏世谱》记载了自江陵崔氏关北派的始祖崔安海以下30代世系，为铅字线装本，汉文，1939年11月在吉林省龙井印制，原保存于吉林省和龙市东城乡兴城村村民、关北江陵崔氏第三十二代世孙崔钢铁家，现收藏于吉林省延边朝鲜族自治州龙井朝鲜族民俗博物馆。

4.《颍阳千氏明川通谱》为朝鲜族颍阳千氏明川派家族的通谱，由千泰雄修撰，2卷，共220页，约1.6万字。正文前有《颍阳千氏明川花山君墓图》等5张墓图和年号、谱序、凡例。颍阳是古地名，位于中国河南省登封县（现为登封市）东。颍阳千氏始祖千万里，号思庵，原为中国明朝的武臣，1592年“壬辰倭乱”时，以领粮使兼总督将，随明朝援军入朝鲜，参加了抗倭战争。战后留朝，定居于明川，被封为花山君。他的后孙以他为始祖，以明川为本贯，延续了朝鲜族颍阳千氏明川派的族系。该《颍阳千氏明川通谱》记载了从始祖千万里以下16代世系，为铅印线装本，汉文，1939年8月在吉林省龙井印制，原保存于吉林省原和龙县东城乡红星村村民、颍阳千氏明川派第十八代世孙千昌淳家，现收藏于吉林省延边朝鲜族自治州龙井朝鲜族民俗博物馆。

5.《旌善全氏世谱》为朝鲜族旌善全氏家族的世谱，4卷，由全忠宣修撰，共376页，约2.6万字。正文前有34张祖先墓图、谱序、凡例。全氏的18个派系都以百济建国十功臣之一的欢城君全聂为都始祖。旌善全氏的始祖为都始祖全聂的第八世孙、新罗兴德王时被封为旌善君的全 。《旌善全氏世谱》为旌善全氏公认的正统族谱，记载了从始祖全 以下50代世系，铅印线装本，汉文，1918年在吉林省龙井印制，原保存于吉林省和龙市八家子镇居民、旌善全氏第五十二代世孙全泰虎家，现收藏于吉林省延边朝鲜族自治州龙井朝鲜族民俗博物馆。

6.《海州石氏族谱》为朝鲜族海州石氏族谱，由石光先修撰，2 册，共 640 页，约 19 万字。朝鲜族石氏以中国明朝穆宗时曾任兵部尚书的石星为始祖。朝鲜“壬辰倭乱”时，他积极主张派出援军。后来他的儿子石潭移居朝鲜，定居于黄海道海州，朝鲜王封他为首阳君，并赐海州为贯，他的后孙便以石星为始祖，以石潭为中始祖，以海州为本贯，延续了世系。该族谱收录了多次修谱的序、跋和 10 张先祖墓图、碑文及石氏各支派世系等，特别详细地记载了海州石氏始祖和重要历史人物的事迹以及中始祖石潭以下第四十六代世系，为铅印线装本，汉文，1908 年 9 月在辽宁省沈阳印制，现收藏于辽宁省沈阳市苏家屯区石龙德家。

7.《温阳孟氏派谱》为朝鲜族温阳孟氏家族的派谱，由孟景益修撰，1 册，99 页，约 1.2 万字。朝鲜族孟氏为中国古代孟子的后裔，在《孟古佛政丞》中有“东方之孟，自中国出来”的记载，但其迁入朝鲜的年代，尚未详考。孟子的五十世孙孟尤铉，在高丽元宗时期曾任过国子监，他的三子孟理曾任过侍中，被封为新昌伯。所以，朝鲜孟氏以孟子为都始祖，以孟理为第一始祖，本贯为新昌。温阳孟氏是从新昌孟氏中分籍而立的派系，以孟子的五十四世孙、孟理的曾孙孟希道为中始祖。孟希道在高丽末期任过典校副令，以孝著称。面对高丽末期混乱的政界，他毅然辞职，回到故乡温阳五峰山下。他的后孙为纪念他的孝心和品德，以他为中始祖，取温阳为本贯，分籍为温阳孟氏。该《温阳孟氏细各派谱》前有一张先祖墓图、年号、谱序及作者孟景益撰写的序文，还详细记载了中始祖孟希道以下 39 代世系，为铅印线装本，汉文，1917 年在吉林省龙井印制，原保存于龙井县（现为龙井市）德新乡崇民村村民、温阳孟氏第四十一代世孙孟宋律家，现收藏于吉林省延边朝鲜族自治州龙井朝鲜族民俗博物馆。

8.《水原白氏族谱》为朝鲜族水原白氏族谱，由白原编纂，共 2 卷，共 210 页，约 6 万字。朝鲜民族白氏的先祖白宇经是唐代苏州人，新罗宣德王元年（公元 870 年）迁入朝鲜定居，成为白氏的始祖，以水原为本贯。该族谱不仅记述了朝鲜水原白氏本是中国唐代白居易的后人，因避安史之乱而东渡朝鲜后定居、繁衍的过程，而且记录了白氏后人在 20 世纪初又迁至中国，成为朝鲜族的家族史，为线装木刻本，汉文，保存完好，现收藏于辽宁省桓仁满族自治县白永勋家。

9.《延日承氏族谱》为朝鲜族延日承氏族谱，由承天一编纂，58页，约1.8万字。谱序中写道：延日承氏“本自中国而来，鼻祖讳宫，琅琊人也，隐居蒙山，克葆潜德，及王莽之乱，浮海而东，止于鸡林之地，延日之有承姓，盖始此也”。该谱前有历次修谱、序言及跋等，为木刻线装本，汉文，1747年10月印制，保存完好，现收藏于辽宁省本溪市明山区胜建街张德玉家。

10.《义城金氏赞成事公派家谱》为朝鲜族义城金氏赞成事公派的族谱，由金钟修撰，约1.5万字，以新罗国王金阏智为都始祖，以金阏智王的二十八世孙敬顺王金傅的第五子金锡为始祖，记录以高丽赞成事金成丹为中始祖而形成的赞成事公派世系。该家谱记述了始祖金锡到金钟的25代世系，并特别记述了19世纪末，该家族因朝鲜半岛动乱，不得不渡过鸭绿江，到中国辽宁省桓仁县居住的艰难经过，为铅印线装本，于1949年11月26日印制，保存完好，现收藏于辽宁省本溪市明山区胜建街张德玉家。

11.《全州李氏家乘》为朝鲜族全州李氏孝义公系家乘，由李重馥修撰，1册，46页，约1.2万字。全州李氏是朝鲜王朝的王姓，以新罗文圣王时，曾任司空的李翰为始祖，以建立朝鲜王朝的太祖李成桂为中始祖，自始祖到第十八代世孙李安社一直世居在全州，故称其姓氏为全州李氏。本家乘是与茂林君派同源的族谱，记述了本支李氏的分派、籍贯、人物事迹，并记录了中始祖李成桂以下46代世系，为铅印线装本，1777年12月印制，保存基本完好，现收藏于辽宁省新宾满族自治县旺清门镇李志新家。

12.《居昌金氏族谱》为朝鲜族居昌金氏家族的族谱，由金庆昌修撰，2卷，共220页，约9万字。朝鲜族居昌金氏的始祖是古宁伽倻王金首露，古宁伽倻国古址是现在的居昌，所以，他的后孙以始祖的发祥地而取本贯为居昌，但无法详考始祖以后的世系，以其后孙金宗悌（德源君）为中始祖，延续了世系。本族谱记载了始祖金首露王、中始祖金宗悌、一世祖金世珣以下29代世系，为铅印线装本，1944年印制，保存完好，现收藏于辽宁省桓仁满族自治县八里甸子镇金世焕家。

13.《铁原金氏族谱》为朝鲜族铁原金氏族谱，由金亿龄修撰，1 册，88 页，约 2.6 万字。朝鲜族铁原金氏的始祖金应河是安东金氏中始祖金方庆的十二世孙，出生于朝鲜江原道铁原郡，25 岁武科及第后，历任庆源判官、三水郡守、北虞侯等，公元 1619 年在“萨尔浒大战”中阵亡。翌年，明神宗追赠他为辽东伯，朝鲜朝廷追赠为领议政。他的后孙从安东金氏分籍，以金应河为始祖，以他的世居地铁原为本贯，延续了金应河以下 43 代世系，为线装木刻印本，汉文，1861 年印制，保存完好，现收收藏于在辽宁省新宾满族自治县金根浩家。

14.《海州卢氏族谱》为朝鲜族海州卢氏族谱，由卢舜政等修撰，3 卷，共 284 页，约 8.5 万字。朝鲜族卢氏有九大派系，都始祖为卢穗，中国范阳人，公元 755 年为避“安史之乱”，带 9 个儿子到朝鲜定居。其后 9 个儿子以他为都始祖，各得贯祖，形成了九个卢氏派系。本《卢氏族谱》为海州卢氏族谱，始祖为卢始宪。该族谱初修于嘉庆己巳年（1809），续修于光绪元年（1875），略记了光山卢氏的都始祖卢穗和以下 14 代先祖，详细记载了得贯祖卢始宪以下 23 代世系，谱注详细可靠，为铅印线装本，汉文，保存较好，现收藏于辽宁省大连市卢忠恩家。

15.《白川赵氏大同谱》为朝鲜族白川赵氏家族的大同谱，1 册，80 页，约 3.2 万字。白川赵氏的始祖为中国人赵之遴，因避战乱东去朝鲜半岛，世居于黄海道白川，从而以白川为本贯，延续了族系。该大同谱记载了白川赵氏的族源、始祖行绩、分派等，还记录了始祖以下 33 代世系，为铅印线装本，汉文，1886 年印制，保存基本完好，现收藏于辽宁省新宾满族自治县赵万善家。

16.《居昌刘氏世系》为朝鲜族居昌刘氏世系谱，1 册，8 页，约 4000 字。居昌刘氏的始祖刘荃是汉高祖的四十一世孙，在宋朝官至兵部尚书，于 1082 年以八学士的一员到高丽后，世居于庆尚道迎日郡。他的长子刘坚规被封为居陀（居昌的旧名）君，后孙以刘坚规为始祖，以居昌为本贯。该世系记述了始祖刘坚规的行绩、墓地及始祖以后 26 代世系，同时，还记述了他的后孙在光绪年间迁入中国兴京县的苦难历史，为线装手写本，汉文，1906 年 4 月修，保存完好，现收藏于辽宁省新宾满族自治县金顺子家。

17.《丰基金氏族谱》为朝鲜族丰基金氏族谱，由金亿龄修撰、金钟植写序，6卷，共440页，约22万字。朝鲜族丰基金氏的始祖是金崇元，在高丽王朝时期历任嘉善大夫、汉城府右尹，五卫都总府副总官，后来退隐丰基，以士族世居，便以丰基为本贯，形成了朝鲜族丰基金氏。该族谱主要记述了丰基金氏始祖金崇元的事迹，收录了丰基金氏始祖以下42代世系，为线装铜版印本，光绪三十年（1904年）正月印制，保存完好，现收藏于辽宁省新宾满族自治县金根浩家。

18.《庆州郑氏世谱》为朝鲜族庆州郑氏族谱，由郑志心修撰，1册，90页，约1.3万字。郑氏以新罗六村之一的珍支村村主任、后来由新罗国始祖王朴赫居世赐姓郑氏的智伯虎为都始祖，以高丽时期历任金紫光禄大夫、平章事等要职的郑珍厚为得贯祖，以庆州为本贯，延续了世系。该族谱在序言中叙述了郑氏世系分派和迁徙、庆州郑氏的形成过程及历史人物事迹，其后，详细记录了得贯祖后37代世系，为铅印线装本，汉文，光绪三十二年（1906）印制，保存较好，现收藏在辽宁省新宾满族自治县新宾镇郑锡崇家。

19.《金海金氏家谱》为朝鲜族金海明川金氏的家谱，由金在荣修撰，2册，共245页，约3.6万字。金姓为朝鲜民族的第一大姓氏，金海金氏以朝鲜古代驾洛国始祖金首露王为都始祖，以十三世孙新罗金庾信为中始祖，以下分为98个派系。金海金氏四君派的后孙金明福北迁到咸镜北道明川后，其后孙以他为中始祖，分籍为明川金氏。该《金海金氏家谱》为朝鲜族明川金氏的家谱，前有6张先祖墓图、序文、年谱、凡例等，还详细记载了从都始祖金首露王，包括中始祖金明福在内的62代族系，为铅印线装本，汉文，光绪三十二年（1906）十一月在吉林省龙井印制，保存完好，现由吉林省延边州博物馆收藏。

20.《密阳朴氏族谱》为朝鲜族密阳朴氏族谱，由朴亨夔修撰，4册，共201页，约2.9万字。该《密阳朴氏世谱》前有先祖墓图和修撰人朴亨夔撰写的序文，还详细记载了都始祖朴赫居世以下包括始祖朴彦忱的66代家族谱系，先后于1908年7月和1916年4月在吉林省龙井印制，为铅印线装本，汉文，原保存于吉林省图们市月晴乡杰满村村民、密阳朴氏第六十八代世孙朴纯协家，现收藏于吉林省延边朝鲜族自治州龙井朝鲜族民俗博物馆。

21.《密城朴氏世谱》为朝鲜族密城朴氏的族谱，由朴用顺修撰，1册，40页，约9 000字。朴氏以新罗国始祖朴赫居世王为都始祖，其二十九世孙景明王的长子朴彦忱被封为密城（密阳的古名）大君，他的后孙以朴彦忱为始祖，以密阳为本贯。密城朴氏是密阳朴氏的一派系，以密城大君朴彦忱的第十三代世孙朴陟为中始祖。该《密城朴氏世谱》前有5张先祖墓图和年号、谱序及序文，还详细记载了始祖朴彦忱以下26代家族谱系，1908年7月在吉林省龙井出版，为铅印线装本，汉文，1921年7月又在沈阳印刷出版，原保存于吉林省蛟河县（现为蛟河市）拉法乡先锋村村民、密城朴氏第二十八代世孙朴日禄家，现收藏于吉林省延边朝鲜族自治州龙井朝鲜族民俗博物馆。

22.《咸平李氏宗谱》为朝鲜族咸平李氏家族的宗谱，由李熏修撰，1册，48页，约2万字。咸平李氏的始祖是李彦，高丽光宗时任神武卫大将军，封为咸丰（咸平的古号）君，所以，他们的后裔便以咸平为本贯，延续了族系。本宗谱记载了咸平李氏的族源、始祖的行绩、派系和始祖以下27代世系，还特别记述了第二十六代世孙李庚宪，于1822年从朝鲜全罗道咸平郡迁来中国，定居于辽宁省桓仁县横道川巨户沟的经历，为铅印线装本，汉文，民国三年（1914）二月印制，保存完好，现收藏于辽宁省桓仁满族自治县横道川巨户沟李氏家。

23.《清州金氏世谱》为朝鲜族清州金氏金四知系的世谱，由金秉翰修撰，1册,69页，约1.2万字。清州金氏为朝鲜民族金氏的一支派系，他们有三个派系，其一为以新罗敬顺王的第六子清州君金锭为始祖的金锭系；其二为以李朝初金夏通为始祖的金夏通系；其三为以新罗敬顺王的第七子金鐥的第十五代世孙金四知为始祖的金四知系。该《清州金氏世谱》为清州金氏金四知派系的族谱，前有6张先祖墓图和作者金秉翰撰写的序文，记载了清州金氏金四知系的始祖以下46代家族世系，为铅印线装本，汉文，1915年5月在吉林省龙井印制，原保存于吉林省和龙县头道乡民胜村农民、清州金氏金四知系的后代金容海家，现收藏于吉林省延边朝鲜族自治州龙井朝鲜族民俗博物馆。

24.《金海全氏派谱》为朝鲜族金海全氏的派谱，由全汉秀修撰，2卷，共158页，约1.8万字。全氏的不同派系（共18派系）都以百济建国十功臣之一的欢城君全聂为都始祖。金海全氏是以欢城君全聂为始祖的天安全氏中分籍的一支派系，以高丽时的全智为始祖。族谱前有7张先祖墓图、凡例及序文，记录了金海全氏的始祖全智以下31代家族谱系，为铅印线装本，汉文，1915年7月在吉林省龙井印制，原保存于吉林省龙井县（现为龙井市）德新乡河北村农民、金海全氏第三十四代世孙全命喜家，现收藏于吉林省延边朝鲜族自治州龙井朝鲜族民俗博物馆。

25.《平泽林氏族谱》为朝鲜族平泽林氏的族谱，由林瑞雾修撰，3卷，共297页，约2.9万字。林氏有30个派系，以林八及为都始祖。林八及是中国唐末的翰林学士，受奸臣诬陷，东渡到新罗国定居做官，形成平泽林氏族系。该《平泽林氏族谱》前有12张先祖墓图、谱序、年号、凡例和修撰者林瑞雾撰写的序文，还详细记录了都始祖林八及以下平泽林氏37代家族谱系，为铅印线装本，汉文，1916年在吉林省龙井印制，原保存于吉林省龙井县智新乡船口村农民、平泽林氏第38代世孙林行焕家，现收藏于吉林省延边朝鲜族自治州龙井朝鲜族民俗博物馆。

26.《全州林氏世谱》为朝鲜族全州林氏家族的世谱，由林应瑞修撰，2卷，共197页，约2.6万字。林氏以中国唐末的翰林学士林八及为都始祖，有30个派系。高丽初的忠贞公林彦修的四子林世味移居全州，他的后孙以他为中始祖，以全州为本贯，分籍为全州林氏。该《全州林氏世谱》前有16张先祖墓图、谱序、凡例和的序文，还详细记录了都始祖林八及，包括中始祖林世味以下的全州林氏36代家族谱系，为铅印线装本，汉文，1915年9月在吉林省龙井印制，原保存于吉林省龙井县智新乡船口村农民、全州林氏第三十九代世孙林正焕家，现收藏于吉林省延边朝鲜族自治州龙井朝鲜族民俗博物馆。

27.《蔚珍张氏富宁派谱》为朝鲜族蔚珍张氏富宁派族谱，由张翊炯修撰，5册，共605页，约9.8万字。朝鲜民族张氏以高丽建国功臣，被高丽太祖王建封为三韩壁上功臣、三重大匡、太师的张贞弼为都始祖。张贞弼的先代为中国人，于新罗末期迁入朝鲜。蔚珍张氏的始祖张末翼在高丽靖宗时，曾任户部尚书、门下侍中、平章事、上柱国，被封为蔚珍府院君，所以，他的后孙以张末翼为中始祖，以蔚珍为本贯而延续世系。该派谱为蔚珍张氏的后孙于李朝中期，移居咸镜北道富宁郡而分籍的富宁派的族谱，前有9张先祖墓图和张翊炯撰写的序文，还详细记录了始祖张末翼以下共46代世系，为铅印线装本，汉文，1915年9月在吉林省龙井印制，原保存于吉林省龙井县德新乡石门村农民、蔚珍张氏富宁派第四十二代世孙张景昊家，现收藏于吉林省延边朝鲜族自治州龙井朝鲜族民俗博物馆。

28.《铁原金氏族谱》为朝鲜族铁原金氏族谱，由金秉柱修撰，1册，52页，约1.5万字。记载了铁原金氏家族的都始祖新罗上洛君、忠烈公、敬顺王和始祖金应河事迹、铁原金氏家族迁徙、发展、分派情形与重要人物传记以及始祖金应河35代世系，特别记载了其后孙金正男一家迁入东北，定居辽宁新宾县的历史，为铅印线装本，汉文，1916年8月在吉林省龙井印制，如今在辽宁省新宾满族自治县新宾镇。

29.《密城孙氏世谱》为朝鲜族密城孙氏族谱，由孙文辰修撰，9册，共548页，约7.8万字。密城孙氏的始祖为孙顺，在新罗时期以大孝子而出名。该世谱前有5张先祖墓图和孙文辰撰写的序文，还详细记载了始祖孙顺以下51代家族世系，为铅印线装本，汉文，1916年2月在吉林省龙井印制，原保存于辽省沈阳市苏家屯解放街居民、密城孙氏第二十六代世孙孙浩明家，现收藏于吉林省延边朝鲜族自治州龙井朝鲜族民俗博物馆。

30.《罗州金氏族谱》为朝鲜族罗州金氏族谱，由金永国修撰，6册，共478页，约8.7万字。罗州金氏是新罗金阏智王系的一个派系。新罗第五十六代王敬顺王的孙子金云发曾任门下侍中，被封为罗州君，后来他的子孙以罗州为本贯，以金云发为始祖。该《罗州金氏族谱》前有12张先祖墓图、年号、谱序、罗州金氏始祖生平、罗州金氏分派录、罗州金氏乡贯、教旨、历代世系事迹、凡例十二条等，还详细记录了从始祖金阏智到金云发的31代、罗州金氏始祖金云发以下35代世系，为铅印线装本，汉文，1916年5月在吉林省龙井印制，1989年4月在吉林省延吉市兴安乡农民、罗州金氏第三十八代世孙罗成辉处征集，现由吉林省延边州博物馆收藏。

31.《海州吴氏世系派谱》为朝鲜族海州吴氏世系派谱，由吴应讷修撰，1册，57页，约1万字。朝鲜民族吴氏的鼻祖吴瞻为中国浙江人，于公元500年东渡到新罗，定居于咸阳。他的二十四世孙吴贤辅于1216年因征讨契丹军有功，被高丽朝封为海州君，因而，他的后孙以吴贤辅为始祖，以海州为本贯。但是，该《海州吴氏世系派谱》是以吴贤辅的孙子、曾任高丽检校军器监的吴仁裕为第一始祖的。族谱纸文前有5张先祖墓图、年表及谱序，还详细记载了始祖吴仁裕以下29代家族世系，为铅印线装本，汉文，1916年5月在吉林省龙井印制，原保存于吉林省延吉县依兰乡高胜村农民、海州吴氏的第31代世孙吴明浩家，现收藏于吉林省延边朝鲜族自治州龙井朝鲜族民俗博物馆。

32.《三陟金姓族谱》为朝鲜族三陟金氏的族谱，由金裕成修撰，1册，124页，约2.1万字。金姓以朝鲜古代驾洛国始祖金首露王为都始祖，以第13代世孙新罗金庾信为中始祖，以下分为98个派系，朝鲜族三陟金氏为其中一派，以新罗景顺王第八子金锤（一善君）的儿子金渭翁为始祖。金渭翁在高丽朝曾尊为三韩壁上功臣，官至检校司农兼大夫上柱国、左丞相，封为悉直（三陟的古名）郡王。他的后孙以他为始祖，以三陟为本贯，分籍为三陟金氏，延续了家系。该《三陟金姓族谱》前有8张先祖墓图、谱序、年谱、凡例等，还详细记载了始祖以下34代家族的世系，为铅印线装本，汉文，1916年8月在吉林省龙井印制，1984年1月在延吉市新兴街第三委居民、三陟金氏第三十六代世孙金东烈处征集，现由吉林省延边州博物馆收藏。

33.《阳川许氏世谱》为朝鲜族阳川许氏家族的世谱，由许兴东修撰，1册，132页，约2.6万字。许氏的始祖许宣文是金首露王第三十代世孙，世居于阳川。高丽太祖王建征伐百济时，因军粮不足，军队士气低下。许宣文向高丽太祖提供军粮，军队恢复士气，打败了百济军。因许宣文有功，高丽太祖赐阳川为其食邑。后来他的子孙以阳川为本贯，以许宣文为始祖，延续了阳川许氏的族系。该《阳川许氏世谱》前有5张先祖墓图、谱序、凡例，还详细记录了始祖许宣文以下34代世系，为铅印线装本，汉文，1917年5月在吉林省龙井印制，1989年4月在吉林省和龙县德化乡农民、阳川许氏第三十六代世孙许英豪处征集，现由吉林省延边州博物馆收藏。

34.《罗州罗氏世谱》为朝鲜族罗州罗氏家族的世谱，由罗昌植修撰，1册，72页，约1.2万字。朝鲜民族罗氏分为罗州罗氏、安定罗氏、寿城罗氏、定山罗氏、锦城罗氏等派，但都以罗富为始祖。罗富原为中国宋朝的豫章人，后迁入朝鲜全罗道罗州定居，曾任高丽朝监门卫上将军，因而，他的后孙以他为始祖，以罗州为本贯，形成了朝鲜族的罗州罗氏。该族谱前有 6 张先祖墓图和年号、谱序、凡例，并记载了始祖罗富以后的 19 代谱系，为铅印线装本，汉文，1917 年 8 月在吉林省龙井印制，原保存于吉林省龙井市老头沟镇敬老院职工、罗州罗氏第二十一代世孙罗昌杰家，现收藏于吉林省延边朝鲜族自治州龙井朝鲜族民俗博物馆。

35.《金宁金氏世谱》为朝鲜族金宁金氏的族谱，由金锡夏修撰，3 册，共 255 页，约 2.8 万字。金宁金氏是金阏智王系庆州金氏中分籍而立的一个派系，以金阏智王的第三十九代世孙金时兴为始祖。金时兴原为庆州金氏，在高丽仁宗时，因平定“妙清之乱” 时立功而被封为金宁君。他的后裔便以金时兴为始祖，以金宁为本贯。该族谱前有 6 张先祖墓图和年号、谱序，还详细记载了始祖金时兴以下 41 代家族谱系，为铅印线装本，汉文，1918 年元月在吉林省龙井印制，原保存于吉林省龙井市吉胜街居民、金宁金氏第四十一代世孙金仁龙家，现收藏于吉林省延边朝鲜族自治州龙井朝鲜族民俗博物馆。

36.《安东金氏族谱》为朝鲜族安东金氏族谱，由金国源修撰，2 册，共 196 页，约 3.8 万字。安东金氏属于金阏智王系，以金阏智的第二十八代世孙敬顺王的孙子、曾任平章事的金叔承为始祖，以高丽时期的名将，封为上洛君开国公的金方庆为中始祖。该《安东金氏族谱》前有 3 张先祖墓图、年号、谱序等，还详细记载了始祖金阏智以下，包括中始祖金方庆的 67 代家族谱系，为铅印线装本，汉文，1918 年秋在吉林省龙井印制，原保存于吉林省龙井县朝阳乡朝阳村村民、安东金氏第六十九代世孙金龙水家，现收藏于吉林省延边朝鲜族自治州龙井朝鲜族民俗博物馆。

37.《平康蔡氏族谱》为朝鲜族平康蔡氏族谱，由蔡奎韵修撰，6 册，共 375 页，约 8 万字。朝鲜民族蔡氏始祖蔡松年是高丽时期的政治家，历任枢密承宣、大将军、门下侍郎、平章事等职，后被封为平康君。他的后孙以他为始祖，以平康为本贯，延续了平康蔡氏的族系。该《平康蔡氏族谱》前有 10 张先祖墓图、年表和序文，并详细记载了始祖蔡松年以下共 29 代家族的谱系，为铅印线装本，汉文，

1918 年 12 月在吉林省龙井印制，现收藏于吉林省延边朝鲜族自治州龙井朝鲜族民俗博物馆。

38.《池氏北派谱》为朝鲜族忠州池氏北派家族的谱牒，由池龙海修撰，1 册，124 页，约 1.1 万字。朝鲜民族池氏的始祖池镜，字云号，号严谷，为中国弘农人。公元 960 年以宋朝太学士身份东渡朝鲜，官至金紫光禄大夫太保平章事。他的六世孙池宗海世居忠州，赐官为门下侍中平章事，受封为忠原伯。因而，他的后孙以忠州为本贯，以池镜为始祖，立籍为忠州池氏而延续了家族。池氏北派是以到朝鲜北部曾任瑞兴府使的池继灌为中始祖的派系。该《池氏北派谱》前有 4 张先祖墓图、谱序、年谱、凡例和修撰者池龙海撰写的序文等，还详细记录了始祖池镜以下池氏北派的 46 代谱系，为铅印线装本，汉文，1920 年 9 月在吉林省龙井印制，原保存于朝鲜族著名画家池喜濂家，1954 年寄赠予延边大学图书馆，现由吉林省延边朝鲜族自治州博物馆收藏。

39.《海州吴氏关北派世谱》为朝鲜族海州吴氏关北派家族的世谱，由吴允默修撰，2 册，共 306 页，约 4.1 万字。朝鲜民族吴氏以新罗智证王时期（公元 500—512 年），从中国移居到新罗的吴瞻为都始祖。后来吴瞻受命回中国，他的二子吴膺仍留在咸阳生活。其后，吴膺的第十二代世孙吴光佑回到中国。高丽文宗三十年（1076），吴光佑的玄孙吴延龙到朝鲜定居，成为朝鲜民族吴氏的中始祖。吴延龙的六世孙吴守权的三个儿子吴贤辅、吴贤佐、吴贤弼等在高丽高宗时，击退契丹入侵有功，分别封为海州君、同福君、宝城君，从而分籍，各被推崇为海州吴氏、同福吴氏、宝城吴氏的始祖。海州吴氏的始祖吴贤辅为鼻祖吴瞻的第 24 代世孙。该《海州吴氏关北派世谱》前有 4 张先祖墓图、谱序和修撰者吴允默撰写的序文、年谱、凡例等，还详细记载了始祖吴贤辅以下 31 代家族的谱系，为铅印线装本，汉文，1921 年 5 月在吉林省龙井印制，原保存于吉林省汪清县西城子乡东明村村民、海州吴氏关北派第三十三代世孙吴相任家，现收藏于吉林省延边朝鲜族自治州龙井朝鲜族民俗博物馆。

40.《密阳朴氏礼判公派泉洞谱》为朝鲜族密阳朴氏礼判公派泉洞族谱，由朴显秀修撰，2 册，共 386 页，约 3.9 万字。朝鲜民族朴氏以新罗国始祖朴赫居世王为都始祖。朴赫居世王的二十九世孙、景明王的长子朴彦忱被封为密城（密阳的古名）大君，他的后孙以朴彦忱为始祖，以密阳为本贯，分籍为密阳朴氏。该《密阳朴氏礼判公派泉洞谱》，为密阳朴氏密城大君的第二十代世孙朴铉迁入咸镜北道后分籍形成的，以朴铉为中始祖的礼判公派的世系。该族谱前有6张先祖墓图、年谱、凡例和修撰者朴显秀撰写的谱序等，并记载了从始祖朴赫居世王，包括中始祖朴铉的64代世系，为铅印线装本，汉文，1921年11月在吉林省龙井印制，保存完好，1984年10月，在和龙县芦果村村民、礼判公派后裔朴殷用处征集，现由吉林省延边朝鲜族自治州博物馆收藏。

41.《延安李氏世谱》为朝鲜族延安李氏太子詹事公派家族的世谱，由李顺孝修撰，1册，126页，约3.1万字。朝鲜民族延安李氏以中国唐高宗时的中郎将李茂为始祖，他作为苏定方的副将来新罗，在平定百济时立下大功，被封为延安侯而定居于延安府。因而，他的后孙以延安为本贯，延续了延安李氏家族。后来，延安李氏分籍为10个派系。该《延安李氏世谱》为以李袭洪为始祖的“太子詹事公派”的族谱，前有4张先祖墓图、谱序、凡例和修撰者李顺孝撰写的序文，还详细记载了始祖李袭洪以下32代家族谱系，为铅印线装本，汉文，1922年8月在吉林省龙井印制，原保存于黑龙江省密山县（现为密山市）黑台朝鲜族中学教师安炳哲家，现收藏于吉林省延边朝鲜族自治州龙井朝鲜族民俗博物馆。

42.《镇川金氏世谱》为朝鲜族镇川金氏家族的世谱，由金恒穆修撰，4册，共381页，约4.8万字。镇川金氏原属于金阏智王系以新罗武烈王五世孙金周元为始祖的江陵金氏，其始祖为金斯革（1320—1382年），字文蔚，号节亭，出生于镇川。他在高丽朝历任东北面行营兵马副使、判中枢院事、杨光道上元帅等职。金斯革死后，他的子孙以他为始祖，以他的出生地镇川为本贯，从江陵金氏中分籍，另立镇川金氏派系，并延续了家族。该《镇川金氏世谱》前有年号、谱序及修撰者金恒穆撰写的序文，还详细记录了都始祖金阏智以下包括始祖金斯革共64代家族谱系，为铅印线装本，汉文，1922年9月在吉林省龙井印制，原保存于黑龙江省穆棱县（现为穆棱市）河西乡普光村村民、镇川金氏第六十六代世孙金正镐家，现收藏于吉林省延边朝鲜族自治州龙井朝鲜族民俗博物馆。

43.《全州金氏世谱》为朝鲜族全州金氏家族的族谱，由金弼铉修撰，11 册，共 598 页，约 7.4 万字。朝鲜民族全州金氏与金阏智王系的庆州金氏是同源，以新罗敬信王的九世孙金台瑞为始祖。他在高丽五代朝中历任三司守太尉、枢密院副事、上将军、吏部尚书、门下侍郎平章事、宝文阁大提学等职，被封为全州君。后来金台瑞的后孙以他为始祖，以全州为本贯，从金阏智王系庆州金氏中分籍，成立了全州金氏派系。该族谱前有 52 张先祖墓图和年号、谱序及修撰者金弼铉所撰写的序文，还详细记载了始祖金台瑞以下 45 代家族的谱系，为铅印线装本，汉文，1923 年 9 月在吉林省龙井印制，原保存于吉林省汪清县百草沟镇百草沟村村民、全州金氏第三十二代世孙金昌斗家，现收藏于吉林省延边朝鲜族自治州龙井朝鲜族民俗博物馆。

44.《全州郑氏世谱》为朝鲜族全州郑氏家族的世谱，由郑　朝修撰，2 册，共 119 页，约 2.6 万字。朝鲜民族郑氏以新罗六部村村主任之一的智伯虎为元祖。智伯虎在新罗建国中有功，被新罗始祖王朴赫居世封为乐浪侯，赐姓郑氏。全州郑氏是从延日郑氏中分籍的一派，始祖郑元兴，号石玉，是高丽时期曾任吏曹判书的郑碏的三子，在高丽睿宗时任掌隶院决事，后因谗言被流放于全州而定居。他的后孙以他为始祖，以全州为本贯，延续了全州郑氏的世系。该族谱前有 2 张先祖墓图、年号、谱序及修撰者郑　朝撰写的序文，还详细记载了始祖郑元兴以下共 34 代家族谱系，为铅印线装本，汉文，1923 年 12 月在吉林省龙井印制，原保存于吉林省图们市月晴乡马牌村农民、全州郑氏第三十六代世孙郑哲范家，现收藏于吉林省延边朝鲜族自治州龙井朝鲜族民俗博物馆。

45.《东莱郑氏派谱》为朝鲜族东莱郑氏家族的派谱，由郑宣祚修撰，2 册，共 120 页，约 2.1 万字。朝鲜民族东莱郑氏以郑之远为始祖。郑之远出生于东莱，而他的后代也世居于此，所以，他的后裔以东莱为本贯，分籍另立了东莱郑氏派系。该《东莱郑氏派谱》前有年号、谱序及修撰者郑宣祚撰写的序文，还详细记录了始祖郑之远以下 34 代家族谱系，为铅印线装本，汉文，1925 年 6 月在吉林省龙井印制，原保存于吉林省图们市月晴乡杰满村村民、东莱郑氏第三十六代世孙郑龙珍家，现收藏于吉林省延边朝鲜族自治州龙井朝鲜族民俗博物馆。

46.《朝鲜族统谱》为20世纪20年代延边地区朝鲜族姓氏统谱，由朝鲜族反日爱国文人尹昌铉修撰，1册，120页，约2.2万字。该统谱前有年号、谱序及修撰者尹昌铉撰写的序文，还详细介绍了当时在延边地区居住的150多种朝鲜族姓氏的渊源，并记录了各个姓氏中历代出现的著名文人、爱国名将等人物，以此反对日本帝国主义强行吞并朝鲜后鼓吹的“日韩同祖同根论”和日帝野蛮的殖民奴化教育，同时，告诫朝鲜族人民明确自己的血统，保持反日爱国民族气节，为铅印线装本，汉文，1925年6月在吉林省龙井出版发行，保存较好，对研究朝鲜族宗法制传统文化和朝鲜族反日斗争史有文献价值，原保存于吉林省图们市月晴乡杰满村村民全龙和家，现收藏于吉林省延边朝鲜族自治州龙井朝鲜族民俗博物馆。

47.《密阳朴氏礼判公派泉河谱》为朝鲜族密阳朴氏礼判公派家族的族谱，由朴昌和修撰，5册，共931页，约16.4万字。朝鲜民族朴氏以新罗国始祖朴赫居世王为都始祖。朴赫居世王的29世孙景明王的长子朴彦忱被封为密城（密阳的古名）大君，他的后孙以朴彦忱为始祖，以密阳为本贯，分籍为密阳朴氏。密阳朴氏的礼判公派，是以高丽时期曾任礼曹判书的朴天佑为中始祖的分派之一。该《密阳朴氏礼判公派泉河谱》前有年号、谱序及修撰者朴昌和撰写的序文，还详细记载了密阳朴氏的始祖朴彦忱以下，包括礼判公派中始祖朴天佑等55代家族谱系，为铅印线装本，汉文，1925年6月在吉林省龙井印制，原保存于吉林省龙井县（现为龙井市，下同）勇新乡勇泉村村民、密阳朴氏礼判公派第五十八代世孙朴昌活家，现收藏于吉林省延边朝鲜族自治州龙井朝鲜族民俗博物馆。

48.《开城金氏世继卷之全》为朝鲜族开城金氏家族的族谱，由金行瑞修撰，1册,70页，约1.3万字。朝鲜民族开城金氏原属于金阏智王系，以新罗敬顺王的四子金锡为始祖的义城金氏。后来，金锡的八世孙金公瑀的三子金龙珠，在高丽文宗时文科及第后，在征伐女真的战争中立功而封为开城君。后来，金龙珠的后裔以他为始祖，以开城为本贯，从义城金氏中分籍为开城金氏，并延续了家族。该《开城金氏世继卷之全》前有年谱、谱序与修撰者金行瑞撰写的序文，还详细记录了始祖金龙珠以下32代家族谱系，为铅印线装本，汉文，1925年6月在吉林省龙井印制，原保存于吉林省龙井县朝阳乡太平大队农民、开城金氏第三十四代世孙金官铉家，现收藏于吉林省延边朝鲜族自治州龙井朝鲜族民俗博物馆。

49.《骊阳陈氏世谱》为朝鲜族骊阳陈氏家族的族谱，由陈锡洪修撰，1卷，47页，约9000字。朝鲜民族骊阳陈氏是以高丽时期的将军陈宠厚为始祖的。陈宠厚的先祖是中国宋代曾任右尹的陈琇，于高丽时期迁入朝鲜，隐居在骊阳的德阳山下。他的后代陈宠厚在高丽朝历任虎贲卫大将军和神虎卫大将军，被封为骊阳君。因而，他的后孙以他为始祖，以骊阳为本贯，延续了朝鲜族骊阳陈氏的族系。该世谱前有5张先祖墓图和修撰者陈锡洪撰写的序文，还详细记载了始祖陈宠厚以下31代家族的谱系，为铅印线装本，汉文，1925年在吉林省龙井印制，原保存于吉林省龙井县光新乡胜地村村民、骊阳陈氏的第三十三代世孙陈哲山家，现收藏于吉林省延边朝鲜族自治州龙井朝鲜族民俗博物馆。

50.《晋州姜氏世谱卷》为朝鲜族晋州姜氏家族的世谱，由姜仁成修撰，6卷，共284页，约3.1万字。朝鲜民族的姜氏除晋州姜氏外，还有衿川、安东、白川、海美、同福、光州等六个本贯，但都以晋州姜氏为唯一的族本，是以高句丽二十六代婴阳王时期的兵马都元帅姜以式为都始祖的。该世谱前有2张先祖墓图和修撰者姜仁成撰写的谱序，还详细地记载了都始祖姜以式以下56代家族谱系，其中重点记录了不同历史时期著名的姜氏人物，为铅印线装本，汉文，1925年6月在吉林省龙井印制，原保存于吉林省龙井县光新乡胜地村村民、晋州姜氏的第五十八代世孙姜孟云家，现收藏于吉林省延边朝鲜族自治州龙井朝鲜族民俗博物馆。

51.《广州金氏族谱》为朝鲜族广州金氏家族的族谱，由金斗彦修撰，3册，共315页，约3.9万字。朝鲜民族广州金氏是金阏智王系的一派，以金禄光为始祖。金禄光是敬顺王金傅的第五子金锡的七世孙，在高丽时期被封为广州君，受赐广州为食邑。因而，他的后孙以金禄光为始祖，以广州为本贯，延续了广州金氏的族系。该《广州金氏族谱》前有1张先祖墓图和年号、谱序及修撰者金斗彦撰写的序文，还详细记录了都始祖金阏智王以下76代家族谱系，为铅印线装本，汉文，1925年8月在吉林省龙井印制，原保存于和龙市芦果乡芦果村村民、广州金氏第七十八代世孙金九学家，现收藏于吉林省延边朝鲜族自治州龙井朝鲜族民俗博物馆。

52.《全州金氏讲武派谱》为朝鲜族全州金氏讲武派家族的族谱，由金漢国修撰，2册，共227页，约3.8万字。朝鲜民族全州金氏与金阏智王系的庆州金氏是同源，以新罗敬信王的九世孙金台瑞为始祖。他在高丽时期历任三司守太尉、枢密院副事、上将军、吏部尚书、门下侍郎平章事、宝文阁大提学等职，被封为全州君。后来他的后孙以他为始祖，从金阏智王系庆州金氏中分籍而立了全州金氏派系。该族谱前有11张先祖墓图、年号、谱序及修撰者金漢国撰写的序文，还记载了始祖金台瑞以下31代家族世系，为铅印线装本，汉文，1926年4月在吉林省龙井印制，原保存于黑龙江省勃利县杏树乡杏鲜村村民金龙云家，现收藏于吉林省延边朝鲜族自治州龙井朝鲜族民俗博物馆。

53.《金海金氏派谱》为朝鲜族金海金氏家族的派谱，由金应用修撰，2卷，共158页，约1.7万字。本派谱为金海金氏京派家族的世谱，前有5张先祖墓图和谱序、凡例及修撰者金应用撰写的序文，还记录了中始祖金牧卿以下43代家族谱系，为铅印线装本，汉文，1927年4月在吉林省龙井印制，原保存于吉林省龙井县德新乡河北村村民、金海金氏京派第四十八代世孙金钟敏家，现收藏于吉林省延边朝鲜族自治州龙井朝鲜族民俗博物馆。

54.《延安车氏世谱》为朝鲜族延安车氏家族的世谱，由车正淳修撰，4册，共371页，约4.9万字。朝鲜民族车氏以车孝全为始祖。车孝全的七世祖车承穑为新罗哀庄王的左相。公元809年，哀庄王的庶叔金彦升杀害哀庄王，篡夺了王位。车承穑想为哀庄王报仇，图谋击杀金彦升（宪德王），但遭失败而逃到黄海道九月山墨坊洞，借用祖母的姓氏而变为柳氏。太祖王建建立高丽王朝时，他的六世孙柳车达与两个儿子立了大功，柳车达被任命为丞相。同时，让他的长子柳孝全恢复旧姓，继承车氏世系，还封为延安伯。此后，车孝全的后孙以他为始祖，以延安为本贯，延续了延安车氏世系。该《延安车氏世谱》前有20张先祖墓图、年号、谱序及修撰者车正淳撰写的序文，还详细记载了始祖车孝全以下共42代家族谱系，为铅印线装本，汉文，1927年8月在吉林省龙井印制，原保存于吉林省汪清县西崴子乡东明村村民、延安车氏第四十二代世孙车道春家，现收藏于吉林省延边朝鲜族自治州龙井朝鲜族民俗博物馆。

55.《善山朴氏世谱》为朝鲜族善山朴氏家族的世谱，由朴允信修撰，2卷，共156页，约1.8万字。朝鲜民族朴氏以新罗开国始祖王朴赫居世为都始祖，善山朴氏的始祖为朴善敏，是新罗景明王的长子密城大君朴彦忱的第二十二代世孙，以善山为籍贯。他的曾孙朴崇原为朝鲜王朝的领议政，后发配到咸镜北道明川，因而，朴崇的后孙以他为中始祖，以善山为本贯继承了世系。该族谱前有4张先祖墓图和谱序、凡例及修撰者朴允信撰写的序文，还详细记载了从始祖朴善敏，包括中始祖朴崇以下21代家族的族系，为铅印线装本，汉文，1928年9月在吉林省龙井印制，原保存于吉林省和龙县龙水乡文化站职工、善山朴氏第二十三代世孙朴达成家，现收藏于吉林省延边朝鲜族自治州龙井朝鲜族民俗博物馆。

56.《延州玄氏派谱》为朝鲜族延州玄氏家族的族谱，由玄斗荣修撰，7册，共657页，约7.8万字。朝鲜民族玄氏以玄覃胤为始祖。玄覃胤谥号景宪，平安北道延州（宁边）人，在高丽毅宗时期任大将军，明宗时期，以讨平“赵位宠之乱”的功劳，晋升为门下侍中平章事，被封为延安君。他的后裔以他为始祖，以延州（或延安）为本贯，而延续了家族。该玄氏派谱前有4张先祖墓图和年号、谱序及修撰者玄斗荣撰写的序文，还详细记录了始祖玄覃胤以下35代家族的谱系，为铅印线装本，汉文，1929年2月在吉林省龙井印制，原保存于吉林省龙井县八道乡长新村村民、延州玄氏第三十六代世孙玄东洙家，现收藏于吉林省延边朝鲜族自治州龙井朝鲜族民俗博物馆。

57.《迎日郑氏派谱》为朝鲜族迎日郑氏家族的派谱，由郑秉镐修撰，4册，共1240页，约31.4万字。迎日郑氏以朝鲜民族郑氏的元祖智伯虎的远孙郑袭明为始祖。郑袭明出生于迎日，高丽仁宗时期曾任翰林学士、枢密院知奏使，因此以迎日为本贯，延续了家族。该族谱前有年号、谱序及修撰者郑秉镐写的序文，还详细记载了始祖郑袭明以下36代家族谱系，为铅印线装本，汉文，1929年4月在吉林省龙井印制，原保存于辽宁省盖县（现为盖州市）西海农场农工、迎日郑氏第三十八代世孙郑秉熙家，现收藏于吉林省延边朝鲜族自治州龙井朝鲜族民俗博物馆。

58.《南阳洪氏族谱》为朝鲜族南阳洪氏家族的族谱，由洪允齐修撰，4册，共294页，约5.7万字。朝鲜民族洪氏以洪天河为始祖。洪天河原为中国唐朝八学士之一，在新罗善德女王时期迁入新罗，讲授儒学，革新文化，以发展儒学之功，被封为唐城伯，任太子太师，赐贯为唐城（南阳的古号）。他的后孙以他为始祖，形成了唐城洪氏。他的远孙洪殷悦为高丽建国功臣，被高丽太祖任命为三重大匡太师。他的后孙以他为中始祖一世，遂从唐城洪氏分籍，以南阳为本贯，延续了家族。该族谱前有3张先祖墓图、年号、谱序及修撰者洪允齐撰写的序文，还记载了始祖洪殷悦以下26代家族谱系，为铅印线装本，汉文，1928年6月在吉林省龙井印制，原保存于吉林省龙井县（现为龙井市）开山屯镇爱民村村民、南阳洪氏第二十九代世孙洪明东家，现收藏于吉林省延边朝鲜族自治州龙井朝鲜族民俗博物馆。

59.《昌宁成氏世谱》为朝鲜族昌宁成氏家族的世谱，由成起荣修撰，1册，84页，约1.5万字。朝鲜民族成氏以成仁辅为始祖。成仁辅是唐朝时迁入新罗的成贮的后代，为世居朝鲜庆尚道昌宁的豪族，曾任过户长中尹，所以，他的后裔以昌宁为本贯，延续了成氏家族。该族谱前有4张先祖墓图、谱序、年号、凡例等，还详细记录了始祖成仁辅以下24代家族谱系，为铅印线装本，汉文，1930年7月在吉林省龙井印制，原保存于吉林省蛟河县（现为蛟河市）乌林乡农民、昌宁成氏第二十九代世孙成基贤家，现收藏于吉林省延边朝鲜族自治州龙井朝鲜族民俗博物馆。

60.《珍山崔氏族谱》为朝鲜族珍山崔氏家族的族谱，由崔泰岳修撰，7册，共983页，约17.6万字。朝鲜民族崔氏以新罗六部村之一的突山高墟村村主任，被新罗国始祖王朴赫居世赐姓为崔氏的苏伐都利为元祖，以新罗末的大文人、元祖苏伐都利第二十四代世孙崔致远为始祖。珍山崔氏的始祖崔溉出生于珍山，1526年（李朝中宗二十一年）文科及第，后任珍山府使。他的后孙以珍山为本贯，分籍为珍山崔氏。该族谱前有7张先祖墓图、年号、谱序及修撰者崔泰岳撰写的序文，还详细记载了元祖苏伐都利以下，包括珍山崔氏的始祖崔溉的共56代家族的谱系，为铅印线装本，汉文，1931年7月在吉林省龙井印制，原保存于吉林省图们市月晴乡马牌村村民、珍山崔氏第五十八代世孙崔金松家，现收藏于吉林省延边朝鲜族自治州龙井朝鲜族民俗博物馆。

61.《陕川李氏族谱》为朝鲜族陕川李氏家族的族谱，由李洪晔修撰，7册，共390页，约6.4万字。朝鲜民族李姓为朝鲜族的第二大姓氏，以新罗六部村时代朴赫居世赐为李姓的阏川杨山村村主任谒平为始祖。谒平的后孙李开在新罗末被封为江阳（陕川的古名）君，世居于陕川，因而，李氏的后孙以谒平为始祖，以陕川为本贯，延续了陕川李氏族系。该族谱前有8张先祖墓图、年谱和修撰者李洪晔撰写的序文，还详细记载了始祖谒平以下36代家族的谱系，为铅印线装本，汉文，1932年3月在吉林省龙井印制，原保存于吉林省永吉县土城子乡巴虎村村民、陕川李氏第三十九代世孙李彩道家，现收藏于吉林省延边朝鲜族自治州龙井朝鲜族民俗博物馆。

62.《金氏璇源谱》为朝鲜族金海金氏王族忠宣公派谱牒，由金昌斌撰，共2册，173页，约2.8万字，前有21张先祖墓图、年号、谱序及修撰者金昌斌写的序文，还详细记载了忠宣公派中始祖金　以下30代家族世系，特点是着重歌颂了历代名人的业绩，为铅印线装本，汉文，1932年7月在吉林省龙井印制，原保存于吉林省珲春县敬信乡玻璃村金英涉家，现收藏于吉林省延边朝鲜族自治州龙井朝鲜族民俗博物馆。

63.《河东郑氏世谱》为朝鲜族河东郑氏家族的世谱，由郑元亨修撰，6册，共688页，约14.3万字。朝鲜民族河东郑氏以都始祖智伯虎的第40代世孙、在高丽朝曾历任高官而被封为河东君的郑逊位为始祖。该《河东郑氏世谱》前有58张先祖地图、年号、谱序及修撰者郑元亨写的序文，还详细记载了始祖郑逊位以下共30代家族的谱系，为铅印线装本，汉文，1932年6月在吉林省龙井印制，原保存于吉林省龙井县（现为龙井市，下同）龙门街7组、河东郑氏第三十二代世孙郑日天家，现收藏于吉林省延边朝鲜族自治州龙井朝鲜族民俗博物馆。

64.《水原崔氏族谱》为朝鲜族水原崔氏靖系家族的族谱，由崔昌旭修撰，1册，95页，约1.7万字。朝鲜民族崔氏原为同姓同本，后又分为以高丽睿宗时期任水州（水原的旧名）户长的崔尚翥为始祖的尚翥系和以高丽忠宣王时期任散员同正的崔靖为始祖的靖系等两大派系。该《水原崔氏族谱》前有12张先祖墓图、谱序、凡例和修撰者崔昌旭撰写的序言，还详细记载了始祖崔靖以下26代家族世系，为铅印线装本，汉文，1932年8月在吉林省龙井印制，原保存于吉林省和龙县龙水乡龙源村村民、水原崔氏靖系第二十八代世孙崔学星家，现收藏于吉林省延边朝鲜族自治州龙井朝鲜族民俗博物馆。

65.《广州李氏关北派世谱》为朝鲜族广州李氏关北派族谱，由李容硕修撰，3册，共463页，约5.8万字。朝鲜民族广州李氏是以李自成为始祖的。李自成为世居漆原的豪族后裔，在新罗奈勿王时期曾任内史令，他的后孙先后入仕于新罗历朝。后来，王建推翻新罗王朝，建立高丽王朝后，广州李氏不服高丽王朝，坚守节义，所以，王建降阶任广州李氏的族长为准安（高丽成宗时改称广州）的户长。此后，他们以李自成为始祖，以广州为本贯，延续了广州李氏的族系。广州李氏关北派是指广州李氏的一支分派——茂山君派。该《广州李氏关北派世谱》前有12张先祖墓图、年表、谱序及修撰者李容硕撰写的序文，还详细记载了茂山君以下34代家族的谱系，为铅印线装本，汉文，1933年5月在吉林省龙井印制，原保存于吉林省龙井县光新乡农民、广州李氏关北派第三十六代世孙李圭邦家，现收藏于吉林省延边朝鲜族自治州龙井朝鲜族民俗博物馆。

66.《遂安桂氏族谱》为朝鲜族遂安桂氏族谱，由桂光洙修撰，6卷，共755页，约60万字。朝鲜民族遂安桂氏的始祖为桂硕逊，在中国明朝时期曾任过礼部侍郎。高丽末，他来到高丽，高丽皇帝封他为遂安伯，并让他的子孙以遂安为本贯。该族谱有新旧序多篇、桂氏中州东方分派考证及新旧跋文及遂安桂氏34代谱系，为铅字印本，汉文，1933年7月在吉林省龙井印制，现收藏于辽宁省本溪市明山区胜建街张德玉家。

67.《东莱郑氏派谱》为朝鲜族东莱郑氏家族的派谱，由郑栋明修撰，2册，共155页，约3.7万字。朝鲜民族东莱郑氏以郑之远为始祖。他是出生于釜山东莱，在高丽朝时曾任甫尹户长。他的后孙以他为始祖，以其世居地东莱为本贯，延续了东莱郑氏的派系。该派谱前有12张先祖墓图、谱序、凡例和修撰者郑栋明撰写的序文，还详细记载了始祖郑之远以下31代家族谱系，为铅印线装本，汉文，1934年7月在吉林省龙井印制，原保存于吉林省龙井县安民街居民、东莱郑氏第三十三代世孙郑德星家，现收藏于吉林省延边朝鲜族自治州龙井朝鲜族民俗博物馆。

68.《昌原黄氏世族谱》为朝鲜族昌原黄氏户长公派家族的族谱，由黄世俊修撰，1 册，40 页，约 8000 字。朝鲜民族黄氏以中国后汉的儒臣黄洛为元祖。公元 28 年（后汉光武四年、新罗儒理王五年），黄洛作为使臣去交趾国的途中，在海上遇到风浪，漂流至新罗平海而定居。后来，他的后孙黄甲古、黄乙古、黄丙古等三兄弟分别被封为平海君、长水君、昌原君，因而形成了各以他们三兄弟为始祖的平海黄氏、长水黄氏、昌原黄氏等三大派系。其后，昌原黄氏又分为世称“土黄”的仕中公（黄忠俊）派、世称“唐黄”的恭僖公（黄石奇）派、世称户长公（黄亮冲）派等八支派系。该族谱是户长公（黄亮冲）派的族谱，以黄亮冲为始族，前有 12 张先祖墓图和年号、谱序及修撰者黄世俊撰写的序文，还详细记载了昌原黄氏户长公派 21 代家族的谱系，为铅印线装本，汉文，1934 年 9 月在吉林省龙井印制，原保存于吉林省蛟河县（现为蛟河市）天岗镇鲜光村村民、昌原黄氏户长公派第三十二代世孙黄英浩家，现收藏于吉林省延边朝鲜族自治州龙井朝鲜族民俗博物馆。

69.《江陵金氏族谱》为朝鲜族江陵金氏家族的族谱，由金演锡修撰，5 册，共 607 页，约 7.2 万字。朝鲜民族江陵金氏是金阏智王系庆州金氏中分籍而立的一个派系，以新罗武烈王的五世孙金周元为始祖。公元 785 年，新罗宣德王无后嗣而薨，群臣推举金周元为王，但因为下雨，他不能过阏川入宫。他以为是天意而抛弃即位，到江陵定居。而后，他的后裔便以金周元为始祖，以江陵为本贯，延续了江陵金氏的家族。该族谱前有 8 张先祖墓图和年号、谱序及修撰者金演锡撰写的序文，还详细记载了始祖金周元以下 41 代家族谱系，为铅印线装本，汉文，1934 年 9 月在吉林省龙井印制，原保存于吉林省龙井县果树农场职工、江陵金氏第四十四代世孙金东浩家，现收藏于吉林省延边朝鲜族自治州龙井朝鲜族民俗博物馆。

70.《金海金氏族谱》为朝鲜族金海金氏文敬公派家族的族谱，由金崇杰修撰，4 册，共 456 页，约 6.1 万字。朝鲜民族金海金氏是以驾洛国金首露王为都始祖的金首露王系的一派。驾洛国的古都是现在的韩国庆尚道金海，在高丽忠宣王时期设为金海府，因而，金首露王的后孙以金海为本贯，分为 142 个派系，延续了金海金氏的族系。该族谱为金海金氏文敬公派的族谱，以金琢为中始祖，前有一张先祖墓图、谱序、年号和修撰者金崇杰撰写的序文，还详细记录了金琢以下36代家族谱系，为铅印线装本，汉文，1936年8月在吉林省龙井印制，原保存于黑龙江省鸡东县鸡林乡鸡村村民、金海金氏文敬公派第三十八代世孙金成镐家，现收藏于吉林省延边朝鲜族自治州龙井朝鲜族民俗博物馆。

71.《新罗鸡林金氏璇源世谱》为朝鲜族鸡林金氏家族的世谱，由金兑极修撰，2册，共245页，约5.2万字。朝鲜民族鸡林金氏以新罗景顺王第三子金鸣钟的第十七代世孙金九思为始祖。金九思是高丽朝时期曾任肃川府吏而被封，为鸡林府院君的金琮的第三子，官至承正。他的后孙以鸡林为本贯，以其为始祖，从庆州金氏分籍而形成了鸡林金氏家族。该族谱前有5张先祖墓图、年谱、凡例和修撰者金兑极撰写的序文等，还详细记载了始祖金九思以下45代世系，为铅印线装本，汉文，1936年1月在吉林省龙井印制，1983年12月从吉林省龙井县光新公社处征集，现收藏于吉林省延边朝鲜族自治州龙井民俗博物馆。

72.《全州金氏巨文派世谱》为朝鲜族全州金氏巨文派的族谱，由金兑极修撰，1册，167页，约2.7万字。朝鲜民族全州金氏以高丽朝历任三司守太尉、枢密院副事、上将军、吏部尚书、门下侍郎平章事、宝文阁大提学等职，以被封为全州君的金台瑞为始祖，以全州为本贯，从金阏智王系庆州金氏中分籍，形成全州金氏派系。全州金氏巨文派，是以始祖金台瑞的第十八代世孙金敬为派祖的。1480年，金敬在征伐女真中立功后，带三个儿子定居于咸镜北道明川，形成了全州金氏巨文派并延续了族系。该族谱前有12张先祖墓图和年号、谱序、凡例和修撰者金兑极撰写的序文，还详细记录了全州金氏巨文派32代世系，为铅印线装本，汉文，1936年1月在吉林省龙井印制，原保存于吉林省龙井县朝阳乡镇居民、全州金氏巨文派第三十四代世孙金一家，现由延边朝鲜族自治州博物馆收藏。

73.《水原白氏族谱（3）》为朝鲜族水源白氏家族的族谱，由白利善修撰，1册,98页，约4万字。该族谱记载了水源白氏族源、始祖松溪公的生平以及始祖以下32代世系等，同时，还特别记述了第三十一代世孙白启源一家于光绪十五年（1889）从朝鲜搬到中国，定居于辽宁省桓仁县四平乡的坎坷经历，为铅印线装本，汉文，1936年2月印制，保存完好，现收藏于辽宁省桓仁满族自治县沙尖子镇白氏家。

74.《江陵崔氏派谱》为朝鲜族江陵崔氏三派之一的崔必达派族谱，5 卷，共 75 页，约 1 万字。朝鲜民族江陵崔氏是以高丽建国时的功臣、曾任领佥议左政丞、封为庆源（今江陵）君的崔必达为始祖的。该族谱共收录旧谱序 4 篇、新谱序 5 篇、人物生平 7 篇、凡例和始祖崔必达以下 16 代世系等，为铅印线状本，汉文，1936 年 6 月印制，保存完好，现收藏于辽宁省桓仁满族自治县拐磨子镇洼泥甸子村崔振星家。

75.《忠州崔氏明川通谱》为朝鲜族忠州崔氏明川派家族的通谱，由崔相敏修撰，3 册，共 411 页，约 9 万字。朝鲜民族忠州崔氏以崔升为始祖。崔升原是中国山东清河人，唐武宗时任兵马使。公元 839 年（新罗文圣王八年），他受唐昭宗之命进军新罗，平定“元宗之乱”，后留居于忠州。从此，他的子孙以他为始祖，以忠州为本贯，延续其族系。他的远孙崔瑞，在李朝时期移居于咸镜道明川郡而分籍，形成了以他为中始祖的忠州崔氏明川派。该通谱前有 6 张先祖墓图、年号、谱序及文人洪允齐写的序文，还详细记载了中始祖崔瑞以下 20 代家族谱系，为铅印线装本，汉文，1938 年 3 月在吉林省龙井印制，原保存于吉林省龙井县邮电局职工赵伟家，现收藏于吉林省延边朝鲜族自治州龙井朝鲜族民俗博物馆。

76.《晋州郑氏族谱》为朝鲜族晋州郑氏郑艺派系的族谱，由郑禹铉修撰，3 册，共 263 页，约 4 万字。朝鲜民族晋州郑氏又称晋阳郑氏，分为郑艺派系、郑子友派系、郑庄派系、郑　派系等，其郑艺派以高丽时期曾任统合三韩壁上功臣、光禄大夫、门下侍中平章事的郑艺为始祖。该族谱前有 14 张先祖墓图、年号、谱序及修撰者郑禹铉撰写的序文，还详细记载了始祖郑艺以下 36 代家族的谱系，为铅印线装本，汉文，1938 年 5 月在吉林省龙井印制，原保存于吉林省延吉市烟集乡平安中学教师、晋州郑氏第三十八代世孙郑仁宋家，现收藏于吉林省延边朝鲜族自治州龙井朝鲜族民俗博物馆。

77.《关北清州韩氏大同谱全》为朝鲜族关北清州韩氏家族的大同谱，由韩基邦修撰，1 册，613 页，约 13 万字。朝鲜民族韩氏以韩兰为始祖。高丽初期，太祖王建领兵过清州时，豪族韩兰自愿从军，为建立高丽王朝作出了贡献，继而被任命为三重大匡、门下太尉、开国壁上功臣。他的后代以他为始祖，以清州为本贯，延续了家族。后来韩兰的后裔、礼宾尹韩连移居北清，形成了清州韩氏关北派。该族谱前有8张先祖墓图、年号、谱序及修撰者韩基邦撰写的序文，还详细记载了关北派始祖韩连以下32代家族谱系，为铅印线装本，汉文，1938年6月在吉林省龙井印制，原保存于吉林省龙井县开山屯镇光宗村村民、关北清州韩氏第三十三代世孙韩升哲家，现收藏于吉林省延边朝鲜族自治州龙井朝鲜族民俗博物馆。

78.《坡平尹氏世谱》为朝鲜族坡平尹氏家族的世谱，由尹始豪修撰，2册，共212页，约4万字。朝鲜民族尹氏是朝鲜李氏王朝的名门豪族，其坡平尹氏以尹莘达为始祖。尹莘达是新罗的太师、三重大匡。他的五世孙尹瓘是高丽朝文武双全的名将。高丽肃宗六年，他铸造了朝鲜历史上最初的"三韩重宝""海东重宝""东国通宝"等铜制货币。公元1107年，他以平定女真侵略之功，被封为铃平（坡平的别称）县开国伯。尹莘达的后代以他为始祖，以坡平为本贯，延续了坡平尹氏派系。该族谱前有16张先祖墓图、谱序、年表、凡例和修撰者尹始豪撰写的序文等，还详细记载了始祖尹莘达以下31代家族谱系，为铅印线装本，汉文，1938年10月在吉林省龙井印制，原保存于吉林省蛟河县（现为蛟河市）马林乡农民李景焕家，现收藏于吉林省延边朝鲜族自治州龙井朝鲜族民俗博物馆。

79.《海州吴氏实记》为朝鲜族海州吴氏家谱，由吴阿得修撰，1册，168页，约3.2万字。朝鲜民族吴氏的鼻祖吴瞻是中国浙江人，于公元500年东渡到新罗，定居于咸阳。他的第二十四代世孙吴贤辅于公元1216年，被高丽朝封为海州君。因而，他的后孙以吴贤辅为始祖，以海州为本贯延续了族系。该谱书记载了海州吴氏的族源、始祖的生平以及始祖吴贤辅以下33代世系，还特别记述了第33代世孙吴阿得一家于1845年，从朝鲜黄海道海州迁至中国沈阳，至第三十四代定居于辽宁省桓仁县的历史，为铅印线状本，汉文，1939年1月在沈阳印制，现由辽宁省桓仁满族自治县水力发电厂职工吴京洙收藏。

80.《南原梁氏世谱卷》为朝鲜族南原梁氏家族的世谱，由梁在奎修撰，20册，共2936页，约57.8万字。朝鲜民族梁氏以良乙那为都始祖。良乙那是耽罗国开国王。他的后孙统治耽罗国到高丽太祖二十一年（公元938年）。他的远孙、耽罗贵族良宕作为广巡使，入朝于新罗。新罗国王以国宾礼节来接待他，赐其星主王子爵位和新罗朝服。从此，良宕改姓为梁氏，而成了改姓始祖。梁宕的后孙梁友谅在新罗末期，移居全罗道南原，从而形成了以梁友谅为始祖的南原梁氏族系。该族谱前有16张先祖墓图、年号、谱序及修撰者梁在奎撰写的序文，还详细记载了都始祖良乙那和南原梁氏始祖以下48代家族谱系，为铅印线装本，汉文，1939年在吉林省龙井印制，原保存于吉林省龙井县铜佛乡泗水村村民、南原梁氏第49代世孙梁振锡家，现收藏于吉林省延边朝鲜族自治州龙井朝鲜族民俗博物馆。

81.《关北江陵崔氏世谱（1)》为朝鲜族关北江陵崔氏家族的世谱，由崔允修撰，2册，共778页，约13.5万字。朝鲜民族江陵崔氏是高丽初期从庆州崔氏分籍的派系，以高丽时期太祖的驸马、曾任大卿的崔欣奉为始祖。崔欣奉的第12代世孙崔立子在高丽末，为建立李朝立了大功而被封为江陵君，因而形成了江陵崔氏的另一派系。关北指现在朝鲜的咸镜北道一带。崔立子之子崔安海后定居于咸镜北道庆兴而成为世族，他的后代开始崔安海为始祖，以关北为本贯，延续了关北江陵崔氏的族系。该《关北江陵崔氏世谱》（崔允本）与崔峙亿修撰的《关北江陵崔氏世谱》是不同的版本，前有3张先祖地图、年号、谱序及修撰者崔允撰写的序文，还详细记载了始祖崔安海以下24代世系，为铅印线装本，汉文，1939年8月在吉林省龙井印制，原保存于吉林省和龙市东城乡兴城村村民、关北江陵崔氏第三十一代世孙崔勇吉家，现收藏于吉林省延边朝鲜族自治州龙井朝鲜族民俗博物馆。

82.《昌原黄氏族谱（2)》为朝鲜族昌原黄氏恭僖公派族谱，由黄文兴撰，1册，38页，约1.2万字。朝鲜民族的昌原黄氏有八支派系，其中桧山君恭僖公派的始祖为黄石奇。他在高丽朝时期任诸多要职，被封为桧山（昌原的别名）君，他的后孙以他为始祖，以昌原为本贯，延续了族系。该族谱记载了朝鲜民族黄氏的渊源，记录了昌原黄氏恭僖公派世系，还特别记述了黄文兴家族于1939年迁入中国东北，定居于辽宁省桓仁县的历史，该谱于1940年2月修撰，保存完好，现由辽宁省桓仁满族自治县桦树甸子农民黄文兴收藏。

83.《顺兴安氏族谱》为朝鲜族顺兴安氏家族的族谱，由安周翊修撰，5册，共614页，约7.6万字。朝鲜民族安氏以安瑗为都始祖。安瑗本姓李，原为中国唐朝人。唐宪宗元和二年（公元806年，新罗哀庄王七年）东渡朝鲜，定居在开城松岳山下。他的三个儿子李枝春、李叶春、李花春于新罗景文王四年（864年），因击退倭寇之功，被新罗王赐姓为安氏，各改名为安邦俊、安邦杰、安邦侠。顺兴安氏是以广州君安邦杰的九世孙安子美（高丽初曾任保胜郎将）为始祖的安氏派系之一。该族谱前有4张先祖墓图、年表和修撰者安周翊撰写的序文，还详细记载了始祖安子美以下31代家族谱系，为铅印线装本，汉文，1940年11月在吉林省龙井印制，原保存于黑龙江省密山县（现为密山市）朝鲜族中学教师、顺兴安氏第三十三代世孙安炳哲家，现收藏于吉林省延边朝鲜族自治州龙井朝鲜族民俗博物馆。

84.《善山金氏族谱卷》为朝鲜族善山金氏家族的族谱，由金逢愚修撰，8册，共617页，约8.7万字。朝鲜民族善山金氏是金阏智王系的一派，是从庆州金氏分籍而立的派系，以金宣弓为始祖。金宣弓是都始祖金阏智的30世孙、新罗文圣王的八代世孙。高丽太祖王建统一“后三国”的时候，他在一善地方自愿从军，太祖大喜，向他下赐御弓，赐名为宣弓。此后，他辅助太祖建立了高丽王朝，并历任靖难辅国功臣、门下侍中。他的后裔以他为始祖，以一善为本贯，从庆州金氏分籍为一善金氏。朝鲜太宗时，改地名一善为善山，从此改称为善山金氏。该族谱前有6张先祖墓图、年号、谱序和修撰者金逢愚撰写的序文，还详细记载了始祖金宣弓以下67代家族谱系，为铅印线装本，汉文，1941年3月在吉林省龙井印制，原保存于和龙县龙门乡永风7队农民、善山金氏第六十九代世孙金成烈家，现收藏于吉林省延边朝鲜族自治州龙井朝鲜族民俗博物馆。

85.《璇源德谱》为朝鲜族全州李氏家族的族谱，由李范在修撰，2册，共133页，约2.4万字。全州李氏是朝鲜李朝的王姓，以新罗文圣王时，曾任司空的李翰为始祖，以建立朝鲜王朝的太祖李成桂为中始祖，自始祖到第18代世孙李安社一直世居在全州，故称其为全州李氏。该《璇源德谱》是与茂林君派同源的族谱，前有年号、谱序及修撰者李范在撰写的序文，还详细记述了本支李氏的分派、籍贯和众多名人事迹，并记录了始祖李翰以下32代家族世系，其特点在于歌颂了历代名人的事迹，以炫耀全州李氏祖宗的德行，为铅印线装本，汉文，1941年6月在沈阳出版，原保存于湖南省桃源县李睿朝家，现收藏于吉林省延边朝鲜族自治州龙井朝鲜族民俗博物馆。

86.《骊州朴氏世谱》为朝鲜族骊州朴氏家族的族谱，由朴麟燮修撰，2册，共352页，约4.8万字。朝鲜民族朴氏以新罗国始祖朴赫居世王为都始祖，骊州朴氏是以朴之硕为始祖的一派系。朴之硕是新罗国始祖朴赫居世的远孙、密城大君朴彦忱的第二十代世孙。他在高丽时期曾历任中训大夫、司宰监副正，后定居于骊州。他的重孙朴徐昌就任咸镜道观察使时，从骊州迁至咸镜道咸兴定居。此后，他的后孙以其前居住地为本贯，分籍为骊州朴氏。该族谱前有4张先祖墓图和年号、谱序及修撰者朴麟燮撰写的序文，还详细记载了始祖朴之硕以下23代家族的谱系，为铅印线装本，汉文，1942年5月在吉林省龙井印制，原保存于吉林省和龙县龙水乡龙云村村民、骊州朴氏第二十四代世孙朴锡星家，现收藏于吉林省延边朝鲜族自治州龙井朝鲜族民俗博物馆。

87.《咸昌金氏族谱》为朝鲜族咸昌金氏族谱，由金庆昌修撰，2卷，共220页，约9万字。朝鲜民族咸昌金氏是金阏智王系的一派，从庆州金氏分籍而立，以金宜为始祖。金宜是都始祖金阏智的第三十一代世孙、新罗文圣王的九世孙。高丽太祖王建统一“后三国”的时候，他在咸昌地方自愿从军，辅助太祖建立了高丽王朝，而被封为咸昌伯。他的后裔以他为始祖，故以咸昌为本贯，从庆州金氏分籍为咸昌金氏，延续了世系。该族谱前有3张先祖墓图、谱序、凡例和修撰者金庆昌撰写的序文，还详细记载了自始祖金宜以下29代世系，为铅印线装本，汉文，1944年在吉林省龙井印制，现由辽宁省桓仁满族自治县八里甸子镇金世焕收藏。

88.《潭阳田氏族谱》为朝鲜族潭阳田氏族谱，由田根植修撰，1册，60页，约1.8万字。朝鲜民族潭阳田氏以高丽时期被封为潭阳君的田得时为始祖。该族谱在序文里记载了潭阳田氏的源流、迁徙过程、田氏派系等，还以图谱的形式，记录了潭阳田氏的29代世系，特别是记录了其后孙田根植一家迁入中国的过程和定居辽宁省兴京县的情况，为手写线装本，汉文，咸丰十年（1860）正月初修，1948

年续修，保存完好，现由辽宁省新宾满族自治县南杂木镇田德力收藏。

89.《庆州崔氏尚书公派世系》为朝鲜族庆州崔氏尚书公派族谱，1 册，13 页，约 1 万字。朝鲜民族庆州崔氏尚书公派是以崔致远第 11 代世孙、在高丽王朝曾任尚书的崔重敬为中始祖的派系。该族谱前有 5 张先祖墓图、谱序、年号等，还简略记录了始祖崔致远至其十世孙崔自然的家系，从中始祖崔重敬开始记录得比较详细，记录到 1952 年出生的第三十一代世孙，为线装本，汉文，1918 年 4 月在吉林省龙井印制，原本收集于吉林省延吉市的庆州崔氏尚书公派第三十一代世孙崔永德处，现收藏于延边大学古籍研究所。

90.《安东张氏世谱》为朝鲜族安东张氏家族的世谱，由张应厚修撰，1 册，156 页，约 2.6 万字。朝鲜民族张氏以张贞弼为都始祖。张贞弼于公元 888 年出生在中国浙江省苏兴府，五岁时随父亲大司马将军张源亡命到朝鲜江原道江陵，18 岁时随正使入唐，24 岁时获文科状元，官至吏部尚书。后辞职再次入朝，在岭南芦田从事讲学。公元 930 年，张贞弼在建立高丽时立功，被太祖王建任命为三重大匡、保社壁上功臣、太师，封为古昌（今安东）君。他的后孙以他为始祖，以安东为本贯，延续了安东张氏的族系。该族谱前有 5 张先祖墓图、谱序、年号、凡例和修撰者张应厚撰写的序文，还详细记录了始祖张贞弼以下 36 代家族的谱系，为铅印线装本，汉文，1918 年 4 月在吉林省龙井印制，原保存于吉林省汪清县仲坪乡仲坪村村民、安东张氏第三十八代世孙张泰国家，现收藏于吉林省延边朝鲜族自治州龙井朝鲜族民俗博物馆。

91.《昌宁成氏旧族谱》为朝鲜族昌宁成氏的旧族谱重修本，由成兴礼修撰，2 册，共 112 页，约 2.9 万字。该族谱初修于 1886 年，1916 年重修，前有 5 张先祖墓图、谱序、凡例和修撰者成兴礼撰写的序言等，还详细记载了始祖成仁辅以下 46 代世系，为铅印线装本，汉文，1916 年 6 月在吉林出版，原保存于吉林省蛟河县（现为蛟河市）乌林乡成基贤家，现收藏于吉林省延边朝鲜族自治州龙井朝鲜族民俗博物馆。

92.《昌宁成氏永川派谱》为朝鲜族昌宁成氏永川派族谱，由成元杓修撰，1 册,352 页，约 5 万字，前有谱序、先祖墓图、凡例等，还详细记载了始祖成仁辅以下永川派31代世系，为铅印精装本，前面原本用汉文形成的谱序、先祖名人列传、祭坛碑文等都译成韩文，附在原文之后，世系则仍使用汉字，于1982年印制，1989年由延边的朝鲜族成氏后裔带回，现收藏于吉林省延边州图书馆。

93.《朝鲜族统谱》是20世纪20年代编纂的延边地区朝鲜族姓氏统谱，作者为朝鲜族反日爱国文人尹昌铉，1册，120页，约2.2万字。该统谱前有年号、谱序及修撰者尹昌铉撰写的序文。在《朝鲜族统谱》里，尹昌铉以当时延边地区的150多种朝鲜族姓氏为对象，详细介绍了各个姓氏的渊源，还记录了各个姓氏中历代出现的著名文人、爱国名将等，是以反对日本帝国主义强行吞并朝鲜后鼓吹的“日韩同祖同根论”和日帝野蛮的殖民奴化教育，同时，告诫朝鲜族人民要明确自己的血统、保持反日爱国民族气节。该统谱为铅印线装本，汉文，于1925年6月12日在延边龙井出版发行，对研究朝鲜族宗法制传统文化和朝鲜族反日斗争史有文献价值，原保存于吉林省图们市月晴乡杰满村全龙和家，现收藏于吉林省延边朝鲜族自治州龙井朝鲜族民俗博物馆。

94.《族亲宝鉴》为金海金氏后代金东洙修纂的本家族的谱籍，用朝、汉两种文字，较为详细地记录了祖父一家4口，在20世纪初为了寻找生路，从朝鲜渡过图们江，在延边定居后的一百年来的历史和120名家族成员的构成情况，主要由序言、家族世系图表和族亲成员登记表（影印件）组成，修纂于1998年8月，其复印本收藏在吉林省延边州图书馆。

95.《全州金氏世谱（明川宗派）》为原有的《全州金氏世谱（明川宗派）》的修订本，1册，400余页，约15万字，以1937年在朝鲜咸镜北道刊印的族谱为基础，补进了此后的家族成员变化情况，并将主要内容翻译成朝鲜文，附在原文之后，于2012年11月在延吉重新刊印并分发给家族内的人。

96.《咸阳朴氏世谱》修纂者为朴庆后、朴远庆，朴氏为新罗国创立者朴赫居世后裔，咸阳朴氏是具有继承新罗国王王位资格的新罗贵族。此谱为棉纸，线装，楷体木刻本，开本为300mm×210mm，以千字文为页次。此谱共六次修谱：第一次为清康熙十七年（1678）；第二次为清康熙三十三年（1694）；第三次为清乾隆五十三年（1788）；第四次为清道光二十七年（1847）；第五次为清光绪三十一年

（1905）；第六次为 1936 年。

一世祖朴善，生卒年代无考，约为 11 世纪 80 年代，为高丽朝礼部尚书。从朴善到 19 世纪 30 年代，共传 30 代，在 17 世纪以前的朴氏家谱中有许多人在王氏、李氏王朝的中央政府担任高级官吏。其中官至六部尚书的有 6 人；七品以上官吏的有 65 人；朴氏女子做王后、王妃有 8 人。但从此谱中可看出，17 世纪以后，朴氏家族日趋败落，除少数生员以外，没有担任中高级的官职的人了。虽然如此，朴家在朝鲜的庆尚道和全罗道一带，仍可称为豪门望族和书香世家。此谱又于 1990 年由辽宁民族出版社（节选本）出版。

97.《忠州金氏世系》是谱分旧、新两种。旧谱共印刷三次：第一次为清康熙五十一年（1712）；第二次为清嘉庆九年（1804）；第三次为清同治六年（1867）。全书分天、地、人三卷，书纸为棉纸，木刻本，宋体字，线装，谱书开本为 300mm×210mm，以千字文为页次。新谱印刷两次：第一次为 1909 年，全书分六卷，为竹纸石印，宋体字；第二次为 1934 年，新谱、旧谱共九卷，都是从新罗朴赫居世建国开始，旧谱记载到 1967 年，新谱记载到 1974 年。

金氏祖籍鸡林（今朝鲜庆尚北道），在金氏第五十三世官至参判的金万寿时（朝鲜李朝端宗时代）移家到忠州（今朝鲜忠清北道），受封为忠州君，世袭封爵，金万寿为迁始祖。金万寿之子金道敏，李朝世祖时代（1456—1494），在朝廷中担任吏曹参议之职。当时正值明军在辽东与女真人发生战争，女真人出没鸭绿江两岸。对此，李朝政府在实边问题上发生争执。道敏为此上疏，而引起世祖不满，将其贬谪到铁州（今朝鲜平安北道铁山）。从此居住在铁州，自号铁冠公。后道敏三子分三支脉，分居于铁州、碧潼、义州。此谱于 1990 年由辽宁民族出版社（节选本）出版。

四、回族家谱题录

1. 河北孟村丁庄子《丁氏总谱》。河北孟村回族自治县镇西南隅丁庄子现代版《丁氏总谱》也立丁士贤为始祖，其子下分六门（即老六院），分别是长门：有德公；二门：有能公；三门：有才公；四门：甫中公；五门：甫元公；六门：甫聚公。据此推知，河北孟村丁庄子的丁氏与山东济阳丁氏家族系同一远祖。

据考，丁氏远祖凯马伦迪尼，鲁穆苏丹国人。宋末元初，随蒙元大军移入中土，经甘肃、陕西、山西驻防，转调江南，落居安徽定远。明初奉诏迁应天府古城西侧锦衣卫驻地。谱载："吾始祖讳士贤公，籍应天府上元县二郎岗人也。"根据《丁氏总谱》序可知，丁士贤是明洪武十三年（1380）奉皇王圣旨，随驾燕王北上燕赵镇守边塞，途中救白氏姐弟（汉人）脱险，允其随军北平，为报救命之恩，皈信了伊斯兰愿作士贤公亲眷。后生四子，以波斯语"凯马伦迪尼"音序为据，取汉字哈、马、刘、丁四姓。永乐十六年（1418），燕军南下"靖难"功成，回京都北上，"吾先祖护驾有功，官居京卫正三品指挥使"。之后，年迈解甲归田偕夫人及六子回丁庄子立邑，如今丁氏宗族已发展20余世，子孙遍及全国。

编者还摘录了《沧县志》中记载的一位河北孟村丁庄子的丁氏奇人——丁发祥，此人自幼师从武林高手习武，刻苦演练，曾在康熙十五年（1676）战胜了两名来华设擂的俄国大力士，康熙帝大喜，封其为"铁壮士武侠"。

2. 辽宁辽阳刘二堡"万氏家族简史"。辽宁辽阳刘二堡万氏族人，久居辽阳县西南刘二堡镇中心万家街，有二百多年的家族发展史。据刘二堡万氏家族自述，万氏祖先世居沧州万家庄。"我万氏先祖万仁义公，于明永乐二年（1404），由江宁府（今南京）上元二郎岗故地，奉诏北迁沧州城南十余里处，选址置地建万家庄。满清定鼎中原，沧州一带拉皇绳强占民土，万氏经营二百四十载的祖业，顷刻化为乌有。先祖不得不忍痛迁出老宅，另寻安身之地。"据考，辽阳刘二堡一支先祖万夫豪公，久居沧州以私塾育人和种田为业，忠厚世家，常用家传秘方为乡邻把脉治病，悬壶济世，对穷苦人家求医者，以验方草药相赠，分文不取，在附近十里八村有一定影响。有一年，一有钱人家来家投医，患者走后发现，错开了药方，万夫豪唯恐出事，心神不定，忙整理行囊携家小，星夜逃出家门，直奔天津，加入下关东逃难人流，出山海关东行，进入辽阳县境内并在此定居。

3. 广州《马氏族谱》（马敏慎堂）。清光绪十年（1884），马长俊敬书，重修本。"族谱何为所作也，所以溯一姓之根源，提九族之苗裔，备人道之始终，列世代之尊卑也。”谱内所录:“自康熙年间，始祖廷龙公由山东省济南府历城县来粤东省城卅余年，捕属番禺县，世居南胜里中约，至于高曾祖考所有嘉言，嘉行及生辰忌日，坟葬某山某地，知者必录，如有未识，欠记未录，凡族人，务宜随时补录。则谱之不可不备也，本族孝子贤孙，欲寻源究本，可以按谱推求，不致望洋而叹也。”见《中国南方回族谱牒选编》。

4. 北京地安门外后门桥《北平忠恕堂马氏族谱》。根据序可知，北京的马氏家族也是马依泽、马仲良的后人。马仲良任彭城卫指挥，驶直隶青县蒿坡村马家桥，遂立茔焉。数世之后，迁山东恩县。其后又分三门，长门立茔于庙刘庄，二门立茔于小湖庄，三门立茔于白家庄。三门后裔的第十四代世孙，有一人叫马良，此人于乾隆十年由山东德州恩县白家庄迁居北平地安门外，并创立什刹海清真寺，后立茔于京西四王府村乌鸦寺。《什刹海志》记载:“清乾隆年间山东恩县马良建小清真礼拜寺，道光十年（1830）马良之孙马九恩为置黄姓房产一处，将礼拜寺扩大重建。”

道光后，马九恩长子马春荣不幸遭贼攀，为避祸，带五子三女迁居前门外廊房二条，置万宝斋古玩店经商度日。虽世事变化，但马良公所创什刹海清真寺历经沧桑，还是延续了下来。

如今，距离迁京始祖马良公进京创办什刹海清真寺有二百六十多年，北京马氏后人已传至自高祖马仲良公后第二十六、二十七世，散居北京各地，各有成就。其中，珠宝业马氏后人自京城至津、沪、港，乃至北美加拿大，如马有馨（桂馨、字少辰）、马桂连（字澍元）等，享誉欧美。第二十世前门震兴源商号马有林（桂林）之孙马淑政留学德国，获工学博士学位，学有所成，定居德国；杏林国手前辈有马有忠，后有自学成才的放射科专家马名宏，妙手回春，拯斯民于水火。林林总总，不胜枚举。

5. 宁夏银川（陕西成阳）《马氏家谱》

重光大荒落之岁，余居大梁，扃门殣户，罕与当代学士大夫接，惟故友马子佛樵，时相过从。一日，佛樵携其所修家谱问序。读既竟作而叹曰：甚矣。吾子之敦祖敬宗收族意挚而力勤也。谱学盛于唐，亦坏于唐。门望相高，人人求为名德，后攀附接引，寖以失实。自时厥后，废而不讲。甚至于子孙不能举其高曾由前之弊，是曰：诬祖。由后之弊，是曰：忘本。厥失维均稽之载。籍马瀛姓，伯益之裔，赵王子奢封马服君，遂以为氏。后徙咸阳而扶风、茂陵、京兆、郏郡、庄平、临安、西河、广陵，支分派别，寖炽以昌。续志载，元太祖定西域，诸国伊克特、伊尔丹等皆回回氏，阿喇布丹、伊斯玛音皆回回氏。明赐元人姓名，多尔济曰：马维良，丕勒玛帕玛曰：马克顺。而西域人马庆祥，人居临洮狄道，以马为氏。在金已然征之，远者如彼，近者如此。故马氏族姓蕃昌，有悠久之历史。而佛樵所修谱以为，吾马为回回氏，代远年湮，始祖不可考。或以汉人人教，或自西域东来无谱牒，以为徵验所可知者，则自我太高祖九峰公，于清乾隆间，命季子国良迁雎之伯党集始，及今不修，何以示后？蓄之数十年，成之于不旬日，分碑铭、家传、世系、世传，附以遗训、宗派九世二百余年之实录，秩然厘然。虽列之朱卷者，尚有遇隆数公，而邑里坟墓，概无可稽。只附记以俟考。噫！何其慎也。老泉有言：族属之初，始于一人之身，递分而为缌麻，袒免以迄无服，甚至悠悠为路人。其初，则一人之分也。观于斯谱，则孝悌之心可油然生矣。礼别子为祖，继别为宗，继祢者为小宗。郑康成谓别子有三，始迁者居其一，是谱之修稽之宗法，亦固其宜。而于马堤圈一支，可考者载之，不可考者缺之。盖有待也。至其体例，一依诸家名谱，峰酌损益，尤具匠心云。

中华民国三十年岁次辛巳六月毅旦

清法部丞参厅坐办固始万自逸拜撰

6. 广东肇庆市《王氏族谱》。作者王汝新，字焕然，生于山西太原府，今山西太原市。由于祖远年湮，又未能亲赴太原寻宗，故对王籍荫公以上之祖辈尚未知其低蕴，未尝不引以为遗也。王氏始祖清初时跟随清军来到广东，在肇庆府任职，后就在此定居。

《王氏族谱》为抄本，谱中记录自从王氏始祖到广东，时间超过二百年，共有 11 世，家族兴旺，现在王氏后代子孙已经超过 1000 多人，遍及广东、香港以及国外。

而旧存王氏族谱，由于传抄失误，记载简略，甚至伦次失序，世系不明，加诸数百年“来粤斯谱者又代乏其人”，尤其抗战以后，颠沛流离，人心涣散。见《中国南方回族谱牒选编》。

7. 广西桂林《以氏族谱》。据史料记述，以先祖以卜拉欣（Ibrahim）为姓的为阿拉伯人（ArabinNamec），唐时由西域沿丝绸之路进入中国，后定居陕西渭南，距今千载有余。回族姓氏多来自外域，《百家姓》中无“以”姓记载。据史料载，唐、宋、元时多用西域复姓，自明统治者强迫外域人汉化，仿《百家姓》用谐音或以名为姓改用汉姓汉名。入乡随俗，改复姓为单姓，取“以卜拉欣”首字“以”为姓，此乃以姓之来源。以姓回族在中国颇为罕见，人数不多，并带有浓郁的西域称谓意蕴。

据桂林以姓墓葬碑刻及《中国回族大辞典》记载，来桂始祖以抚宸公，字简堂（1518—1603 年）祖籍陕西渭南人，乃以卜拉欣后裔，明朝武官，官封“都指挥同知”。明嘉靖后期，奉命领兵南征广西浔州（今桂平市）、庆远（今宜州）有功，封都指挥义宁协戍，镇守广西，遂以广西桂林为家，世代繁衍，迄今已历四百八十余年，成为桂林回族望族。以抚宸公是桂林以氏始祖。

以抚宸公笃信伊斯兰教，从古兰，遵圣训，恪守清真，坚持六大信仰，谨守五大拜功，热心教门，乐善好施，终身保持中亚穆斯林风尚。明朝万历三十年癸卯二月初一归真，享年 85 岁，安葬于桂林市西门外清真古寺背之阳，后因故迁葬猴子山，1970 年再度迁葬于桂林回族坟园。以抚宸公原配夫人——米太君（1520—1598 年），原系陕西省汉中府南镇县塔耳巷人，祖籍西域。随以抚宸公来桂的还有两子，长子匡材，次子匡学及侄子匡胜、匡泉。自明朝隆庆年间至崇祯末年（1518—1643 年），以氏先祖共有五代人定居桂林，此五代人的辈字为抚、匡、鸣、世、君。他们相继归真后，均葬在桂林。

8. 河北海兴（无棣）《从氏家谱序考略》。“从氏鼻祖，系山东登州府文登县人也。时在洪武既崩，永乐初立，因化子军残害生民，则海邑地，尽成荒土，人烟萧索，鸡犬不闻。邻封奏于圣上。皇帝忧于宸良，有臣奏曰：‘欲立其地，应移庶民。’由是，旨下文登，莫敢违旨而踯躅情恋亲属，徒感离情而伤悲。我始祖行二，其名曰英，泣别父兄，回顾桑梓。于永乐二年，随群黎就路迁于州，曰武定。居于县号海丰城北四十里庄，系乐善营。此始祖之由来也。在往昔，虽属外教，及是时，愿进清真，出歧途入正路，胜归于故里。既壮年无室家，招赘于冯门。因冯门后有继续，而始祖仍承长支，两姓俱不绝嗣，千古总为一家，而且同坟祭祖，永不结亲。”

9. 山东济宁《文氏宗谱》，由“墓碑铭文”“世系表”“附录”（“文氏碑铭”于民国二十一年由当地教师张子扬先生所撰）及“编后话”几部分文字组成全谱。据考，自明弘治年间（1488—1505）文氏三世祖文义公始，即为教门世家，世历19代，文氏出现众多位伊玛目，颇受世人瞩目。文琏第十五世功德碑，系回族举人马鸿翔撰文，具有“京都第七书家”之称的回族拔贡唐传猷书丹，文永和之父益茂公，社会名职七项，曾为刘格平同志亲书“满棚”。其阿文书法技艺精湛、超群，驰名全国，为碑铭佳作之一。

文氏，始祖文仲弘第十一世出生年代先祖宗源，已无史实记载。兹以文子敬第十七世，约生于清咸丰九年，卒于1859年，年庚为基数可引出两种推算方法。一是文仲弘出生年代，系由文子敬上溯17代，即425年，应为明宣德九年（1434）；二是由文子敬下推23代文鲁生止的7代，上溯始祖即第1—23世约为宣德三年（1428），两数间差七年。这就是说，文仲弘约生于明宣德三至九年间（1428—1434），其粗略推算显示，文氏始祖约生于明初叶前后是很有可能的，明代多次实行全国性人口平衡国策，正为文氏移徙提供了适宜的社会环境（其具体移民过程待考）。

10. 河北青县辛集海城支《尹氏家谱》。据乾隆版古序载，尹氏原居南京二郎岗，明永乐初，持朝廷签发之移民诏旨，北迁天津青县马家桥入籍。至七世祖“维”字辈，先祖再迁青县城西南人口较密的村庄，开展集市贸易，自然形成集镇，后取地名为辛集，尹氏遂在此地落户定居。随着尹氏家族的发展，“世远人繁，各相星散”，其中尹大成第十二世一支携眷下关东投亲海城。

据载，清顺治八年（1651）拨民尹氏先民首入沈阳“永丰社一甲民籍”后，经辽阳南行至海城东关回族聚居地区扎根落户。据尹德生先生考，海城几支尹氏为同一先祖，其本支迁入海城年代应为清嘉庆末年前后。

现已发现并收入该谱的部分古序，系于乾隆四十一年（1776）至民国十五年（1926）间，经过尹志德第十世、尹鸣鸾第十二世、尹焕章以及20世纪80年代中期现代版尹德生第十七世等古今有识之士编修撰序。尹德盈先生主持本次续谱工程之初，派专人前往故乡青县辛集（今青县新兴镇）祖居地谒祖寻根，清查辈次、世代连接，使海城《尹氏家谱》适时告竣。为研究回族先民下关东迁徙史，提供了不可低估的重要资料。

11. 河北承德回族《孔氏家谱》。据考证，河北承德孔氏回族支脉，原系山东曲阜故居，孔子世家孔子后裔，历史悠远，一脉相承，孔氏子孙遍及海内外。据儒学家考：孔子本子姓，是宋国贵族之后，从孔子上溯六世是嘉，字孔父，为宋殇公大夫，从嘉开始以字为姓，称为孔父嘉。太宰华督欲杀殇公，而先杀孔父嘉，其子木奔鲁避难，为鲁大夫，传至子已有六世，故称孔子为鲁国人。《孔氏族谱》尊孔子为始祖。始祖以下八代单传，其中第七代孔谦生鲋、腾、树三子，长子鲋世传八代，三子树传了六代止，惟次子腾的后裔繁衍众多。以后外迁者有三十五代贤公，居河南宁陵，称宁陵派；言公居河北献县，改称献县派……如今以回族英雄马本斋命名的献县亦改成了本斋县了。该县距河间市约10~15公里，故我承德回族始迁祖自明公，应属于曲阜总支的献县派。这是迄今有据可查的史据。

作为孔氏“兴”字辈承德回族始迁祖自明公上世，是哪位先人从哪段历史时期，又是何缘由皈信了伊斯兰教不得而知。然而，在推动人类社会历史发展并且不以人们意志为转移的民族融合，这个自然法则运作下，又出现一个族属转变的历史事例。

献县地处河北平原中部，与河间、肃宁这三个回回民族聚居之地紧相毗连，此地，交通便利、民风淳朴，世世代代，和睦相处，亲如兄弟，为各民族间通婚融汇，提供了良好的社会境遇。因此，孔氏先人入教随回族，是为常理，基本符合社会进步和发展的要求。

根据其后人孔广华公记述，其高祖毓禄公与承德葛姓老祖母成婚后，生有七子二女。长子夭亡，二、三、四子先后去东北谋生。同治年间，孔毓禄于老城潘家沟置地盖房，与五子孔全、六子孔顺、七子孔宽同宅大院一把灶火。孔全生有五子二女。民国初年，三子孔继祥携家到离承德城北120公里的围场县开设北德祥驼栈，四子孔继先在承德经营面铺，五子孔继成去内蒙古开鲁搞粮食加工及牙纪行业。

12. 山东《左氏宗谱》，左金祜，1册。先祖左凤盛青年时代只身来到济南艰苦创业，据碑文记载，同治三年（1864），先祖左凤盛见到南关清真寺历经三百多年风雨摧残，已经荒废，以他为主发起并动员捐资修寺，自己与六个儿女先购买二所庭院捐资八十二吊，有在院内栽花种草，因此，清真寺内绿树成荫，礼拜堂、沐浴房舍、大门院墙焕然一新。光绪元年（1875），先祖左凤盛在济阳县马家营子清真寺捐地三亩一分，为其去世的岳父诵经祈福之用。光绪三十二年（1906），左凤盛与于湘亭捐寺东吉地一段，又重修清真寺，经众乡的努力，才扩大了清真寺的规模。由于他们功德显著，光绪三年（1877）西关众乡老为他送一块荣誉匾，匾额称作“作德日修”。先祖的品德至今感染着一代一代的后人。见《济南回族家谱选编》。

13. 广西桂林《白氏族谱》，考略白氏先祖为答失蛮人（即伊斯兰教传教士）伯笃鲁丁，传至明代，后裔始改姓白，以适应华夏之国情。其三世祖永龄公，原籍江苏南京上元县，明进士出身，后游宦粤西，率胞弟数人落籍广西桂林。历经明、清、民国，乃至中华，年繁衍生息，遂发展成为当今白氏众多之族人，迄今已达24代左右。就分布地区而言，除桂林外，柳州、南宁、梧州、鹿寨、黄冕、永福、平乐、临桂、灵川均有白氏族人居住，且人数不少。

近代的白氏家族中，有很多名人，其中最著名的就是国民党桂系将领白崇禧。

14. 辽宁沈阳《冯氏家谱》，为沈阳冯氏第二十代后人冯景田提供，谱长26cm、宽18cm，墨笔书成。该谱成于何时，落款“乾隆丁酉（1777）乡魁晋陵沈霖拜撰”，查此人于乾隆四十二年与冯氏第十五代世孙冯国荣同榜中举，又见原谱第十一世处记有:“大清乾隆五十年（1785）谱文另绪”一语，故可推知脚注所指，即为该谱之首序时间。全谱前后修订三次，续至第二十世。

冯氏何时移居沈阳，书中未直接述及，兹从以下几点可知其来沈时间应是康熙年代。其一，与该谱首序撰写者沈霖同榜中举的冯国荣，已是冯氏来沈后的第四代人，这应与其冯氏曾祖到沈时间，至少要相隔七八十年；其二，从乾隆五十年修建的沈阳清真北寺建寺碑文中所列参与主办修建北寺的冯氏乡老，俱是第十二代后人，据此可以看出，彼时冯氏在沈阳回族中，远非初来沈城的小户人家；其三，冯氏始祖之堂兄冯义一支叔侄数人，取得功名的记载上看，均在康熙年间。

冯氏乃明代冯胜将军之后。谱书中云："始祖冯宠，生二子：长子国勇，次子国胜。"原籍安徽定远。国勇、国胜后名，冯用、冯胜。国勇官至总镇，洪武三年追封为郢国公。国舅去世，胜袭兄职，中原平定后，封为宋国公，《明史列传》中专门为冯胜做了传记。洪武二十至二十四年（1387—1391）之间，冯胜作为明征虏大将军曾率师20万来东北，主要在今辽沈地区征伐纳哈出等达数年之久。

后因牵涉蓝玉案，冯胜被毒酒赐死，冯氏家族也在这场血雨腥风中从历史上渐渐消失了。据《明史列传》记载：冯胜死后，他的几个儿子都没能像他那样英勇善战，只有他的侄子冯诚在云南战功卓著，官至右军都督府左都督，统领滇、贵、川、陕、桂五省，统领50多万士兵。朱棣发动"靖难之役"，夺取了王位，冯诚便弃官隐居。冯诚深知官场的凶险，于是留下训诫，其后三代子孙，均只准读书，不得为官。

尽管冯氏家族为大明王朝立下了赫赫功勋，到头来却还是被大明王朝打得零落四方，实在是令人感慨。

全书约1.3万字。抄本，机器纸，包背装，手写体，墨书。页面为26cm×18cm，无边栏，每页22行计28字。白口。保存完好。今藏于沈阳冯氏第二十代后人冯景田处。

15. 江苏六合《白野堂达氏宗谱》，考略达氏远祖乃西域人氏。相传元初始入中国居秦燕之地，今七百余年。据古序载，达氏始祖为毋把勒沙，系伯牙吾台氏，居白野山冶山竹房西三里，四图民人起有白野书屋，奋志诗书！元大德年间（1297—1307），仕进士第入直宿卫。历经升迁与罢官后，落居江苏镇江立基。所生五子，接代传宗、后裔遍布华夏。达氏累代栋梁辈出，有以浙东道宣尉使都元帅泰不华者后裔无上荣耀。不华公不畏海叛，跃入贼舸，拼死厮杀，效忠朝廷，实为我国古代民族英雄。达氏“自祖先立有世系支谱。相传，明弘治三年始修，崇祯四年二修，康熙四年三修，乾隆二十七年四修，同治十三年贼乱，后抄老谱集族议修，光绪十六年采访，五次重修光绪三十年补上续修，民国八年忝校整修”等九次修编。“家规”、“祖训” 及历代族人轶事均不详载，现该谱存于南京六合达氏族人手中。

16. 河北沧县大褚村《回氏宗谱》，据考由回登亮第十八世、回登森（字异柏）等回氏宗族长老倡导并主持统编成书。回氏先祖于明永乐二年（1404），自应天府上元县二郎岗随队北迁，落籍青邑褚村立基。时因历史缘故，各支回氏仅存简略记事，未制全谱。迨十世回景山、回贵廷等几位先祖，远见卓识，申明大义，倡立宗谱，创修初牒，墨书布质悬谱，累代承传。尚遗古谱序文，蒙回登祥夫妇以生命保全古序悬谱，密藏数载，始传今日，为阖族统修续谱，积累一批谱史佐证，实为难能可贵。

《回氏宗谱》始创于明嘉靖至万历（1522—1620）间，续谱于清乾隆、光绪和民国（1736—1912），中华人民共和国成立至今，时跨六百余载。历朝代更迭，经世态变迁，古谱有幸收藏保留下来，由一世祖回有德公、二世祖回玉璞公记起，下分五门：长门回永祖、二门回英祖、三门回杰祖、四门回俊祖、五门回彦祖，再分支、份、股、院等支脉，至21世纪初，回氏已发展成23~24代，成为全国回族望门大户。

17. 江苏南京金陵《伍氏族谱》。“据考伍氏始祖，德全公，于洪武二年自西域奉诏刻漏科博士，掌钦天监事。历五世皆世其官，赐宅第，居金陵。今五百余年，宗支繁衍称旺族。向有宗谱并立祭祀之期，名日会查一次，即少西公考妣忌日之辰，由八房房长传知各房老幼，是晨齐集该家开经，以认尊卑，稽查异姓，议论地坟，各款公事。自咸丰三年（1853）遭粤逆蹂躏之后，毡货一业，竞作消磨之叹。会查虽有一次敷衍故事而矣。宗谱自秋屏公，经畲公各省探问有无伍姓，辛苦三十年告成。”

江苏南京金陵伍氏一族在明清两朝有多人为官，也出过不少探花，可谓书香门第。

18. 广州、香港《刘氏族谱》，1册，线装本。作者刘传鋆 、刘传锷，民国二十一年（1932）。“慎终追远，本立道生，至理名言，民之不能忘也，失追远务本，是亦吾侪份所应然矣。兹我刘族老父诸兄，有修谱之议，示吾侪以追远务本之方。闻命之下，喜而不寐。溯我刘族自帝臣公督师南来，建家东粤，历有年所，迄三百载矣。自东序祖作谱纪元，以明世系，嗣良臣祖、继芹祖、重参笔政。纂辑五次，问鼎春秋之笔，褒贬惟严，或作恻慈文之，杨善隐恶，惜当时印刷未精，皆擅画缮，未能善几宗亲。复经时岁湮远，人事变迁，谱册散缺，则追远益难；族谊疏离，则务本何自。今我老父诸兄缵绪旧服，勖勉后人，恶欲尚废姓之侥风，维古道齐家之纲纪。循规模而修谱，具立达之仁怀，书法忠厚，成人之美，不成人之恶，刊谱逾百，人手一篇，后之仁人孝之，览斯谱而知其来又谱，光闾之迹，启同意是矣。”见《中国南方回族谱牒选编》。

19. 江苏镇江《米氏宗谱》，20卷，1册，98页。清代米俊明著。中国回族地方家谱。《米氏宗谱》重修本为木刻印刷，系由江苏省镇江市回族米氏第六代嫡孙米长清珍藏并赠与中国民族图书馆。该谱成于清光绪二十九年（公元1903年），为米氏第五世孙米俊明所编纂。该谱记载了米氏家族世系图、一至九世年表、“家规十六条”、凡例，并载有“圣谕广训”、“西来家谱”和“教门根源”，对伊斯兰教自唐代传入中国的由来历史、沿革变迁及米氏教门根源做了记叙。对于了解和研究中国回族的历史形成和发展有参考价值。今藏于中国民族图书馆。

20. 河北青县北柳《孙氏家谱》考略：河北青县北柳《孙氏家谱》由河北青县北柳树孙吉庆、孙名庆等主撰。《孙氏家谱》系汉族单支转换为回族族属的一部典型、独具民族融合特色的族谱载体。

总谱载：“吾孙氏其先不可考。值元明之交，族聚山西潞安府长子县大柳树。明永乐二年（1404）迁于青邑（今河北青县）城南十余里而卜居焉。”为眷恋故土仍沿用原地名称“北柳村”。据《孙氏青县支谱》考，自始祖孙从礼起，经二世孙莹，三世孙福（长支昆仲5人），四世孙智，五世孙绪，六世五弟兄孙岐、孙岳、孙峒、孙和、孙岫，至行三孙峒一支止，由北柳树迁入城内东门口回民街落户。恐因回汉结缘之故，从七世祖孙伸起皈依圣教，洗入回籍，家睦族昌，世代相沿，为回族注入一股新鲜血液。

据清宣统三年（1911）谱序载，“道光初年又有续谱，乃不数年而谱竟失。”“今吾族人皆有志于续谱公议，先数世皆仍图舆志之旧”而修续。孙氏自始祖起至，今传世21代。据简略测算，一世祖从礼公约于明中叶［成化十二年（1478）］前后至六。

世祖峒公至青县东门口落居，近年来由孙吉庆、孙名庆诸先生主修，续成新版《孙氏家谱》传世。对于回族谱牒学研究有一定史料价值。

21. 广州《羽氏族谱》。序考略：据谱载，明成化初任广州卫指挥使羽士夫，本东迁入附西域，为明末著名的回族抗清将领羽凤麒之先祖。但《番禺志》中却称：“（羽）士夫，本回纥种。”经新疆回族学学者魏德新先生考证，综合分析有关史料后确认：羽士夫乃回族人。魏先生函复香港羽祖志先生来信时指出：“其（《羽氏族谱》）文中关于你远祖之事，余也门外之汉。然背有所负，耳有所嘱，能不唯命？”特撰《广州回族羽氏族源初考》相赠。

《羽氏族谱》为手抄本（活页），计24页，由第十世后裔羽昶鎏（卓云）重修。重修时间除“旧谱散失（1466）后编辑”（时间不详）外，还有落款“公元1952年7月2日，十传年七十九岁卓云谨识”和抄录的《回族三忠墓碑记》。据此，估计最后重修时间应当是20世纪50年代后期。《羽氏族谱》分为世系（排辈字谱）、（广州）祖茔图、略传、志文、赞词等，虽十分简约，但内容丰富而完整，是一部具有相当史料参考价值的谱牒。

据《羽氏族谱》载：其祖羽士夫明宪宗成化二年丙戌（1466），自南京随督同知赵辅，右签都御史韩雍来粤。征大藤峡，诸瑶贼平。其族昆仲有栖流西江一带者，辅晋封武靖伯，雍授副都御史。公授指挥使，世袭镇守广州，迄今二百余载。崇祯间，羽凤麒公应袭世职乙酉（明洪武元年，清顺治二年），以功加都督同知。庚寅（明万历四十年，清顺治七年）春，两藩师抵广州，当时明朝虽亡，广州隶属口安。公督守正南门，十一月三日城陷。因范承恩守西门，总督杜永和因其无能，当众呼之为草包，承恩以其辱己，故心恨之。故开门迎清兵入城遂陷。羽凤麒公戎服自缢，举家九百口尽皆沦亡，只余二子一弟先年旋乡，随师外读，得免于难，幸其族之不绝者仅一线耳。

22. 河北沧县捷地《买氏家谱》，1 册，线装本。作者买瑞祥（第十九世，1945— ），河北沧州人。"尝思礼教之行，本于尊宗之道。继分祖称别大小，此所以明一族之亲疏。即以衍万世之统绪也。后世宗谱不行，生齿日繁，散处纷纭，则宗谱情等吴越，或生同白首，而面目不识，甚至称谓失次、名字互同，不可枚举。又何以敦孝敬，讲雍睦乎？此族谱之修所宜急而不容缓也。英年幼无知，学仅识丁，有志纂修买氏族谱。因与本族尊长辈考核确实，笔之于书，以垂后世。始祖以前无可考者阙之，惟以居沧为始。盖一族之中，有本支，有分派，叙明，使若为某子，若为某孙，亲疏远近，一展是谱，昭然明爽。而期间若为同父，若为同祖，若为同高祖，推而溯之，水源木本，总归所一。虽云百代，犹然共处一堂，则孝悌友睦风，不替于奕叶，而礼教之行即于是寓焉矣。"于同治元年（1862）、民国二十三（1934 年）、1996 年三次修谱。见《回族谱序与宗源考略》。

23. 云南昭通《阮姓家谱序文》考略：

一、阮姓本源

据载，吾阮姓，上可追溯唐末时代。阮姓本初姓袁，起于唐盛时代始祖参朝廷政事，为人忠厚贤达，办事秉公，很受各方宠爱，都城长安居数百家，各论其事，耕耘经商，行行皆有。"安史之乱"时，很多忠臣惨遭杀害，为保全性命，祖公带其家眷夜逃长安，一路历尽艰辛，跋山涉水来到山东，然而各州府檄文擒拿，方解袁姓为阮姓也，即在"元"字之左添加耳朵旁，保持袁之本意，至以阮姓宗族出现。

二、阮姓的迁移——南迁宋仁宗期间，由于朝廷腐败，辽金之夹击，地方官吏的搜刮，民不聊生，各民族揭竿而起者，不计其数，著名的水泊梁山中的一百单八将里就有阮氏三兄弟，现该地区还居住着百余家阮姓。元代后期一部分阮姓南迁江南各地，今南京、上杭、杭州等地各开其地，休养生息，当时阮姓皆为汉族。

明崇祯末到清顺治时期，三位参与南京巡抚政事的阮氏兄弟，又随官到滇黔等地。长公讳国家、次公讳国栋、三公讳国梁，兄弟三人各开其地，创基立业，长公落业于云南曲靖马龙州，后裔一部迁往鲁甸顺山村等地。二公落业于贵州毕节大定府，三公落业于贵州威宁杨万桥，长次二公后裔皆为汉族。

国梁公原配马氏马家屯之姑祖，仁德忠厚，勤俭持家，生启龙、启云二子。二老躬亲教养，梁公忠孝国家，外敌入侵，出征抗敌，阵亡于新疆，不知葬于何处。启龙公旧守佛教，世居杨万桥，属汉族，至今后裔约十多户，八九十人。

三、阮姓回民之来历

云公自幼喜清真教，少时精读阿文，勤学不倦，文学才华过人，品众学优。青年时代兼学武术，武艺超群，无与比拟。清康熙时代，朝廷苛税繁多，民处水深火热中，各民族发生矛盾，则自相残杀，朝廷派哈元生将军征讨乌蒙，云公自备征鞍，操戈入伍，战斗中勇猛善战，身先士卒，屡立战功，威震滇黔，得胜回朝，封赐兄武郎之衔。南征告捷之中，云公走览乌蒙，各地安民无不夹道欢迎，亲访察看认为，唯鲁甸拖姑之地适宜，到处山清水秀，柳暗花明肥田沃地皆有，五谷皆生，居民多信伊斯兰，云公回禀母亲，得到老人赞许，遂搬迁当今之住地拖姑。此地后改为阮家院，从此进入光明正教，世代勤耕，子孙繁衍，族业兴隆发达，云公的后裔就是阮姓回族。

四、阮姓回族六房支系云公有六子，后裔称六房

长房阮庭玺、二房阮庭璧、三房阮庭秀、四房阮庭璋、五房阮庭琼、六房阮庭真。六子后代繁荣昌盛，现已出世十四代子孙七百余户三千余人，业已成为兴旺之族，六房皆以阮家院为中心，后树大分枝，根深叶茂，散居各方，据整谱调查分布盛广，昭通的卡房、小脑包、布戛、迎水、小闸、花鹿坪等，鲁甸的箐门、马厂、葫芦口、次院子、下野石、赛家营、江半坡，贵州的顺田坝、石板河、威宁、响水河等，还有远居楚雄、武定的阮应培之子

孙。六房子孙繁多，辈次无法考据推测。

阮老巴巴阮世美为阮氏四世祖，游学甘陕，晚年坐水营大寺；阮成昌（仕祥）清末民初在昭通坐寺；能与神比高低的阮三文公；能做翻译的阮应朗公，在箐门坐寺。

24.《贡氏宗谱》，2卷，2册，共142页，全族纂修。回族地方家谱。该书分上、下两卷。卷一记述了贡氏家族历史，有“天开地辟全图”“圣谕广训”“西末宗谱”“重修宗谱序”“重修旧谱序”“家规十六条”“盛福公转”“盛与公转”“世孙引”“世系总图”；卷二记述是“年表引”，第一世至九世年表，是了解回族历史的重要参考资料。全书约6.3万字。民国二十二年（1933），楷体，页面为30.2cm×20.2cm，版框为26cm×18.4cm，四周双栏，每页20行计22字，花口，版口刻有口题、卷数、页码、积善堂、单鱼尾，有图，保存完好。今藏于中国民族图书馆。镇江蔡怀壁梓积善堂活字本。

25. 广州《杨氏族谱》，1册，光绪三十四年（1908），十一代孙杨肇荣敬书。重修族谱序说：

“窃以水随源而浚发，木根本而滋生，况我辈幸倚籍夫先灵，得繁衍于南海，则寻源溯本讵可忘夫。

历代派：始祖日魁，二代初，三代应德梦，四代龙震，五代奕志龄，六代学绍，七代应文大裕朝，八代永经达志景，九代安可国成达，十代运龄宝昌得以佐友福永嘉文，十一代芳福肇文兆炳光雨宝，十二代永铁，十三代香，十四代世，十五代业，十六代翰，十七代藻，十八代家，十九代声。本族人众，故前派数间有混淆，如三代、七代应字、德字，五代、八代用志字之类，惟望以后子侄取名，理宜敬避，切莫重用，致乱次序也。

见《中国南方回族谱牒选编》。

26. 北京昌平阳坊《贯市李族谱》考略：贯市李姓一族，据传先世落户西秦。后与张、王、刘、尹、戴、马，回姑表兄弟，参与抗元兴明之战，屡建功勋，颇为朱氏赏识。朱明一统，遂驻守于南京二郎岗。朱棣登基，为护卫运河，安定燕南，自永乐二年始，陆续将金陵回氏八姓北迁。以河为界。河东居张、王、刘、李。河西居尹、戴、马、回。因以沧州为枢纽，故有“沧州回族八姓”之说。

“李姓初祖讳天保公，居于南京二龙岗金家疙瘩。有四子：仁俊、仁杰，仁善、仁美。永乐十五年，始祖天保公膺皇命，别金陵，护驾北征。初驻守于德州。继而北上，仁美公赘于沧县曹庄。与曹氏生有四子：进忠、进孝、进扬等。至五世祖李还迁至盐山汶台村。时光荏苒，子孙多支，或因生计，或缘于婚姻，或为强权所逼迫，兵燹所裹胁，致使李姓至亲骨肉迁徙多处。至今，南京二郎岗李姓，已是族群繁衍，蔚为大观。人才辈出，光照史册。西贯市村李姓，系由坟台村，（一称汶台村）迁出。同时从坟台迁出者，一落户于京东北坞，一落户于京东霍各庄。皆尊仁美公为始祖。”

贯市李姓，何时迁至京北贯市，已不可考。据清真寺碑文载，寺建于明弘治1594年，此时贯市李姓无论人口数量、经济能力，皆大有改观。非最初定居时可比。故推断先祖初抵贯市，当在公元16世纪之始或更早。

明代北方边患瓦剌，多次越过长城，直袭京师。1449年“土木之变”，英宗被俘，京城告急。于谦调集兵力，保卫京师，贯市村乃北路进入京师要道。为屯兵御敌，当是李姓迁此重要原因。

几百年来，贯市回人以武为尚，不善务农，多是保镖行侠者，足见先祖留驻贯市历史原委。上述可为坟台李后人迁至贯市村，早于建寺约百年左右之佐证。

贯市村李姓和其他异姓族亲。功垂于史的大事有二。

19世纪末，八国联军入侵华夏。慈禧、光绪仓皇西逃。当日，驻跸西贯市村。值此，国将不国危急时刻。是我贯市拯救流亡朝廷于生死界上。献以粮秣，银两并护驾西狩。贯市李姓以两乘骡驮轿，驮起一个风雨飘摇王朝，挽救了一个将被瓜分的中国。

20世纪末，尚未与中国建交的沙特阿拉伯王国，于1989年2月以世界伊盟名义，派遣阿巴斯先生来华。名为向外交部钱其琛部长呈递信函，拟在中国建立伊盟分支机构。实是了解中国伊斯兰现状，以决定是否和中国建交。贯市李姓，敢担重任，不避锋镝，先是引见于外交部，复邀至贯市清真寺与乡老见面。礼拜、诵经、座谈俱在殿内。阿巴斯深为中国教门不衰而感动，以致悲恸失声。表示要为中沙建交作出积极贡献。翌年中沙正式建交。外交部西亚北非司孙必干司长、赵国昌处长对这一民间外交给予充分赞许。沙特第一任驻华大使陶菲格对贯市村及清真寺亦给予很高评价。涉及经国大事，贯市李姓参与其中，实为贯市各姓的共同荣誉。

贯市李姓多是从武、经商，文化不昌。建国之后，面貌大有改观。在主流文化中显示出风采。如著名京剧表演艺术家、中国京剧院国家一级演员李世章，北京新闻电影制片厂著名播音员李连生，天津大学李崇谦教授，北京京剧院著名演员李崇善，中国历史博物馆研究员李俊臣，中国电视剧著作中心导演、制片李佩铎，书法家李建功等。李氏后继有人，前景辉煌。

27.《陕西渭南七岔口宗源考略》。关于陕西渭南七岔口李家的祖籍，虽有口传为临潼，但有悖于老支谱所题。后听李家家族长者说，是“陕西临潼七岔口老庙集”。可是，到临潼打听却无七岔口。后幸得李家十一世裔孙正亮君于2002年元月底至2月初，专程前往陕西临潼和渭南，寻根问祖实地考察，经查县志、走访有关部门、人士后得知，自明朝时就划分有临潼和渭南，至今未变。临潼无七岔口，渭南有两个七岔口，一个在斜阳镇，一个在白杨镇，后者距临潼很近。白杨镇七岔口是因七条路的汇合口面得名，这里的灵阳村一带叫老庙集（两年前因修路才被平）。马明龙先生主编的《广西回族历史与文化》可作佐证，书中第14页、第40页都提到：“清初迁徙到桂林的李姓回族有三支，其中一支来自陕西渭南”。第290页又有“李振民（天铎公）祖籍陕西渭南”字样。综上所述，我们认为从有关的史料和实地考证看，陕西渭南七岔口李家祖籍当属“陕西渭南七岔口老庙集”。

28.《苏姓与邵阳回族的分布简考》据回族学者魏德新先生考，苏姓大多取自经名首音，为“回族十三姓”之一，如，“苏里曼……之后裔取姓苏”（《回教民族说》）。“苏达尼，就取自第一个音‘苏’为姓”（《中国回回姓氏来源》）。此外，也有因“速来蛮”的“速”（与苏音相近）赐给“苏”姓的。如明初哈密使臣、锦衣卫指挥佥事速来蛮四世孙乌令班时，便赐给姓名苏荣，其后均以“苏”为姓。苏姓中也有的是改姓。元代时，福建泉州有一位来自西域的穆斯林阿合抹，留居后取名苏唐舍，并娶回族蒲氏女为妻，其后便以“苏” 为姓。

湖南回族学者马亮生先生说，邵阳回族苏姓系于元末明初，由北京等地随军调遣宝庆卫（即邵阳）屯戍驻守，充当卫指挥使僚属及屯垦回族军士后裔。苏姓原北直顺天府人。邵阳现有回族2.8万余人，市辖九县三乡如隆回县（该县山界回族乡，另建四个回族村）邵阳县、邵东县、市郊、城区均有分布。

29. 湖南邵阳《苏氏三修族谱序》考略：

历史上，苏氏出过不少名哲，眉山学士苏轼就是其中一位。湖南邵阳苏氏的鼻祖通公，于明洪武初年，由燕京宦游湘邵，慕双清六岭之胜，遂卜居城西黄土墙。之后，苏政荫袭父职，再传御公，时于永乐间迁居南乡塘山冲，即今之苏家冲也。生锦、铎、镕三公，由此派分三房，年积月累，生齿日繁。迄九世至十五派之间，或出仕，或外商，或从军，或公艺，陆续徙蜀、黔、桂、滇各省，迁益阳、汉寿、武冈、隆回等县。

苏氏家乘首创于乾隆中叶，由苏惟夏积十余年之劳瘁写成墨帙三卷，分房珍藏。越六十又九载，至道光十一年，继而续修，苦心经营五载成就。第三次续修，是民国三十三年，由苏家十七世后人、十八世后人四处采访、集稿成卷，只冀一举功成，何意徒劳两月。日寇陷境，造成满耳腥膻，旧谱成稿，皆遭散失。越明年，倭奴投降，国土重光，文忧敬祖之愿未了，诸务御却，重整残简断篇，力求扩大联修，幸得同房居四川隆昌之德宣先生臂助，其不惮辛艰，由国府教协总会采录籍蜀宗人通讯处相告，故今之有绵竹、犍为等县族人世系，也才有了苏氏三修族谱。

30. 福建泉州《燕支苏氏族谱》。序考略：

苏为光州固始世家也。旧矣。其后子孙散居四方，或以德尊，或以功显，不一详其所自。肇于唐舍公，徙居泉之城南，是生男子六人，长居泉养亲，其五子元末避乱于四方，莫知所终。生女四，俱适巨族。公所遗田租九百余石，房间五十间，花园、菜园、荔枝宅五所，家资黄白钞贯，物资及诸假贷契卷，俱贮横巷土库封锁焉。长子布伯公，布伯公生长子添福，次子添乞。

添福生孙奴，孙奴生秉庸，秉庸生钦明、钦政。添乞生公逊，公逊生祥质、瑞质。至是继续绳绳，苏姓始大，益数世矣。

唐舍公名阿合抹，维智公长子，生南宋度宗咸淳庚午六年正月十五日辰时，卒元顺帝至正壬辰十二年五月二十三日午时。享年八十三。葬在晋江东门外仁风境后，名功厝，围穴坐癸向丁。配麻氏，生南宋度宗咸淳癸酉九年二月十一日巳时，卒元顺帝至正辛卯十一年七月初九日辰时，享年七十九，葬在苏厝围内。唐舍公，清源佥都御史朱鉴有赞，另载于后。缵辙曰：公自银同迁居燕支里，学西域净教，爰名阿合抹。康熙丁未年，余于涂门真教寺询南京教师杨姓者，云是名，即世称长老也。

31. 云南《赛氏族谱》，1册，线装本。

我赛氏之祖始自咸阳王忠惠公，公籍西域，白帝真君之后，为元太祖从龙硕辅。至（元）十一奉命抚滇，大德元年薨。其时，三子二世祖雍国公忽辛从之，嫡长子延安王纳速剌丁继治，遂家于云南。

忠惠公五子十九孙，各以名为氏。传至七世祖，我府君讳英，君临安卫，始有定姓。公生而子：曰福、曰贵。福即阿迷之祖，贵即石屏之祖也。

盖吾赛氏之族，极为繁衍。论忠惠之脉，源远而流益分。不总谱之，则祖功宗德之详不明；不备书之，则枝分派别之伦必乱。

《赛氏总族牒》清乾隆二十八年（1763），癸未冬石屏赛氏嗣裔赛（1697—1795）修纂，民国二十年（1923）癸亥秋裔孙赛鸿宾补录。见《中国南方回族谱牒选编》。

32. 江苏镇江《古润金氏宗谱》，6卷，7册，共504页，金喜等纂修。始祖为唐代亦不喇金，始迁祖为明代锡爵。金氏原籍天方国，西名亦不喇金，移住撒马儿罕，唐贞观间诸助讨贼始入中原。前一册用红色刻成，卷一至卷六记述金氏家诰命、凡例、家训、名氏录、世系引，第一世至十三世系，是了解和研究回族地方历史的重要参考资料。全书约22.17万字。民国二十五年（1936）润州世耕堂木活字印本。机器纸，线装本，楷体，黑色，页面为30.5cm×19.5cm，版墨框为

25.2cm×17.2cm，四周双栏，每页20行计22字，花口，有口题、卷数、页码、单鱼尾，世耕堂等字样，有红色插图。保存完好，今藏于中国民族图书馆。扉页题："金氏家乘"，重修本，书名据封面书签题。

33.《郑和家谱考释》，不分卷，1册，64页。李士厚著。中国回族古代人物史专著。考证记叙明朝先贤郑和之世系家谱。书以郑和之父墓志铭开篇，考证其祖籍家世，包括郑和祖父马拜颜、父亲马哈只及郑和后15世世谱。并对郑和"自幼有材志""才负经纬，文通孔孟"及天子赐姓郑、出使西洋等史实始末做了考证叙述。书后附有"昆明马哈只碑跋"和"明史郑和伟传""祖国大航海家郑和传""西洋诸国回教汇览"等。对于了解、研究中国古代史，特别是了解、研究作为回教徒的先贤郑和出使西洋的壮举和历史贡献及郑和家族世系有参考价值。全书约3.32万字。民国二十六年（1937）再版，昆明正中书局，机器纸，包背装，宋体，墨书。页面为22.5cm×14.8cm，无边栏，每页13行计40字。白口。有图有照片。保存完好。今藏于中国民族图书馆。

34. 辽宁《戴氏宗谱》，分21章节，20页。戴诚弟兄五人（诚、志、淰、谐、信）撰。据《戴氏宗谱》记载："戴氏乃周微子十二世孙宋太公之后裔。周天子十一代周宣王静壬寅二十九年（公元前799）乃吾宋太公之元年也。"该谱自高祖戴诚始。原籍浙江绍兴府，后移山西晋阳洪洞石门寨母子村。建文元年（公元1399）迁居南京二狼岗，永乐壬年（公元1402）年，又迁回山西。志淰二公，旧守故里，高祖偕弟谐、信于永乐甲申二年（公元1404），隋军入直，屯驻青邑。后其弟谐赴保定五邑。诚、信二支"退佛门而入古教，称'西域回回'已有560余载，为了解和研究回族的历史形成、发展及民族的融合提供了珍贵的例证。"全书约1.6万字，谱创修于明嘉靖十一年，康熙二十年重续，咸丰九年（公元1859）撰修，机器纸，线装本，手写体，墨书，27行每页计28字，白口，保存完好。今藏于鞍山戴氏第二十世后人戴克敏和其堂弟戴凌霄收藏。由十八世戴守辰，十九世戴书珍、戴得邦等族人修统编。

35. 山东临清《黑氏宗谱》，溯自黑氏宗谱，始祖百让。于康熙十八年（1679），继续于光绪三年（1877）。丁丑以远，迄今又五十余载。济南族人，正思将寓济各族调查明晰，分别支派，先行开叙，携赴临清原籍，陈清族中，重加修订。适临清族兄映芝，于民国二十年四月，携《黑氏宗谱》，无不人同此心，心同此理。黑氏之有家乘，迄今已有百余年矣！

嗣以支蕃族茂，宗远派长，故拟订“先哲彰丕显赓修育多奇”十字，由20世始推于后10世，庶可不失族中统系也。族中名人，黑鸣凤（1665—1719），字羽辉，号朝阳，康熙二十九年举人，四十二年武进士。见《回族谱序与宗源考略》。

36. 河北新河《脱氏谱书》，1册，平装本。始祖脱脱（1314—1255年），字大用，蒙古蔑里乞氏，元顺帝朝重臣。出生相侯世家，马札儿台长子。元顺帝年间，出任太师右丞相。修三史，治黄河，为朝廷做出过重要贡献。二世祖三公子周彬隐居新河县董村，至今繁衍26世，后裔出现很多志士仁人。民国二十年（1931），族人脱鸿贵重刊谱书，因洪震灾害等原因，谱书几乎失传。见《回族谱序与宗源考略》。

37.《南海甘蕉蒲氏家谱》，不分卷，1册，184页。本书初辑于明万历四十七年（1619），后于清道光二十八年（1848）、光绪七年（1881）和三十三年三次重修。全书分“姓族源流考”“历代家谱”“历代序文”和“跋”等部分，除用文字表述外，并附有80幅宗支图。该书图文并茂，谱系清详，为家谱中之难得者，是研究中国回族家族历史的重要参考资料。全书约1.2万字，机器纸，包背装，宋体，墨书。页面20cm×14.2cm，无边栏，每页24行计26字，白口，保存完好。今藏于中国民族图书馆。1987年12月，天津古籍出版社再版。

38. 云南昭通《铁氏宗谱》，铁耀宗，光绪十二年（1886年），流传于鲁甸县铁家湾，拖姑家门楼、葫芦口，昭通市八仙营等地铁姓回族中。

排行字辈并流宗支世为：

“顺明定万先，国正耀安兴。此十字先前排定。

起勋周裕富，长才保荣芳，吉庆成祥士，宽宏建久昌。后又二十字 。”

此为家谱重修序文，续修者为七世孙铁耀宗，成谱时间为清光绪十二年（1886）二月，系由八世孙铁安品于民国九年（1920）二月二十六日，自曲靖清真寺内抄回。此据昭通市民委1987年10月编印内部资料《昭通回族社会历史调查

（一）》与《中国南方回族谱牒选编》。

39.《雁门萨氏家谱》，8 卷，8 册，共 624 页，萨镇冰、嘉庆续修。此谱为回族地方家谱。始祖：（元）萨拉布哈、（元）傲拉齐；始迁祖：（元）野芝，字天舆、（元）仲礼，字守仁。（附注：①色目始祖。②萨拉布哈原名思兰不花，遵《四库书目》改正。③傲拉齐原名阿鲁赤，遵《四库书目》改正）有萨氏族谱序、雁门萨氏宗谱序、重修族谱序、续修族谱序、萨氏族谱条例等。编写雁门家谱起源于明隆庆元年丁卯，六世系，清康熙十五年丙辰癸八世系孙希亮重修，十二世系孙国霖重修，道光三年癸未十二世系孙知时续修，光绪三十二年丙午，十五世孙承钰续修世系一卷，宣统二年庚戌，十六世孙嘉曦重编定为八卷，民国二十四年（1935），十六世孙镇冰、嘉曦同续修定为八卷。该家谱是研究回族地方历史和文化的重要参考资料。全书约 33.9 万字。民国二十四年（1935）远东书局铅印本。机器纸，线装本，楷体，黑色，页面为 26.5cm×15.5cm，版墨框为 19cm×12cm，四周单栏，每页 24 行计 22 字，花口，版口刻有卷数页码、单鱼尾、“雁门萨氏家谱”等字样。该书第 1 页为红色字样，有插图。保存完好。今藏于中国民族图书馆。

40. 湖南邵阳《张氏族谱》，1 册，线装本。

稽我鼻祖璞罗德公，明以前系北京顺天府三河县牛角湾，至明洪武元年，授职都督指挥，调升宝郡，世袭后人，厥子版吕隧家于此，昌公生三子，长云公生五子，（次）贵公生六子，三虎公生九子。云、贵世系另修谱帙，未经采录，今但以我虎公系图之。虎公于永乐十一年，授河南中获卫百户之职，至十九年，改调常德千户指挥，宣德年间调北京锦衣卫，历任多载。及景泰三年致仕还常后，附籍八斗湾，于孙繁衍，居乡居城者有之。历今三百年余载。英生也晚，仰父兄之德训，自幼业儒，未就，今年近七旬，尝念祖宗兴，往往与课读之余，不禁喟然叹曰：‘不有家乘，何昭来许。’无奈旧谱残缺失次，亦且里居暌隔，迁徙不一，踌躇久之，自憾不能辑通族之谱，乃乾隆己卯年间，聊序一支，以传后裔，幸也。壬午之春，有宝邵族侄孙百昌者，总修祖谱，遍出搜罗，适宿近地从树林姻家黄姓宅，道及官仓，八斗湾，与府城，桃源、龙阳等处，历历不爽。时乾隆甲申冬（1764），十三派孙大英鸿山氏敬撰。

见《中国南方回族谱牒选编》。

41.《青州赵氏宗谱》，不分卷，3册，共324页，赵潜撰。此谱为回族地方家谱。“山东青州回族赵氏，乃当地之望族。先有本族金荣兄，在江苏常州清真寺任阿訇，尔林深厚，交往甚广。他从上海族人赵安龄手中受得青州赵氏先茔碑记拓片三幅：一明万历，一清康熙，一清乾隆，金石作证，才知青州赵氏，乃圣裔赛典赤·赡思丁之后，始祖伯颜，乃赛典赤·赡思丁长孙，纳速剌丁之长子，中书平章政事。元朝一代勋臣。”《赵氏宗谱》曾于清康熙二十四年（1685）重修，乾隆十六年（1751）同族重修。第一卷为总序，圣裔赵氏家序；第二卷为剪公长男宁三男英二公支派；第三卷为剪公仲男通公支派；第四卷为行三哈木、行四罕支派。第三次重修宗谱为三册，分“总序”“世谱”“谱表”，全书约12万字。线装本，手抄本，黑色，页面为30cm×19cm，无边栏，每页11行计31字，白口，有插图，保存完好。今藏于中国民族图书馆。原书藏中央民族大学图书馆古籍室。

42. 福建惠安《郭氏族谱》，1册，手抄本，年代不详。序言：“代，所以别族也；族，所以广亲也；系，所以垂远也。自唐尚父太尉中书令汾阳忠武王之所从来着，迄今数百年，传若干世，分处他郡。始祖德广公生子洪公，子洪公生仲远公。仲远公生五子，性好山水之乐，择地于惠邑海滨百奇山下，筑室居焉。”书中有“嘉庆十二年岁次丁卯秋九月念八日，肇汾顿首拜”字样。见《中国南方回族谱牒选编》《回族谱序与宗源考略》。

43. 河北沧州孟村《吴氏家谱》，沧州吴氏，系沧州地区回族大姓望族之一。“前祖讳凯公（字祚永），祖居安徽徽州歙县城里，于明永乐初，受任河间府沧州盐运分司运叛，携眷赴沧就任。膝下三子：智、荣、礼，随任居沧。晚年，祚永公返籍回里；礼公迁居永平府迁安县，后受命迁居山东武定府海丰县（今无棣）；智公迁居陕西西安府，不知住所；荣公继任盐运司职，定居沧州，为沧孟一带回族（含部分汉族），是吴氏立世之祖。”沧州《吴氏族谱》，于清中叶因国之改乱而散失。现保存较好的支谱主要有孟村、沧县（含黄骅燕吴庄子、孟村何吕店、沧州市区支系）两部。该谱派辈分按照第四世安、泰、评、琏兄弟四祖，分为四门列系，纠正了两谱同辈不同世（一辈前祖祚永公为一世，一辈立世荣公为一世）和门份排列差错等问题。该谱较大程度地展示了沧州回族吴氏家谱的繁衍、发展之全貌，对于研究全国吴氏回族渊源和沧州回族的历史、文化具有宝贵价值。

《孟村吴氏家谱》，原谱立时不详，于清道光九年（1829）、道光三十年（1850）、同治八年（1869）、光绪十七年（1891）四次修谱，“文革”中险遭毁坏。1986年重新续修，此原谱尊前祖祚永公为一世，与沧州市谱尊荣祖为一世，同辈相差一世。现经修订，均按祚永公为前祖、荣祖为一世，与沧州谱辈分统一排列。见《回族谱序与宗源考略》。

44. 河北沧州《曹氏族谱》。据《姓考》称：“上古颛顼氏的玄孙陆终的后人被封于曹地，因以为姓。”回族曹姓区域西域曹国国名，为西域“昭武九姓”之一，沧城七里淀曹姓即源于此。

《曹氏家谱》于1999年修成，1册，45页。清黄旭岁次乙酉（1885）经曹允升（第十五世）续修过一次，仅存“联谱序”一篇（另无稽考），立主谱曹义美为始祖，时居应天府上元县二郎岗（即明皇城西侧锦衣卫驻地）。这是一段回族组内通嗣、递传融汇的典型史实。曹义美原为李氏宗裔，名李仁美（行四），祖籍西秦咸阳古城，元末举迁金陵。明成祖改南京为留京，创立两京制度，永乐十九年（1421）迁都北京，李仁美随父李天保，长兄李仁俊、次兄李仁杰、三兄李仁善（商居河北易县）。永乐十五年（1417）成祖第三次北巡，奉旨护驾北京。履职事毕，返归金陵途中，仁美公幞沧突发疾患，赘于曹门。所生二子，长名忠，继李姓，次名孝（即增耀）嗣曹门。曹姓宗裔仍以曹庄为祖基，部分后裔向周边省县辐射移居，其支脉遍布于沧州、泊镇、永平、昌黎、山海关、济南、天津、北京和东北等全国各地。至今继遵“弘扬先人之传统美德，振兴吾曹氏门庭建功立业”和“曹李不通婚”之祖训家规，倡导续修家谱，谨防数典忘本。《曹氏家谱》从光绪乙酉至本次修谱160年间谱事得已承前启后岁时衔接，族人发展20余代，对于全国回族源流沿革研究有一定史料价值。见《回族谱序与宗源考略》。

45. 广西桂林《傅氏宗谱》（怀德堂）。吾祖先世由阿拉伯于唐贞观年间受唐主之聘随宛思来中国，征服安禄山后留居中国，代远年湮，无从稽考。自吾始祖弘烈公由江西进贤县游宦来粤，为广西提督军门，幸赖真主鸿恩，子孙繁衍遗传至今已 13 世。

谨订族派三十字，并规则十条列后：

弘起云君成如文守宗祖

善任得荣昌克纯能继武

积庆雄兴华重开万载祐

民国二十七年（1938），怀德堂族众编订，1 册，本家谱除记载来源之外，另外还有十条族规，原件存于广西桂林市傅任勇处。见《南宁回族史稿》《中国南方回族谱牒选编》。

46. 山东济宁《常氏族谱》，1 册，平装本。作者马秉新（1933—　）山东济宁人，回族。经名努哈，笔名俗闻。

常志美，字蕴华，亦作永华，经名穆罕默德・伊本・哈基木，回族人，原籍山东济宁。据传祖籍为中亚撒马尔罕，经师世家，生于明万历三十八年（1610）四月十五日，归真于清康熙九年（1670）四月初七日，享年 60 岁。据说，常氏“先人原居江南，自高曾祖父起，世代以经学相传，主讲于关陇及大河南北”。另说“其先世居江南，后投籍山东济宁，任城济宁人氏亦即字蕴华常先生、延龄李先生俱任城也”。见《回族谱序与宗源考略》。

47. 广西桂林《宋氏族谱》，重修本。于清乾隆十六年（1751）、光绪十八年（1892）、民国二十九年（1940）重修。“本族始祖宋公讳福公元，系山东泰安府泰安县庄名宋家庄人。生于明末万历四十四年九月十日，殁于清康熙二十三年二月十六日，卜葬于桂林东门外穿山之阳。自顺治六年随护安南王奉使来粤，次于桂垣西门外遂籍居焉。聚金氏祖母为室，生四子。长子曰泰时、次子泰来、三子泰宇、四子泰祯。”见《回族谱序与宗源考略》。

48. 广西《司马氏宗谱》，来桂林始祖系司马刚、司马振兄弟，原籍山西大同府大同县卧虎山人氏，二人均职授千户。于洪武十三年（1380），奉命来桂林修王城，应期竣工。二公因年迈。呈请解职，遂定居桂林。该谱除记载一般的世系外，还记载了清代广西回族画家马荣升的若干事迹。现北京马安禧（已故）、桂林马民鸿等。另外，有数幅临桂太平圩清真寺及司马氏家族坟茔分布图，原件存于广西宜州马明芳处。于道光七年（1827）、同治七年（1868）、民国二十一年（1932）重修，修谱人司马成玉，回族。见《中国南方回族谱牒选编》《回族谱序与宗源考略》。

49. 青海西宁《喇氏宗源》，1 册，作者喇秉德（1945—　）青海西宁人，笔名瞻甫，回族。是回族姓氏之一，喇姓取自赛典赤·赡思丁长子纳速喇（拉）丁名字第三个字音。《元史》载："赛典赤·赡思丁……子纳速喇（拉）丁拜陕西省平章政事。"据《陕西通志》载："元朝初，贵族纳速喇丁，子孙甚多，分为纳、速、拉、丁，居留各地。"因拉又译作喇（剌），故姓喇，喇姓回族主要分布在甘肃省临夏回族自治州、青海等地，在青海西宁、湟中等地方亦有喇姓居住，甘、青在元代都属于陕西行省。赛典赤·赡思丁（1201—1279），元朝政治家赛典赤意为阿拉伯语"荣耀的圣裔"，出生于中亚布哈拉世家。宋嘉定十四年（1221）。蒙古军西征攻下布哈拉，赛典赤祖、父骑兵千人归附成吉思汗，赛典赤充任宿卫，随从征战，1251 年蒙哥汗即位，赛典赤任燕京路总管；世祖中统元年（1260）至三年（1262），相继任燕京路宣抚使、中书平章政事兼管全国财政，以"轻财爱民，多惠政"著称。至元元年（1264）出任陕西、四川行中书平章政事，后因节制陕西五路四川行枢密院所有官属，兴办小学，修治路桥栈道，长安民众为之树碑以志其功。至元十一年（1274）任云南行省平章政事，在滇六年，政绩卓著，采取系列军政措施，使云南正式成为中国行省，安抚少数民族部酋，加强全国统一。见《回族谱序与宗源考略》。

50. 四川楚邵《蔡氏宗谱》，1 册，线装本。书曰："以亲九族，故三族之别，掌之小宗。伯邦国之志，掌之小史。大宗小宗之殊，载之载氏礼记，则知家之宜谱也。吾族以来，世际隆盛，宗族于吾，固有亲疏。自祖宗视之矣，自先明洪武年间由谱，上川分支发派，吾族丁名挨写不意。族等议于清嘉庆廿五岁在庚辰月建壬午望九日添谱百十余张，子孙分支，以勉紊乱班讳，是以为序。”

《楚邵蔡氏宗谱》，亦作《昭陵蔡氏宗谱》，由蔡氏第十二代孙蔡守摸于乾隆三十四年（1769）在湖南邵阳组织纂修，至乾隆四十三年（1778）编成，历时九年。为手抄本。明末清初，蔡氏后裔多人迁徙四川各地，该谱基本记载了这些内容。由四川仁寿县蔡氏后裔保存。

延楷，名宏昕，生于乾隆庚辰年（1790），卒年不详。为蔡氏第十四代孙，居四川仁寿县岗丫，该谱作于嘉庆二十五年（1820）。见《中国南方回族谱牒选编》。

51. 辽宁海城腾鳌回族《韩氏家谱》，1册，线装本。系韩永安（第五世）生前倡导之未竟事业。20世纪70年代末，韩永安病榻前谆谆托嘱，殷殷族情，老人以沉疴之躯和颤抖之手，留下一篇珍贵的韩氏史文。次子韩景超谨遵父命，于20世纪80年代中叶以修续成书的行动告慰先人。韩景超（1933— ），回族，辽宁海城腾鳌人。新版《韩氏家谱》记述：韩氏祖籍山东济南府禹城市韩家寨，高祖韩世麟（1785—1851）享年67岁，公幼年不幸，考妣弃养，孑然一身。清嘉庆五年（1800）16岁背井离乡，泛舟渡海落脚辽东岫岩古城。十四年（1809）25岁谋室完婚，立业成家。尔后，移迁海城腾鳌古镇定居发展，世代繁滋，韩氏后代子孙已达8代，本支逾百。

韩景超与堂兄弟韩景良、韩景连等，据各自经年的记忆和祖父辈养育子孙的亲身感悟，回忆先人创立基业过程，书撰史序，其文字洗练、情真意切、史料翔实，正所谓亲历、亲传、亲闻，记录了桩桩件件历史篇章，反映韩氏先辈操守端正、德高望重、信仰虔诚、心地良善、施舍济贫，为腾鳌地区回族公益事业和弘扬伊斯俩目教门做出过重要历史贡献。韩氏回族家谱不仅记录本族发展史，对于辽宁回族宗源考也具有一定历史研究价值。见《回族谱序与宗源考略》。

52. 吉林九台《唐氏族谱》，据“族源”一节载，唐氏回族世居吉林市北70公里处，以盛产蜂蜜闻名的九台胡家回族乡蜜蜂营，取村名蜜蜂村。乡内蜂蜜营、红石、宝山，其塔木镇的山前槐和卢家乡的前秧五屯，统称为“北五屯”。村屯间，近则3~5里，远不过十几里。据考，九台县（现为九台市）北五屯回族先民于清康熙十八年（1679）定居此地。当地传说，明朝山海关总兵吴三桂归顺清廷后率部南下，其段、唐、尤、邵、丁等五姓回汉官兵为随军往，留京师待命。清政府恐后患无穷，遂将其余部签发关东吉林开垦种地。另一说吴三桂失败，将云滇川汉回族官兵谪遣东北。其有回族人段应龙者，途中巧遇京城校场比武，当场夺魁，恩授游击，奔赴吉林，据兵部为钦奉上谕事载："康熙十八年七月二十五日奉上谕事，马承荫差来赍奏，段应龙发往起程之时，预先奏闻：'应给札赏，赍交兵部。钦此。'"当时相随而来的有段、唐、于、张四姓回族，均在蜂蜜营一带随族当差，使官牛、纳官粮、垦荒耕田，落户扎根，成为吉林省早期回族先民之一。唐氏辈字……万、永、德、金、林、志、明，已传八代，该部族谱历史考证，对于研究东北回族先民迁徙有一定价值。见《回族谱序与宗源考略》。

53. 江苏镇江《夏氏家谱》（明德堂），线装本。作者夏承厚（1931—　），江苏镇江回族明德堂夏氏支系六世后裔。镇江回族明德堂夏氏，原籍江苏扬州。据"纪略"文载："我族子前明入关（中国）以来，阅今五百有余岁，历传三十有余世，籍地扬州，堂开'明德'。"清咸丰初年"洪武之乱"扬城失陷，宗谱毁于兵燹。本谱立夏志古为主谱始祖，于民国五年三月，经夏芳（第4世）依"先君口述，而芳所耳闻"抢救创修。1983年仲秋，夏德祥（第5世）谨遵"纪略"载述，潜心考证，亲撰宗谱序，近代宗族简史，整理先祖生平及坟山状况，使该部宗谱初具规模。壮大了族威。21世纪初，再经其长子夏承厚先生进一步搜集分居各地史料，充实原谱内容，编写明德堂镇江夏氏支脉世系表和先祖坟谱，使《夏氏宗谱》更臻完善。据史学界转引清乾隆版《泉州府志》考，公元十四世纪初，一位"博学有才德"经师名摄思廉夏布鲁罕丁者，随波斯贡使来到福建泉州，时年八旬颇受当地穆斯林拥戴，应聘教长。尽职至明洪武三年（1370）归真，享年141岁。后人遂以"夏"为姓。嗣有其夏敕承袭教职。继夏彦高、夏得升，夏日禹等延职至万历三十五年（1607）夏家庄夏氏，世袭教职长达三个世纪。夏容光先生在其夏氏族源中曾述及"我族来自山东方向"。《中国回族大词典》载，夏乃马当、陈咬住、马丑斯三姓回族受朝廷诏旨，于永乐十五年（1417）前往山东德州北营，为菲律宾苏禄东王守墓眷属服杂役。夏承厚先生认为："这位夏乃马当很可能似我扬州夏氏回族先祖，夏布鲁罕丁则为来华之始祖”。这段涉及回族先民迁徙的重要史料，虽系判断认定，有待回族专家学者与族人继往正史觅踪，或深挖古谱资料，确立族史研究项目，历经艰苦努力缜密探讨，弄清夏氏回族宗源的前景，定会明朗可观。见《回族谱序与宗源考略》。

54. 河南济源下街《程氏家谱》，1 册，平装本，作者，程连慧（1942— ），河南济源下街人，字星垣，回族。

据祖茔碑载，有清一代（1736—1709）始迁祖，程有贵，字元荣，行四，配妻吕氏，“乃直隶真定人也”。因世事多变，年代久远，专访尚无着。据传，始迁祖青少年时因生计所迫，于清乾隆初年离真定而到河南济源，先在康村帮人干活，维持生计。但先祖牢记回族之根本，伊教之真谛，闻庙道下街乃回族居住村有清真寺，随即“迁居本邑庙道街”村南首。

据调查族内人繁衍在陕西的西安、咸阳，山西的新绛、河津、运城、石碑庄，甘肃的张家川，河南的孟州桑坡、沁阳崇义，北京，焦作等以及我氏祖根据地河北正定共十余处。族内辈分排列，先祖所定“有延宗上观树连喜拾万”十辈，公元 1975 年，树屏、藩、祥、中、贵、恩六位六世祖长老对“万”字辈已将用尽，在我祖清真寺内共议“万”字辈后补续“功俊英华茂德厚福泽长”十字，祈求真主佑助，希望后人能及时补续，时时能推本溯源，宗脉不紊，均可了然。见《回族谱序与宗源考略》。

55. 河南沈丘回族倪姓，作者，倪胜章（1960— ）河南沈丘人，回族。

回族“倪氏”姓属近音借字古汉姓。中国倪姓源于战国时倪氏国（今山东枣庄、腾州一带）。《姓氏考略》：“小邾国，又称‘倪’国，子孙以国为氏。”沈丘回族倪氏的族源则为波斯你沙不儿部落，《元史·列传七》：“太祖西征，曷思麦里率可散等城酋长迎降……征你沙不儿，谕下之……随太祖征汴（开封）……”《新元史》载：“曷思麦里，西辽虎思斡儿朵人，事西辽主鲁古。”你沙不儿即今伊朗尼沙普尔。1218 年蒙古成吉思汗西征，西辽八思哈（位于今吉尔吉斯斯坦）长官曷思麦里（柯尔克孜族）降蒙。

你沙不儿留居中原后繁衍生息递檀，其后裔分为多少个姓已无从考证。倪氏只是你沙不儿部落一支，自明代实行“禁胡语”政策后，你沙不儿人只好舍弃了波斯语姓氏的本名、经名、父名、祖父名、族名、地名、部落名的结构形式。而是只取其首尾或中间的某一字音作为姓氏，取部族名“你”或侯赛“尼”、麦儿“尼”音者，因与汉族“倪”音近同，就借字古汉姓为姓，从而形成了回族倪姓。今回族倪姓皆认为开封为其祖居地。这与元史中金主弃城后，探马赤军“遂入南京（开封）”的记录是一致的。正阳县也有一支倪姓，正阳邻近古蔡州（汝宁府，今汝南县），这支倪姓可能是参加蒙宋联军攻蔡平金后下的。另外，黄河北封丘县右一支回族倪姓，安徽的阜阳、阜南、颍上级正阳关的八里垛口等地也有一支倪姓，不过这支倪姓大部分已出教为汉族。

沈丘回族倪姓约200户、800余口，居县城者60余户、240余人，槐店回族镇倪庄村70户、280余人，北郊乡倪辛庄及肖洼村70余户、300余口，沈丘回族倪姓属同宗一脉，据沈丘县志记载倪姓与李、马、庞、海、刘等姓回族，是清顺治四年（1647）由开封荆格答等地迁来，倪氏内流传，占荒来祖倪龙川借沈丘，其后人多以耕田或小商贩为生，迄今历13代。见《回族谱序与宗源考略》。

56. 山西大同右玉《麻氏家世》，作者李大钧、李大宏，1册，平装本。麻氏家族为山西大同一带的回族望族，家族中许多名人，如麻秉彝、麻璋、麻金、麻政、麻芳。在《明史》《山西通志》《大同府志》《朔平府志》等史志中有大量记载，曾在中国历史上有过辉煌的一页。据麻氏后人说，其家族已历29代，推算为元代来到大同一带。魏德新《中国回族姓氏溯源》考证金代大同出过兵部尚书麻秉彝、查《金史》等部分史料认为应当有所出处，但尚未落实。明《大同府志》上记载的元代诗人麻革，为大同麻氏一族在方志上的最早记录。清代以前，大同麻氏均为回族，其他民族无此姓氏。

明代，大同麻氏家族全部隶属山西行都官籍（军籍，为大同籍），明初冯胜、常升在大同立十六卫时入籍的，主要居住在大同镇右卫（今山西右玉县），后来逐渐扩散到大同府城、浑源州城等各地，均为右玉麻氏家族分支。清时大同城内还有回迁大同的另一右卫麻氏家族不同宗是麻氏支脉。见《回族谱序与宗源考略》。

57. 大同库氏是一支古老的回族姓氏，从元代开始，库氏家族就扎根在大同这片黄土地上，成为当地“麻、马、库、白、把”五大回族姓氏之一。大同库氏家族已历30余代，人口呈倒三角形逐步上升。明天启二年（1622）碑记上又库氏教中人9名，清乾隆七年（1742）碑记上又库氏教中人30余名，清道光九年（1829）碑记上又库氏教中人50名，代表着不同历史阶段库氏家族的兴旺景象。其家族的人口数量，仅位于马氏、麻氏、白氏回族之后。近代，按居住地位置，库氏家族分为“南库”“北库”“东库”“西库”等族系，拥有数百人的庞大群体，遍布在大同城乡各地。其中大多数居住在大同城内，少部分居住在大同田家回族聚居村、大同马家会回族聚居村，城市人口占绝对多数。见《回族谱序与宗源考略》。

58. 广西桂林《翁氏宗谱》。“始祖，讳世昌公，系江南江宁府上元县人。清康熙丁未六年（1667），避难来粤，寄寓高兴桂林省城，既而迁居临桂西乡太平圩，隧落业焉，不肯入仕途，经营商业。公平处事，不数年发达万金，娶太平圩马文佐公之女马氏太君，蒙真主福佑，生二世祖云松公，云伯公、云开公。其后子孙绳绳绵绵延延，移居桂柳邕垣及桂南六塘圩各处，至今十一代。”

光绪三十二年（1906），民国二十三年（1935），修谱人翁健（回族），内容涉及祭祀、手守、宗教、睦族、正名、顾本、立业、处世、谨言、慎行、立志、存心、待人、处事、权量、教育等方面，1册，原件存于广西桂林县六塘镇翁小元处。见《南宁回族史稿》《中国南方回族谱牒选编》。

59. 天津《穆氏家谱》。

光绪三十一年九月二十七日天津穆家庄穆氏阖族禀请，天津府宪出示谕禁立案碑文，花翎候补府代理天津府正堂加一级纪录十次李为出示严禁事。

据天津绅董□员穆国安等禀称，窃穆氏始祖穆重和，自国初由浙江杭州府钱塘县迁徙天津城北十二里，立穆家庄遂家焉。以后，生齿日繁辈数恐乱，经六世祖仲佐编辑十四字：应思景从国朝兴，文成祥瑞怀德生。按字起名，每一辈用一字，以期族户虽分辈数不差，至今凡十八世“国”字辈，惟国安为族长。至于婚配，同姓并不结亲，向遵例禁。乃近来，无知之徒罔知法律，竟有穆氏同姓为婚之举，殊属野蛮之至。及绅等查知，业已嫁娶多日。绅复不肯，具禀离异。有关脸面，然又不能隐忍坐视，深恐无知者借此效尤，以至乱宗裔而败风俗。绅等已于八月十三日，赴县据情禀请示禁。蒙批如禀，出示谕禁等因。绅等，捧读，不胜感戴！何敢又赴天案（津）续禀，致干厌弃。惟自蒙县批后，绅等犹有余情待申。伏念穆姓族人甚繁，迁移在外府外县居住者，亦复不少。所蒙县批，各情恐来周知，况前集十四字辈数排用将尽，理宜再续十四字，仍望穆氏远近族人，排字起名，相传罔替，似亦继志述事之意。字文：孝友为本伦常序，诗礼传家祖训良。

惟有公恳仁天大人，垂念民族之殖繁，持维礼教之关系，据情赏示，切实严禁。凡穆氏族人，勿蹈干禁乱婚之恶习，确守续集辈数之字大。如再有违训乱婚等事，或经绅等禀明或别经发觉伏恳准行，按律惩办，决不姑宽，以便绅等敬谨铭碑。庶几，声闻远播，不衍不忘，莫非仁天之所赐也。为此，公叩乞恩准，电鉴施行等情据此查律载宗，婚姻为重。乃穆氏竟有同姓为婚之举，寔属有干例禁，合函出示严禁。为此，吾穆氏阖族人等知悉：自示之后，凡有穆氏族人务须按字起名，以名分派，免致干禁乱婚。倘敢故犯，准由同族人等指名控究，按律惩办，以重伦纪。其各禀遵毋违。特示。

见《回族谱序与宗源考略》《天津回族史论稿》。

60. 云南昭通《锁氏家谱》，佚名，1册，线装本。

先祖明德、新德二公于明洪武十四年（1381），奉命调派威宁城，后领土杨旺桥落业居住，至今六百零四年，子孙繁衍移居各方。明德公娶虎氏，生国良、国相、国贤、国美、国举、国保、国正七子公。新德公娶撒氏，生国汉。汉公娶马氏，生永仁、永珍。珍公娶马氏族，生必亮、必清、必佐。国良公娶张氏，生永祥、永林、永城。城公娶虎氏，生必俊，迁居箐箕凹。国相、国贤、弟兄于雍正六年迁居八仙营、花鹿圈报领土地，至今二百五十年。

锁氏家族排行是：德、国、永、必、文、朝、在、占、正、银、万、培、珍、祥、有、忠、裕、云、开、明、恩、宽、发、应、周、庆、春、琳、意、光、洪、志、武、跃、成、学、功、立、安、能、嗣、崇、继、世、本、仁、爱、英、贤、杰、兰、桂、传、家、远、信、圣、恩、宗、万、代、吉、昌，共六十三代。

《锁姓家谱》，流传于云南昭通及贵州威宁锁姓回族中，修谱时间及作者不详。所收录由贵州威宁杨旺桥锁国钧、云南昭通市博禄区小龙洞教师虎发斌整理编辑。见《中国南方回族谱牒选编》《昭通回族历史社会调查》。

61. 湖北《魏氏宗谱》。

始祖实公，生于西域，籍于北京顺天府顺义石槽村，于明洪武九年，发南京凤阳府武和县指挥周公营中总旗。随周公征战有功，调授湖广常德、荆州卫所仕百户。劳累病故于荆，因其家眷属住常德，故迁葬于常德府北门外魏集滩。

始祖实公，生子二：长子拜柱，次子德清。实公病故后，父爵由长子拜柱顶袭，洪武二十年，拜柱公奉旨追剿叛寇，出得胜关外。二十二年奉旨征战周家坪，二十四年二月，以功升沔阳卫所仕百户。其眷属有常德迁沔，拜柱之母病逝沔阳，葬于窑头。二十九年三月出师真定得胜回卫，永乐十年，调征安漠、奇罗、荷花、海口处有功。征战中箭伤左膀，回卫乃卒，葬于窑头母茔之侧。朝廷据功有赏，允其子孙袭爵受荫，世代不乏。

二世祖长房拜柱公，生子二，长子思和，次子思礼。

三世祖思和公，生一子，名涧，思礼公生子二，名源、名渊。

二世祖后人，大多散居羊子四垸、江北等地，一部分迁港（今钱家港）。德清公三子恩华之孙名楠，名祖者，迁移张湖湾，名禧、名祥者迁移南部。今沔城佐近魏姓，族大人众，拜柱公之后裔，居大半焉。光绪十八年（1892）

1994 年湖北省仙桃市新华印刷厂铅印本，见《中国南方回族谱牒选编》。

62. 湖北《定氏族谱》（敦本堂），1991 年湖北省仙桃市通海口印刷厂铅印本，1 册，平装本。“吾祖自国朝而上，盛于明，始于元。元以前多无所考。但传于元者，始祖伯安公讳定，仕元顺帝为西台中丞，刚方自矢，劾举无所避，德业事功，炳着鉴史。而世讳宝禄，佐明太祖。于洪武十三年分封楚藩，授武昌卫指挥。二十三年随征永顺、保靖、获公升赏。二十七年征剿柳州、桂阳、亲冒矢石，殄灭贼寇，锡爵将军。三世讳云，世袭千户，驻屯南嘉，竿笃生八祖，济济一堂，宁非家门，盛事乎？递传至五世，徙居沔南。六世讳文目，援例承袭，延及九世讳国宪，代系相承。八世讳应捷，任登州守备，次会应甲，防守仙桃镇。十世讳之德，以军功加都督佥事，分守防县。或食先德而邀荣，或显才能而见用，仕路虽别，亦皆祖宗功德值所致也。但由元明及我朝，数百年，子姓繁昌簪缨，叠继盛德大业。既有以兴于前，复有以裕之后。则先世之垂裕后昆者，为何？如后之人宁不思有以报之乎？以故绵绵于江汉，荆沔间者，虽士农工商不一，其业闺不兢匕焉，惧宗三祧之不克承也，况今文人蔚起，尚文学，通经传，异日驰声艺苑，奋迹天朝亦何量乎？”见《中国南方回族谱牒选编》。

63. 湖北《答氏宗谱》（古郢德馨堂刊刻）马鸿禧，道光二十五年（1845），1册，线装本。“原籍西域，自元世祖至元癸巳，讳剌海祖，同孛可以人，献大珠，赐价不受。帝嘉其廉，命姓答氏，留官于朝。成宗时，进剌罕右丞相；武宗大德丁未，公仍前官，复擢剌海公左丞相。二公赋性刚方，才思敏捷，历相三祖。嘉言懿行，载在《元史》。英宗元年，罕公卒，赐葬东京。太宗二年，海公卒，敕并葬，此我家始宗也。二世祖，讳禄，罕公出，官监察史。元祚改革，莫知欣终；讳阿忒，海公出，隐居陕西。四世祖失蛮、纳速，纳速官建业，落籍江南六合县，各为一支。失蛮公宦游京师，董浚大内河道。明祖起金陵，公在红罗山蒙知遇。五世祖长昭保，次昭恭，次昭玉，昭保蒙恩世袭。宣德七年，追寇出德胜关外。九年，副（赴）广西差官复命，升鹰扬卫镇抚，并追赠失蛮公武略将军，是年九月卒。六世祖耀，正统二年袭爵，除龙江卫千户，历景泰、天顺至成化元年，调征粤西海口有功，赐钞五十。七世祖信袭。信公卒，八世恭、九世玉、十世征、十一世明、良、金、铠、敬。五功俱幼，弟征公代袭。十二世祖福、聪二公，始叙历代祖若宗传之由来，以昭示类兹，至十三世，嘉靖十八年，设兴都留守司。”见《中国南方回族谱牒选编》。

64.《铁氏宗谱》（老谱），1册，线装本。清乾隆六十年（1795）二月，保兆祥受铁氏族长铁国臣、铁世能之托修纂。此谱根据昭通市民委1987年10月编印内部资料《昭通回族社会历史调查（一）》录入与《中国南方回族谱牒选编》录入。

65. 云南昭通《保氏族谱》，佚名，1 册，平装本。修于民国二十一年（1932），是为《古滇保氏族谱第一集》，共四卷。卷一为系图；卷二为世记；卷三为家传；卷四为杂著。此外，卷首有序、有凡例、有总目、有保氏渊源分支。

保氏为云南大族，凡例第一条云："吾族原于蒙古，初以特穆尔为氏，元之右族也。自库库台特穆尔特穆尔遵保保，而入滇始祖亦阿保名，于是改姓保氏。"

《族谱》记保氏世系，自库库台特穆尔起，凡二十四世，库库台特穆尔以后五世，并见《元史》。"然库库台特穆尔，实应作阔阔贴木儿；其子奈曼岱，应作乃蛮台，孙阿鲁威，应作阿噜温；玄孙库库，应作扩廓。《族谱》所据，乃乾隆间忘改之本，非《元史》之旧也。又察罕无子，以扩廓为子。扩廓者，察罕妹之子，本姓王，故有王保保之称。今谓察罕有二子，一为库库（即为扩廓），一为托因，非实也。又，宗谱库库台为忽必烈宗族，则就蒙古族而言则可，就所属之部落言则不可能。忽必烈出于尼伦（Nilou），为蒙古最贵之族，库库台出于乃蛮（Naiman），其在蒙古族中之地位固远不及尼伦也。"

保氏回族分布在昆明、曲靖、沾益、寻甸等地。该《保氏族谱》资料，录自李兴华、冯今源所编《中国伊斯兰教史参考资料选编》。此谱修于民国二十一年（1932），见《中国南方回族谱牒选编》。

66. 云南纳姓一族，系咸阳王忠惠王的后裔。咸阳王（1211—1279）的全名是赛典赤·赡思丁·乌马儿。"赛典赤"，意为荣耀的圣裔；"赡思丁"，意为宗教的太阳；"乌马儿"，意为长寿，都是阿拉伯语。赛典赤系中亚布哈拉人，纪元 13 世纪，元太祖西征，赛典赤率千骑迎降，被任为成吉思汗帐前侍卫，随从征发，后任燕京继事官、燕京路总管、中书平章政事。世祖至元十一年（1274），选任赛典赤为云南平章政事，在任六年，对云南的政治、经济、文化进行了全面的改革。使云南的社会发生了重大的变化。其后裔都落籍云南，入乡随俗，改姓纳、哈、马、赛、沙、忽、速、撒、保等姓。伊斯兰教之所以能在云南传播，也和赛典赤父子及其所率入滇的回族人有密切的关系。后到明代，因改朝换代，饱尝家破人亡痛苦，逃至滇西南边地隐姓埋名。至明成祖永乐三年（1405），下令招抚流亡，纳姓子孙复迁河西纳家营定居，多数从事农业，也有专攻伊斯兰教经典。

《纳姓历代宗谱》，民国时由纳汝珍初修，1993 年 7 月由纳钟明先生续修打印。见《中国南方回族谱牒选编》。

67. 山东《宛氏家谱》，宛志宏，1 册，线装本。据魏德新编著的《中国回族姓氏溯源》一书中考证："……中国回族中的宛姓出自唐武德年间（618—626）来华传播伊斯兰教的撒哈八·撒阿的·宛葛思。"他在广州主持修建了怀宁寺，宛葛思是回族宛姓的始祖。

宛葛思定居中国后，其后辈子孙以宛字为姓，世代繁衍至今已有一千多年的历史。在北京通州地区，也有宛姓人家居住。见《济南回族家谱选编》。

68. 云南《合氏宗谱》。

> ……吾族为元代咸阳王赛典赤·赡思丁裔，王为天方补哈拉国王十一裔，而国王又为至圣穆罕默德十七代裔……公殁，葬于省垣南城外斡耳朵……哈政公，王玄孙，落籍河西县之下回村，为明正统甲子科举人，建坊村前，为该县鼎甲之始，授四川绥定府达县正堂。上以忠臣无二心，应无二口之意，以御笔涂去口旁，有此遵姓合。四世孙合庆熟习回文，出任寻甸县属隆丰里梭萝湾教长，昌（倡）建清真寺，遂家焉。道光五年（1825），选拔进士，遂分居寻甸城内。原籍河西、新兴两县族人最多，又有移居省垣及迤东巧家、乌龙者……拟定十六字：群生先裕、世绍其荣、文明增进、家兴国隆。为子孙名号之排字。

《合氏宗谱》，为云南合氏回族嗣裔合士昌（字希贤）1963 年所修，原为手抄本，由昆明沙儒诚先生收藏，1983 年被云南回族学者李士厚收录于人民交通出版社出版的《郑和家世资料》中。又见《中国南方回族谱牒选编》。

69. 山东《沙氏家乘》，为清光绪三十二年（1906）续修本，马象乾手抄，棉纸，线装，1 册，不分卷，共 86 页。前半部分有序言 9 幅；另有《续修族谱范例》《沙氏墓表》各一篇，计 40 页；世系表 46 页。《沙氏家乘》始修于雍正三至六年（1725—1728），光绪三十二年由第十四世清正、沙明等重修。

《沙氏家乘》记载:“沙氏自元世祖入中华，其先无可考，而隶于青者有荣公、瑾公二人。相传荣公为益之广文，因家焉，固望族也。”广文即广文馆，古时教育机构。始祖荣公是因在青州作儒学官员而在县城定居。而沙氏何时何地入居青州，序言文字中均无交代。据真教寺修寺碑记推算，沙氏入居青州时间当与沧州刘氏相近。

另外，青州还存有《沙氏族谱世系图》挂轴，高 1.8 米，宽 1 米,“葡萄序”格式。清光绪三十二年由十三世孙福昌、福祥等编续，赵克成绘制并题写。《沙氏族谱世系图》弥补了《沙氏家乘》中只有荣公支派，没有瑾公支派的缺憾。另外，金岭镇清真寺中还存有沙氏四世岗公墓碑，其内容与《沙氏家乘》中之《沙氏墓表》基本相同，亦于光绪三十二年所立。该谱为研究青州回族历史的宝贵资料。见《青州回族溯源》。

70. 山东济南《周氏家谱》，1 册，平装本，始祖和贵（小金庄周姓）。周氏是个兴旺大族，居住分散，人口众多，有的相距百里之遥，其中周姓聚居点有几十个，人口近四千人。

至于周姓回族之来源因无确凿史料记载而无从考查，但究其根源不外乎以下几种情况：一为原西域人留居中原的如凤凰庄传，二为汉族周姓皈依伊斯兰教者，三是明代胡人改姓汉姓者，四是皇帝赐姓周的如济南小金庄周姓为明代金陵周，有可能随燕王北来之士卒将军。总之，济南周姓支脉繁多，具体是何种情况不得而知，其中一说唐时西域人来中原留居的，一说明初由南京水西门迁来的，一说由山西大槐树迁来的，现录载于此，一并存疑。济南回族周氏家族世代辈字是：立兆乾坤世耀宗光，清景正春惠瑞昌，康克宏太锦秀鑫昇。见《济南回族家谱选编》。

71. 山东济南仁复堂记《崔氏家谱》，作者崔长魁（1943— ），山东济南人，回族。始祖，讳岗，原籍顺天（今北京市）西三里河庄人，以贩马、经营皮货为业，往来于蓟、鲁、江、浙之间。明朝正德元年（1506）秋，迁居于济南，历经五百年代代相传，至今已 20 世系。现济南市内的崔姓族人就达 3000 人，已形成户多人繁的望门大族。该家谱对于丰富祖国谱牒学文化宝库，研究回族根源和发展史，具有一定史料价值。见《济南回族家谱选编》。

72. 山东《胡氏家谱》，1册，平装本。作者胡振荣。“先祖既无高官巨富，亦非名士文人，更无显赫家世，乃虔奉教门的平民百姓，以务农为本。因无家谱传世。上祖溯无可考，仅靠言传，流传不广，致使辈分难分，亲属莫辩。2000年，振荣、振永倡议，请大家提供资料，由振荣纸笔，以胡兴业一宗，编写《胡氏家谱》。”

从一世胡兴业起，已传七世，胡氏后裔不包括配偶已达134人（2001年）统计。见《济南回族家谱选编》。

73. 云南楚雄马石铺《姚氏宗谱》，1册，线装本。“吾姚姓先民，源出西域，世守清真，元时为官，有权势。入明以后，江南、西北、诸地回回征戍入滇者，高潮叠涌。吾村先民二十九人，遂于洪武十五年（1382）年随戍入威楚今址，跨五尺古道（俗称“大路”，为西南丝路滇境之中段）而居，世代繁衍。迄今已历六百余年。祖上尝又口碑，历代相传，洪武时自南京应天府大坝柳树湾高石坎被拘迁而来。”南京柳树湾之说，在三迤回、汉族中颇为流行。然而，据史家考证，柳树湾一地，实为洪武建元之后，明军南下征讨屯戍之水陆集散兵驿，遣发之兵，多来自北方各省，而非滇地各族移民之祖地。书中有“乙亥年十二月十五日，姚继德付梓前书”字样。见《中国南方回族谱牒选编》。

74. 河北大厂《何氏家谱》，作者何玉国（1967—　），回族，河北大厂芦庄人。“何氏，鼻祖乃西域人，唐室初立，始来中土。始祖昆仲叔三人长阿颜沙、次阿匝丁、三失兀喇。其生于元末，立业于明初，原住江宁府上元，明永乐二年五月，北迁畿辅，落及北直顺天府东路厅三河邑南让一乡，自立何家厂庄。长门无嗣、次、三两祖主谱传宗。”另考，三始祖同异母长兄不花贴木儿之后裔，携“太始祖履历轴文记”逃跑投何庄获悉，太始祖何也思答元廷授职，京西三里河立祖茔。遂寻其何姓祖根，三世祖起定汉族姓为何姓。由次支何忠三支何宽，世衍接代，其后辈至光绪二十六年（1900）族众已繁衍至16世，今已发展至20世。该谱由“吾门有旧纸谱单一纸”起始，“原老家谱始出于何自良、何自立兄弟二人所立”。“今阅度清道光五年（1825）‘尚古堂’主人重抄之祖谱，也从‘守’、‘维’（七世）二代开谱。”光绪版谱由二十年（1894）起，历经三年的努力拼搏，于二十三年丁酉完成，作者何景才（第十四世）系何厂籍“明德堂”德高望重的老中医，其所著四卷治验各症《医案录记》、《外科明隐集》与《何氏家谱》一样，正在为中华民族医学与回族古籍文化遗产增辉。见《回族谱序与宗源考略》。

75. 湖南邵阳《海氏叙修谱》，1 册，线装本。“吾族海氏在《姓氏通考》以为齐春之后。至明嘉靖间，琼州之刚峰忠介（海瑞）垂誉，安化之源善惜刑著闻，以及雍州之名贤指不胜屈，岂有二枝分而派别耳。昔司马作史不载上世，眉山叙图断自可知。今吾族之谱亦何莫不然，吾族鼻祖盟石公，本顺天府昌平州顺义县籍，洪武元年授御亲军指挥，而年，奉皆东川侯胡海洋及千户江文靖，百户王容开取湖广郡地方，随带家属三十余口，寄住城内，我祖巡查武冈、新宁、城步、诸蛮未服，奉命镇守神滩渡数载，因前室弃世早，男伯颜俱幼，聘乡耆常仲明之外甥女周氏为继室。迄十三年，钦差科道苏领，勅加封云南沐国公英官职，适从宝地经过，与我祖友善，荐于国公府，升总戎。及二十四年，奉文调云南，全家俱往，时周氏怀孕将弥，不能住，留寄外祖母家，逾月而生子馨。抚养既长，娶陈都司之女为妻，生子贤。昭陵海氏所由来矣。至今西湖桥馨公佳城，吾族历代进葬。我祖末年出镇贵州，终老毕节，坟墓屹然。今云南伯颜之子孙皆吾一本也。十一世名钟航字常山者手缮墨籍，十二世昌龄于雍正而年又墨籍给予通族，余继龄后又墨籍。乾隆六十年（1795）十一世海钟麟修、中华民国元年（1912）海毓霖续修。”见《中国南方回族谱牒选编》《回族谱序与宗源考略》。

76. 湖南常德《黄氏族谱》，由黄纯椵、黄纯燮修，1 册，平装本，四修谱。

> 吾黄氏世居顺天府固安县。前明永乐二年，始祖隆兴公迁常德卫，落业黄荆滩，生德忠、德信二公。忠迁花家巷，信迁青泥湖，距今一十七世，历载四百有余。支分派别，莫可纪计，是亦逾积石，阅龙门者流之如是乎？其长也，至今旁搜远绍，欲求十七世以前之世系，如始祖为国捐躯，信公八世孙绍钦抄谱尚能言之，惜草创未就，修文地下，迄今又历百余年。世代之相传益久，子孙之继起愈多，而家乘一帙，未克仰承先志，踵而行之，是则后人罪也。

有清一代《黄氏族谱》，历经‘雍正二年，蒙七世祖庠生珠璠公初造草谱，乾隆三十六年（1771）九世祖沼公复修印谱，道光五年（1825）族房长等捐资续修，次子不紊，迄今（光绪六年）五十余载矣’。跨越150余年时空，所传五篇序文，其祖宦游足迷清晰。民国八年（1919）己未岁十九世孙纯瑕、纯燮。”

见《回族谱序与宗源考略》。

77. 贵州威宁《虎姓家谱》，1册，平装本。

吾祖住陕西，世代以子孙繁衍各居一方。后有过广东者、山东者、又有山西者、湖南、湖北、四川者。吾祖之居住陕西，世代久远。由唐至宋元明清各代千余百年。后因贵州彝蛮作乱，吾祖征服之后，又居威宁城内西北二门。吾祖归真葬于西门外火龙山，有碑文为记。

吾祖讳自祥、自高兄弟二人，又至二辈祖，堂弟兄三人；登龙、登凤、登先，迁杨旺桥。登龙、登先乃是高公之子，登先乃是祥公之子也。后又马万里无子，将吾登先公过继为后，居于菜家地，直到如今有菜家地之马姓与吾虎姓同宗。

吾祖虎姓自陕西来自贵州威宁，又过昭通，各有真主所定之衣禄。各迁一方，各执一业，各州、府、县、昭通、鲁甸、威宁、东川、寻甸、昆明、水城、安平、安顺等。自雍正八年过昭通，经乾隆、嘉庆、道光、咸丰、同治、至光绪二十三年，吾祖丰万公承首，将杨旺桥之祖牌修换。至民国三十一年，有公名恒泰见字辈家谱排行错乱，特别作一帖，启望后辈照字谱安名，不可随便安之。吾祖由陕西至贵州威宁编造之字辈，以后子孙各代按字辈取名，不可重犯上辈之字，犹如水之流。我虎姓之家谱字辈排行如下：

自登兴林正然军国万泰永明良恩贵才能治安邦。

金府真祥吉云开四方清学高德平善福寿保家康。

荣华天现彩满朝建都相文武忠臣贤俊杰礼义光。

美景风秀雅仁慈孝弟先庭前启艳色山后凤乐音。

见《回族谱序与宗源考略》。

78. 山东胶州、江苏常州《法氏宗谱》。据考，法氏先祖法若正（中国名），本名“法都喇”（阿语，伊斯兰教经名），今通写应是“法都喇·法若正”。胶州《法氏宗谱》载：“明洪武时，法都喇以扈从奇勋，特赐鞍马，授世袭指挥使佥事。家于燕之房山，今顺天良乡、固定则犹其苗裔。”

胶州《法氏宗谱》为手抄本，2卷，共260页。由其十一世孙法若正，一并创修于康熙五年（1666）至二十一年（1682）间。再后由十五世孙法汝简及次子法恰重修于嘉庆六年（1801），胶谱从明景泰或成化元年（1450—1465）年间第一世起，自民国二十八年（1939）第二十五世止，先后历时约近五百年。

常州《法氏宗谱》为刊印本，4卷，共527页。据撰写于光绪八年（1882）的《续修宗谱记》：“我法氏族谱失修历百有余年”计，始修应在乾隆四十五年（1780）前后，其后由二十一世孙法文祥（焕文）、法庆祥（庆谷）、法瑞祥（兆金）先后续修于光绪八年（1882）和二十六年（1900），常谱从元末明初第一世法都喇起，自光绪二十四年（1898）三房第二十四世止，先后历时约五百三十年。

两部《法氏宗谱》（乘）初修距今世系跨度均在半个世纪以上，涉及回汉两个民族的发展与变迁，对增强各民族之间的和睦团结，及回族学研究均有重要的历史意义。见《回族谱序与宗源考略》。

79. 辽宁宽甸《都氏谱书》，1册，线装本。序载：“都氏族谱谱都氏之族也。都氏系皇元宗室，始祖讳必里海公。元初，为（山东）牟平达鲁花赤兼管本州诸军奥鲁，劝农事。必里海公卒，讳抄儿公袭。抄儿公卒，不老亦公袭。嗣后，皇元鼎革隐居于乡。明太祖存先代之后赐姓曰：‘都’。都氏自此始，而谱不及者代远也。”此篇都氏古谱序，记述了主谱人必里海及子抄儿、孙不老赤3代，其名均系蒙古语。据考，元末明初，回族人如伯颜，察罕、也先、铁木尔等蒙古族、回族、唐兀及畏兀儿（今维吾尔族）人均有使用。故出身于蒙元宗室之必里海子孙，何以用蒙古语姓氏，不得而知，但绝不影响族属的认定。都姓回族自有元以来，历经明太祖赐姓过程。“都氏历百有馀年至我祖父悦荣于光绪九年（1883），迁居（吉林）辑安县（今集安县）下活龙盖，又五十年矣。”

该谱主笔都本德（第十三世），遵古谱记载而续修于民国二十年（1931）四月。原谱经都寿仁续撰于大清咸丰七年（1875）岁次丁巳皋月，为后之宗派书有辈字四句:“元本兴基业，书田永克昌，进修传广训，继述正伦常”。见《回族谱序与宗源考略》。

80. 辽东岫岩古城《高氏家谱》，1 册，平装本，2003 年版。

我河北沧州城内高氏家谱，东北辽东岫岩古城内始迁祖，是何年代又因何故迁居岫岩的一段家史。童年就听老家和先祖讲下关东故事。高氏始迁祖讳福堂公福堂公，生于清道光三年（1823），道光二十年（1840）18 岁摊了官司，只身逃出沧州，随下关东难民出关。听说早年流入辽南海城县尹、马、戴、回几姓同乡，都混得不错，后辗转南下海城投奔亲友。始迁祖，十八岁，仪表堂堂，人才出众，被留在海城中街火神庙街马家饭铺当伙计，由于他年轻能干，为人厚道，被掌柜相中，荣招佳婿。据高庚富（1913—1997）老人回忆，清光绪二十年（1894）六月，中日甲午战争前夜，左宝贵奉旨抗倭援朝途径岫岩古城，左大人每到一地按例先入清真寺还补拜功，会见阿訇。听说县衙门关了回族做小买卖的人，立刻质问，县官哑然失色，赶快放入。从此，不再欺负回族人了。据推测这位被解救的先祖不是我高祖显忠公便是伯曾祖俊英公。

先祖只身闯关东，在岫岩发迹后，便有数户同宗旁支相继逃荒，人数不多，但谱系排字不差，有：庚桥、庚歧、庚□、庚□一支；庚文一支；庚田、庚汉一支；庚海一支（庚以上不详）共 4 支。另有一支来岫岩后，又迁至大连金州，但决非一世祖，至于在祖籍沧州与我们是否同支，已无从查考，所以只能认定是同宗旁支了。岫岩县城高氏六世孙高嵩、高巍、七世孙高宇峰。

见《回族谱序与宗源考略》。

81. 山东《温安家乘要录》，1 册，16 页，明永乐十五年（1417）九月，苏禄国（今菲律宾西南部苏禄群岛一带）东王巴都葛叭答剌。与该国西王、峒王一起到北京访问中国后，沿着大运河回国时，至德州因病在驿馆中去世。明成祖朱棣派礼部中陈士启，带祭文到德州为苏禄东王举行葬礼。苏禄东王葬于德州后，王妃葛木宁与二位王子为其守墓，长期留居中国。清雍正八年（1730）其后裔加入中国国籍，以温、安二姓入籍德州。该家乘是温、安二姓家谱的简要记载。分文录与附录两个部分：文录有明永乐谕祭文，永乐御制苏禄国东王碑文，清史苏禄国恭定东王传，清朝历年谕祭文、陵墓、词庙、恤典、恩荫、州志遗载、先贤诗录；附近录有明宣德年德州帖文、明崇祯礼部礼符、清雍正年苏禄国王苏老丹谕文、清雍正年礼部执照、清朝谕祭典册。此谱可供研究回族历史参考。内有编者照片。今藏于山东省博物馆，见《山东省回族古籍辑录》。

82. 山东青州《查氏族谱》，1 册，线装本。始祖为哈只。现存本为清同治二年（1863）查应和及族孙宗承、宗舜重修，"葡萄序"格式。之前曾于乾隆年间坤公撰修。该谱记载了青州回族查氏渊源："夫回回查氏之始祖，西域天臣国人也。大明天顺皇帝北狩于鞑靼，为呃顿乜允所虏获，而羁绊于沙漠不得归者，荏苒数载，方因'繇'而得释焉。帝复归，始祖有保驾还国之功，从龙护卫之宠，封吾始祖于青州卫，赐姓，锦衣千户，钦赐世袭之职，兼给赡养之田，蠲粮免役之宽。"谱中所记，清道光二十二年，先茔有坟 11 冢，其中有明天启二年所立镇国将军石松公（四世）之墓和明威将军海岚公（五世）之墓。该谱为研究青州回族历史之宝贵资料。族中名人查绪成，见《青州回族溯源》。

83. 辽宁沈阳《哈氏家谱》。哈氏，维语中"蔼什"一读为"哈"。哈姓见于宋人编写的《百家姓》之末，"墨、哈、谯、笪"。明清朝代后人各有不同版本复姓改为单姓。

沈阳哈氏家谱始祖哈喇卜丁，祖居河间"果子洼"。有清一代，先祖哈迪尔王受清室之命率都南征，部分随军部族遂定居于金陵二郎岗，其后哈王回师北上战死军中，故葬于河北河间县城西"果子洼"。其后裔一支出榆关来东北，沈阳、营口、鞍山、汤池、台安、田庄等地定居，虽史书无考据推断已近二百余年矣。

玄祖虽出身行伍，其族人多系从事小商业者，自此家道中落，为谋生计而“挑八股纠绳”聊以糊口。沈阳一支以“韭菜花哈”“哈家润记号糖坊”为笔者祖辈于父辈，在沈阳已住百余年。

原版《哈氏家谱》收藏于已故医师哈润贵（培芝先生）家，因清末政权更迭，屡遭兵燹原谱已散失多年，无从查找，笔者受家父之命，重修沈阳《哈氏家谱》，希后人续之，以慎终追远。十字行辈：忠先世金润增书玉永平。

沈阳西关清真寺后胡同哈增华谨识

公元一久八八年春吉日

族中名人，哈元生、哈攀龙、哈廷芳等。见《回族谱序与宗源考略》。

84. 辽宁丹东《洪氏家谱》，作者洪日乾（1921— ）、洪行一（1933— ）均为辽宁丹东人。洪氏家族迄今有七百九十多年家族发展史，其中一支在丹东地区定居达二百六十年以上。据洪行一先生考，洪氏家族始祖是来自西域今乌孜别克斯坦布哈拉的元代政治家赛典赤·赡思丁·乌马儿。洪氏家族即其孙或曾孙洪巴旦尔其的后裔（详史待考）。

蒙元定鼎，洪氏先祖由南方江浙经商辗转到山东济南禹城。清乾隆初年，先祖洪瑞的祖父逃荒闯关东，经山海关、海城、岫岩到凤城落户、凭忠厚勤俭敬业乐善之家风和精湛手艺经商正道而发迹。乾隆四十年修建凤城清真大寺时，洪家是四大捐资者之一。洪氏家族到东北第四代家业中兴，分立五大堂号，各支系均置有房地产，开设作坊，创办商号，大兴贸易，倡办教育且有县及县以上之官职的洪氏后裔，不断出现。

清光绪初年，清政府开放东边外，置安东县，洪家是最早由凤入安的开拓者之一。光绪三年（1877）兴建的安东官电街清真寺及后来的清真小学，洪家是倡建人和捐资大户。洪家各支系在安东兴办油坊、粮栈、绸缎庄、百货店、当铺、药房等实业，还兴办了影剧院、中学等文化教育设施，为早期凤城、安东发展民族工商业、文化教育、伊斯兰教以及社会慈善事业作出了一定贡献。

《洪氏家谱》祖谱早失。到东北后于光绪年间编修的家谱，沿用百年，不幸毁失遗尽。现存的《洪氏家谱（二）》，是1990年由洪家善执笔，在洪家众人参与下重修而续成的。现代版《洪氏家谱》由洪日乾与洪行一伯侄等携手共修告竣。原油印本系鞍山回族洪兴武提供，经洪日乾老人和洪行一先生反复考证修订，2003 年付梓再版刊行，分至族人收藏并寄赠编者。见《回族谱序与宗源考略》。

85. 河北永清班姓，来源有二。据闻班姓出自芈姓，是春秋时期若敖的后代，若敖的儿子名叫斗伯比，斗伯比的儿子名叫令尹子文。相传令尹子文是吃虎乳长大的，因为虎的身上有斑纹，于是他们子孙就用“斑”作为自家的姓氏。因“班”和“斑”通用，后来就改姓“班”了。又一说法，据《风俗通》记载，班姓为楚令尹阙班的后代。

河北永清县管家务安育村的班姓回族，有两种传说：一是，其始祖为班超之后，大约在北宋初年由陕迁徙至建康（今南京），其中一支在元末明初皈伊斯兰教，明洪武三十一年（1398），朱元璋病逝，明王朝内部发生争夺皇位的斗争，最后，燕王朱棣夺取政权，并迁都北京。随着国都的迁移，明朝的政治、经济、文化中心转到北方，大批官吏、商人、富豪人家及平民奉诏携眷带属北迁，其中班姓回族一支初落山东德州平县境内居住。二是，其始祖为中亚穆斯林，经商来到中国，先在泉州，后至南京，因于班姓商人过从甚至密，遂改汉姓为班。后定居山东。两种传说均无可靠证据佐证。但永清安育的说法基本一致，大约于同治年间，山东德州一带闹旱灾，民不聊生，班姓回族人班进忠、班进孝兄弟二人，逃荒至河北省永清县管家务安育村回族聚居区，因都是回族，且信仰虔诚，受到村内回族同胞的热情接待，遂定居于此。班姓乃一大家族，计有 22 支 54 户 254 口人。族中名人有班超、班恋、班九奎等。该谱作者班士全，1962 年出生，回族，河北永清县管家务安育村人。见《回族谱序与宗源考略》。

86.《沙甸林氏族谱》，林姓祖籍福建莆田县（现为莆田市）。“古祖林坚，系殷比干后裔，封地常林山，赐姓林。至元十一年（1274），有咸阳王赛典赤公奉命入滇，赛公，西域回族人也，而吾始祖因以同来，后进其教。及至行四祖讳钟者，于洪武十四年（1381）调拨峋町，遂家石屏大水居焉。领石左桃伍军田拾一亩。”

林姓为沙甸回族大姓，该谱引自王子华、马绍美主编的《沙甸的昨天、今天》，云南民族出版社 1996 年 8 月出版，又见《中国南方回族谱牒选编》。

87. 广州《徐氏族谱》（番邑），民国八年（1919），族人合编。“盖太古之时无姓，逾至三代之际，或建国者以国为姓，或出仕者以职为氏，或以封邑。或述祖功而作姓氏焉。南宋之际，遭金之变，吾祖徙避南方，华寓南雄，隐迹珠玑。再遭迁徙，而至穗城。明季吾祖志礼公偕二世文灿、文煌、文元列公来省，而伯祖文灿公、文煌公籍于西村，吾祖文元公籍居省垣。追至前清咸丰初年，七传孙会潮暨八传祝志公、九传孙义昭、义曜、义明诸公重修家谱，迄今六十余年。然族中苗裔，生齿日繁，吾侪非聚族而居，或有迁徙他方，或散居远境者，虑其疏间日九，竟至竹林伯仲之间睹面而不说，派系茫茫，至有失宗遗族之患。于是九传义兴、义秉暨十传孙礼芳、礼华、礼铨，十一世孙锦昆、锦琪等追思远祖，垂念迩孙，乃于民国己未商议重修家谱，庶使自鼻祖而及耳孙一览而了然矣！”见《中国南方回族谱牒选编》。

88. 广州《陈氏族谱》。“家谱乃记载一家世系及事迹，以申世模。彰前传后世。我家本籍金陵，至荣华公经商来粤，奠居羊城，迄今九世，垂二百五十余年。子孙衍盛，奕叶延绵。本有家谱，由七世杨公承纂立，尔后七十五年，以世事纷繁，旋又抗战发生，家人散处，未克重修，及至战后归来，倡议修谱，根据前本，重查补正。应昆秉承叔命，参与其事，方自庆幸，费时半月，初稿完成，惟是时间仓促，内容实觉未周，而于先人事迹，尤为详为记述。好在此谱修订，系属初次修编，付诸油印，每房一本，使我家源流，先得考镜，仍拟将先人善行荣命，评为考据，撰为家传，俾资信仰。争自磨濯，孝悌忠信，克己立身，以光先启后焉，是为序。民国三十八年（1949），八世孙应昆敬。”见《中国南方回族谱牒选编》。

89. 云南《腾冲明·朱姓族谱》，1册，线装本。是明瑞华（字祝三）遗作，明、朱两姓在腾冲是大姓望族，其历史地位不容忽视。明老承祧明、朱两家之宗，续修两姓族谱似有义不容辞之责。由于原谱失落，祖系不详，而对腾冲明代有汉有回的问题，却有所交代。这对于研究腾冲回族族源及有关民族关系有一定价值。

此谱由二十代后裔明瑞华（字祝三）撰写，民国三十年岁次辛巳孟冬中浣谷旦。见《中国南方回族谱牒选编》。

90. 贵州《董氏家谱·威宁籍》，记述董打户，嘉名董必勇，乾隆年间，在威宁是当时方圆几十里的首户（外号董打户），养绵羊 500 多只、耕牛马各 18 头、马 20 余匹。

91. 湖南常德桃源《薛氏三凤堂族谱》，合族修，1 册，线装本。“闻之，回民锡姓不一，哈、马、沙、达见于唐末。闻有薛氏者，传闻（薛）丁山，四子猛勇刚强，酿祸殃避乱入回国，为回民。大抵回民以薛姓者，或强后欺，并未录于史册。头吾钭信将疑也。我祖廷车公以回民而至华夏，末详所自出，不知为强裔否也。但兄弟三人，廷龙、廷虎、天各一方。我祖从翦常辈，琪守常郡，有功于朝，安也斯士。后世子孙，世守勿替。至今虽回汉有一悉原一脉。为回者，固遵祖令；为汉者，勿忘旧章。愿后辈有志之士，回部世系源流，溯所从来，以得明其原原本木。”见《回族谱序与宗源考略》。

92.《湖南常德翦氏族谱》，在该族谱中，第一篇便是《回部世系源流》。在这一篇中，对于该族的族属的来源、得姓的经过，以及南迁湖南的时代，都有记述。其中有云：“翦氏本姓哈，其先出自西域回部，宋时为西域望族，元太祖之西迁，回部附之，屡从征伐，有哈勒者，尝从太祖征西夏部落，屡战克捷，以军功封折冲将军。自是族属东徙，世仕元代，是为翦氏先祖东徙之始。”

关于翦氏渊源，在顺治四年所修的《桃源县志》，也有同样的记载，足证《回部世系源流》一文所记，皆系实录。《桃源县志》有云：“翦氏得姓，由始祖八士公，以回族从戎，佐明太祖平五溪蛮有功，赐翦姓，封镇南将军，镇常德，卒于疆。二世祖拜著封靖边将军，袭父职，又卒于疆，诏赐剑葬。其后世袭常德指挥使。”又见《回族谱序与宗源考略》。

五、锡伯族家谱·谱单题录

1.《沈阳市吴扎拉氏宗族序》

由清代吴扎拉氏宗族撰。该宗谱序记述东北地区吴扎拉氏的源流、修谱始由及其他有关活动，对于研究锡伯族历史及宗谱文化有参考价值。页面 150cm×60cm。满文，手写体墨书。今藏于新疆社会科学院图书馆。肖夫汉译文被收入

《锡伯族古籍资料辑注》，新疆人民出版社 2005 年版。

2.《锡伯营一牛录佟佳氏宗族序》

由清代一牛录佟佳氏宗族撰。该宗谱序记述锡伯族佟佳氏新疆分支的源流及始祖等，对于研究锡伯族历史及宗谱文化有参考价值。页面 180cm×60cm。满文，手写体墨书。保存完好。今藏于新疆社会科学院图书馆。肖夫汉译文被收入《锡伯族古籍资料辑注》，新疆人民出版社 2005 年版。

3.《锡伯营一牛录永妥里氏宗谱序》

由清代一牛录永妥里氏宗族撰。该宗谱序记述锡伯族永妥里氏新疆分支的源流及始祖等情况，对于研究锡伯族历史及宗谱文化有参考价值。页面 180cm×60cm。满文，手写体墨书。保存完好。今藏于新疆社会科学院图书馆。肖夫汉译文被收入《锡伯族古籍资料辑注》，新疆人民出版社 2005 年版。

4.《锡伯营八牛录瓜尔佳氏宗谱序》

由清代一牛录瓜尔佳氏宗族撰。该宗谱序记述锡伯族瓜尔佳氏新疆分支的源流及始祖等情况，对于研究锡伯族历史及宗谱文化有参考价值。页面 180cm×60cm。满文，手写体墨书。保存完好。今藏于新疆社会科学院图书馆。肖夫汉译文被收入《锡伯族古籍资料辑注》，新疆人民出版社 2005 年版。

5.《锡伯营八牛录富察氏宗谱序》

由清代一牛录富察氏宗族撰。该宗谱序记述锡伯族富察氏新疆分支的源流及始祖等情况，对于研究锡伯族历史及宗谱文化有参考价值。页面 160cm×60cm。满文，手写体墨书。保存完好。今藏于新疆社会科学院图书馆。肖夫汉译文被收入《锡伯族古籍资料辑注》，新疆人民出版社 2005 年版。

6.《锡伯营八牛录果尔吉氏宗谱序》

由清代八牛录果尔吉氏宗族撰。该宗谱序记述锡伯族果尔吉氏新疆分支的源流及始祖等情况，对于研究锡伯族历史及宗谱文化有参考价值。页面 180cm×60cm。满文，手写体墨书。保存完好。今藏于新疆社会科学院图书馆。肖夫汉译文被收入《锡伯族古籍资料辑注》，新疆人民出版社 2005 年版。

7.《锡伯营八牛录吴扎拉氏宗谱序》

由清代八牛录吴扎拉氏宗族撰。该宗谱序记述新疆吴扎拉氏分支的源流、迁徙时间及始祖等情况，对于研究锡伯族历史及宗谱文化有参考价值。页面180cm×60cm。满文，手写体墨书。保存完好。今藏于新疆社会科学院图书馆。肖夫汉译文被收入《锡伯族古籍资料辑注》，新疆人民出版社2005年版。

8.《锡伯营八牛录石家氏宗谱序》

由清代八牛录石家氏宗族撰。该宗谱序记述新疆石家氏分支移驻伊犁的时间、分支始祖及妻儿等情况，对于研究锡伯族历史有参考价值。页面180cm×60cm。满文，手写体墨书。保存完好。今藏于新疆社会科学院图书馆。肖夫汉译文被收入《锡伯族古籍资料辑注》，新疆人民出版社2005年版。

9.《锡伯营八牛录伊拉里氏宗谱序》

由清代八牛录伊拉里氏宗族撰。该宗谱序记述新疆伊拉里氏分支移驻伊犁的时间、在东北的居住地及始祖等情况，对于研究锡伯族在东北的历史活动有参考价值。页面180cm×60cm。满文，手写体墨书。保存完好。今藏于新疆社会科学院图书馆。肖夫汉译文被收入《锡伯族古籍资料辑注》，新疆人民出版社2005年版。

10.《锡伯营八牛录扎斯胡里氏宗谱序》

由清代八牛录扎斯胡里氏宗族撰。该宗谱序记述新疆扎斯胡里氏族分支的源流及迁徙情况，对于研究锡伯族在东北的历史活动有参考价值。页面180cm×60cm。满文，手写体墨书。保存完好。今藏于新疆社会科学院图书馆。肖夫汉译文被收入《锡伯族古籍资料辑注》，新疆人民出版社2005年版。

11.《锡伯营八牛录托库尔氏宗谱序》

由清代八牛录托库尔氏宗族撰。该宗谱序记述新疆托库尔氏族分支的源流、承袭等情况，对于研究锡伯族历史有参考价值。页面180cm×60cm了。满文，手写体墨书。保存完好。今藏于新疆社会科学院图书馆。肖夫汉译文被收入《锡伯族古籍资料辑注》，新疆人民出版社2005年版。

12.《沈阳市城北何叶尔氏宗谱序》

于1790年重修，1903年重抄，由何叶尔氏宗族撰。该宗谱序记述新疆何叶尔氏族的源流及迁徙等情况，对于研究锡伯族东北历史有参考价值。页面 180cm×60cm。满文，手写体墨书。保存完好。今藏于新疆社会科学院图书馆。肖夫汉译文被收入《锡伯族古籍资料辑注》，新疆人民出版社 2005 年版。

13.《沈阳市城北吴扎拉氏宗谱序》

由吴扎拉氏宗族撰。该宗谱序记述新疆锡伯族吴扎拉氏的源流、迁徙情况、编入八旗历史等，对于研究锡伯族历史及宗谱文化有参考价值。页面 180cm×60cm。满文，手写体墨书。保存完好。今藏于新疆社会科学院图书馆。肖夫汉译文被收入《锡伯族古籍资料辑注》，新疆人民出版社 2005 年版。

14.《大孤家子关家谱书序》

锡伯族关佳氏宗谱序言，由关佳氏宗族撰。该宗谱序记述氏族的源流、立谱意义等，对于研究锡伯族历史及宗谱文化有参考价值。页面 180cm×60cm。满文，手写体墨书。保存完好。今藏于新疆社会科学院图书馆。肖夫汉译文被收入《锡伯族古籍资料辑注》，新疆人民出版社，2005 年版。

15.《沈阳市城北岳士屯安氏宗谱序》

锡伯族安佳氏宗谱序言，由安佳氏宗族撰。该宗谱序记述氏族立谱意义、源流等情况，对于研究锡伯族在东北历史有参考价值。页面 180cm×60cm。满文，手写体墨书。保存完好。今藏于新疆社会科学院图书馆。肖夫汉译文被收入《锡伯族古籍资料辑注》，新疆人民出版社 2005 年版。

16.《哈什胡里氏谱书序言》

锡伯族哈什胡里宗谱序言 1872 年由哈什胡里氏宗族重抄。该宗谱序记述本氏族源流、居住地、氏族沿袭情况及在清代的活动等，对于研究锡伯族在东北的历史有参考价值。页面 180cm×60cm。满文，手写体墨书。保存完好。今藏于新疆社会科学院图书馆。肖夫汉译文被收入《锡伯族古籍资料辑注》，新疆人民出版社 2005 年版。

17.《图穆尔奇哈拉家谱》

此件系伊犁锡伯营镶黄旗图穆尔奇哈拉家谱全图。该家谱为锡伯族一种特殊形式的宗谱，主体为佛教庙宇形式的彩色图案，较清晰，易辨认；图案上面以牌位形式标有图穆尔奇哈拉（姓）的满文谱系，似仅列三代，该谱对于研究锡伯族宗谱文化和绘画艺术有参考价值。满文，（毛笔）手写体墨书。保存完好。今藏于新疆察布查尔锡伯自治县爱新舍里镇乌珠牛录春尔处。多次以图版形式发表。

18.《图克色里氏宗谱》

1900年由图克色里氏创立，1929年重修。记述谱序、图克色里氏族谱溯源、立谱意义及家规等，对于研究锡伯族宗谱文化有参考价值。页面为180cm×60cm。满文，手写体墨书。保存完好。今藏于新疆社会科学院图书馆。肖夫汉译文被收入《锡伯族古籍资料辑注》，新疆人民出版社2005年版。

19.《赵氏家谱》

新疆察布查尔锡伯自治县孙扎齐牛录赵氏家族家谱，编修年代不详。记录祖宗叔辈兄弟八人，二代亲兄弟五位，往下排列7代，共31人的传录谱系，是一部赵氏家族九代男人按辈分排列的谱书。页面为50cm×40.5cm。汉文，楷体墨书。保存完好。今由新疆察布查尔锡伯自治县孙扎齐牛录个人收藏。

20.《御玉军汗家谱》

于清光绪六年（1880）编修。记录御玉军汗家族在祖籍辽宁祖宗八代，各地分布91人，以及调给新疆伊犁的情况。页面为175cm×42.5cm。汉文，楷体墨书。保存完好。今由新疆察布查尔锡伯自治县孙扎齐牛录个人收藏。

21.《关尔佳家族家谱》

关尔佳家族编修。按辈分上下排列，记录关尔佳九代共91人的传代情况。页面为73cm×56.2cm。汉文，楷体墨书。保存完好。今由新疆察布查尔锡伯自治县孙扎齐牛录个人收藏。

22.《顾尔佳家族家谱》

此件系民国中期顾尔佳家族编修的谱书。顾尔佳氏11代按十一层上下排列书写。第一层为家族祖宗，从第二层开始往下按辈分排列十层，共记录141口人的传代情况。页面为39.5cm×27.3cm。锡伯文，手写体墨书。保存完好。今由新疆察布查尔锡伯自治县孙扎齐牛录个人收藏。

23.《鄂尔克勒家族家谱》

一布。鄂尔克勒家族编修。清光绪二十九年（1903），是鄂尔克勒家族十一代男性按辈分排了11层的谱书。西迁伊犁来的该家族成员即祖宗排列为第一层，其后的十层按时代顺序排列其后代子孙共160人。布面为150cm×120cm。棉布，锡伯文，手写体墨书。保存完好。今由新疆察布查尔锡伯自治县依拉齐牛录春孝收藏。

24.《胡希哈尔家族家谱》

一布。胡希哈尔家族编修。清光绪七年（1881），是记录胡希哈尔家族六代总共48口男性按辈分上下排列的谱书，第一层排列祖宗名称，其下五个层为祖宗的子孙后代，均按辈分往下排列，人名右下角说明祖先当时就任的职务。布面为49.5cm×27.3cm。黄绸，锡伯文，手写体墨书。保存完好。今由新疆察布查尔锡伯自治县乌珠牛录胡文明收藏。

25.《佟佳家族家谱》

一布。佟佳家族编修。清嘉庆四年（1799），记录佟佳家族13代共64口男性，上下13层按辈分排列。第一层为西迁的祖宗，往下十二层均为其子孙后代。布面为150cm×140cm。红布，锡伯文，手写体墨书。保存完好。今由新疆察布查尔锡伯自治县乌珠牛录春尔收藏。

26.《郭尔佳家族家谱》

一布。由郭尔佳家族编修。民国七年（1918），记录郭尔佳家族11代共250口男性，按辈分上下十一层排列。布面为120cm×80cm。白布，锡伯文，手写体墨书。保存完好。今由新疆察布查尔锡伯自治县乌珠牛录个人收藏。

27.《永托里家族家谱》

一纸。由伊犁察布查尔锡伯自治县乌珠牛录永托里家族编修。记录郭尔佳家族7代共127口男性，按辈分上下七层排列。页面为110cm×70cm。锡伯文，手写体墨书。保存完好。今由新疆察布查尔锡伯自治县乌珠牛录博尔胡善收藏。

28.《苏木尔家族家谱》

一纸。由新疆察布查尔锡伯自治县依拉齐牛录苏木尔家族编修。清光绪五年（1879），记录苏木尔家族7代共148口男性，按辈分上下七层排列。页面为

100cm×70cm。锡伯文，手写体墨书。保存完好。今由新疆察布查尔锡伯自治县依拉齐牛录苏德善收藏。

29.《安佳家族家谱》

一布。由新疆察布查尔锡伯自治县依拉齐牛录安佳家族编修。民国年间，记录安佳家族 6 代共 87 口男性，按辈分上下六层排列。布面为 120cm×80cm。黄布，锡伯文，手写体墨书。保存完好。今由新疆察布查尔锡伯自治县依拉齐牛录安子彬收藏。

30.《佟佳家族家谱》

一纸。由佟佳家族编修。民国年间，记录堆依齐牛录佟佳家族 8 代共 81 位男性，上下八层按辈分排列。页面为 45cm×32cm。锡伯文，手写体墨书。保存完好。今由新疆察布查尔锡伯自治县堆依齐牛录金保收藏。

31.《科罗特家族家谱》

一布。科罗特家族编修。民国二十三年（1934），记录堆依齐牛录科罗特家族 8 代共 55 位男性，按辈分八层上下排列。布面为 100cm×60cm。黄布，锡伯文，手写体墨书。保存完好。今由新疆察布查尔锡伯自治县堆依齐牛录玉连收藏。

32.《郭尔佳家族家谱》

一纸。郭尔佳家族编修。记录堆依齐牛录郭尔佳家族 10 代共 77 位男性，按辈分上下十层排列。页面为 25. 2cm×18. 3cm。锡伯文，手写体墨书。保存完好。今由新疆察布查尔锡伯自治县堆依齐牛录正勤太收藏。

33.《关尔佳家族家谱》

一纸。关尔佳家族编修。民国年间，按辈分上下排列，记录乌珠牛录关尔佳一支家族 5 代共 62 位男性，按辈分上下五层排列。页面为 45cm×37cm。锡伯文，手写体墨书。保存完好。今由新疆察布查尔锡伯自治县乌珠牛录全禄收藏。

34.《管尔佳家族家谱》

由管尔佳家族编修。民国二十九年（1940），记录堆依齐牛录管尔佳家族 11 代共 72 位男性，按辈分上下十一层排列。页面为 27cm×19cm。锡伯文，手写体墨书。不分卷。保存完好。今由新疆察布查尔锡伯自治县堆依齐牛录关童信收藏。

35.《巴雅尔家族家谱》

一纸。由巴雅尔家族编修。清同治元年（1862），记录宁古齐牛录巴雅尔氏族9代共30位男性，按辈分上下九层排列。页面为27cm×19cm。锡伯文，手写体墨书。保存完好。今由新疆察布查尔锡伯自治县宁古齐牛录伊克津太收藏。

36. 富查家族家谱

一纸。由富查家族编修。民国三十一年（1942），记录宁古齐牛录富查家族8代共102位男性，按辈分上下八层排列。页面为100cm×80cm。锡伯文，手写体墨书。保存完好。今由新疆察布查尔锡伯自治县宁古齐牛录富元寿收藏。

37.《艾雅拉家族家谱》

一布。由艾雅拉家族编修。清光绪十一年（1885），记录纳达齐牛录艾雅拉家族8代共92位男性，按辈分上下八层排列。布面为110cm×60cm，黄布，锡伯文，手写体墨书。保存完好。今由新疆察布查尔锡伯自治县纳达齐牛录玖元收藏。（贺元福）

38.《伊拉里家族家谱》

一纸。由伊拉里家族祖宗编修。清光绪二十一年（1895），记录锡伯营总管额尔古伦当第一代祖宗的伊拉里氏家族共7代男性姓名，按辈分七层上下排列。页面为35cm×30cm。锡伯文，手写体墨书。保存完好。今由新疆察布查尔锡伯自治县宁古齐牛录伊少英收藏。

39.《宁固齐牛录富查家族家谱》

一布。由宁固齐牛录富查家族祖宗编修。清光绪十八年（1882），记录宁固齐牛录富伊鲁第一代祖宗的富查家族共7代男性姓名，按辈分七层上下排列。布面为160cm×110cm。棉布，锡伯文，手写体墨书。保存完好。今由新疆察布查尔锡伯自治县宁古齐牛录西拉布阿收藏。

40.《富查家族家谱》（另一系）

一布。由富查家族祖宗编修。清光绪十六年（1880），记录诺莫其为第一代祖宗的7代男性姓名，按辈分七层上下排列。布面为150cm×90cm。棉布，锡伯文，手写体墨书。保存完好。今由新疆察布查尔锡伯自治县富元寿收藏。

41.《富查家族家谱》（另一系）

一布。由富查家族祖宗编修。清光绪十六年（1880），记录巴叁泰为第一代祖宗的6代男性姓名，按辈分六层上下排列。布面为150cm×110cm。棉布，锡伯文，手写体墨书。保存完好。今由新疆察布查尔锡伯自治县巩寿收藏。

42.《扎库齐牛录赵氏家族家谱》

一布。扎库齐牛录赵氏家族祖宗编修。清咸丰五年（1855），记录本家族11代共123位男性姓名，按辈分上下十一层排列。布面为110cm×70cm。棉布，锡伯文，手写体墨书。保存完好。新疆察布查尔锡伯自治县扎库齐牛录赵如林收藏。

43.《扎库齐牛录伊拉里家族家谱》

一布。由扎库齐牛录伊拉里家族祖宗编修。民国二十八年（1939），记录扎库齐牛录伊拉里家族13代共171位男性，按辈分上下十三层排列。布面为100cm×80cm。棉布，锡伯文，手写体墨书。损坏严重，字迹漫漶不清。今由新疆察布查尔锡伯自治县扎库齐牛录富安太收藏。

44.《扎库齐牛录扎氏家族家谱》

一布。由扎库齐牛录扎氏家族祖宗编修。清道光四年（1824），记录扎库齐牛录扎氏家族10代共131位男性，按辈分上下十层排列。布面为39cm×26cm。棉布锡伯文墨书。保存完好。今由新疆察布查尔锡伯自治县孙扎齐牛录英林收藏。

45. 陶霍里家族家谱

一布。由扎库齐牛录陶霍里家族祖宗编修。清光绪二十九年（1903），记录扎库齐牛录陶霍里家族7代共87位男性，按辈分上下七层排列。布面为122cm×88cm。棉布，锡伯文，手写体墨书。保存完好。今由新疆察布查尔锡伯自治县扎库齐牛录陶吉春收藏。

46.《陶戈里家族家谱》

一布。由扎库齐牛录陶戈里家族祖宗编修。清光绪二十九年（1903），记录孙扎齐牛录陶戈里家族8代共67位男性，按辈分上下八层排列。布面为122cm×88cm。棉布，锡伯文，手写体墨书。保存完好。今由新疆察布查尔锡伯自治县孙扎齐牛录提德尔收藏。

47.《叶赫那拉家族家谱》

一纸。由孙扎齐牛录叶赫那拉家族祖宗编修。清光绪二十五年（1899），记录孙扎齐牛录叶赫那拉家族 10 代男性，按辈分上下十层排列。页面为 39cm×29cm。锡伯文，手写体墨书。保存完好。今由新疆察布查尔锡伯自治县孙扎齐牛录个人收藏。

48.《阿雅拉家族家谱》

一布。由孙扎齐牛录阿雅拉家族编修。清光绪十一年（1885），记录孙扎齐牛录阿雅拉家族 8 代男性，按辈分上下八层排列。布面为 120cm×60cm。黄布，锡伯文，手写体墨书。保存完好。今由新疆察布查尔锡伯自治县孙扎齐牛录个人收藏。

49.《孔格里家族家谱》

一纸。由纳达齐牛录孔格里家族编修。清咸丰五年（1885），记录纳达齐牛录孔格里家族 10 代男性，按辈分上下十层排列。页面为 39cm×30cm。锡伯文，手写体墨书。保存完好。今由新疆察布查尔锡伯自治县纳达齐牛录个人收藏。

50.《郭尔吉家族家谱》

一布。由扎库齐牛录郭尔吉家族编修。清光绪十六年（1890），记录扎库齐牛录郭尔吉家族 10 代男性，按辈分上下十层排列。布面为 100cm×64cm。红布，锡伯文，手写体墨书。保存完好。今由新疆察布查尔锡伯自治县扎库齐牛录个人收藏。

51.《郭尔吉家族家谱》

一布。由扎库齐牛录郭尔吉家族编修。清光绪十七年（1891），记录扎库齐牛录郭尔吉家族 8 代男性，按辈分上下八层排列。布面为 120cm×70cm。黄布，锡伯文，毛笔手写体墨书。保存完好。今由新疆察布查尔锡伯自治县扎库齐牛录明秀收藏。

52.《扎库齐牛录富查家族家谱》

一布。由扎库齐牛录富查家族编修。清光绪二十七年（1910），记录扎库齐牛录富查家族 8 代男性，按辈分上下八层排列。布面为 160cm×68cm。棉布，锡伯文，毛笔手写体墨书。保存完好。今由新疆察布查尔锡伯自治县扎库齐牛录富保收藏。

53.《顾尔佳家族家谱》

一布。由扎库齐牛录顾尔佳家族编修。清宣统三年（1911），记录扎库齐牛录顾尔佳家族10代男性，按辈分上下共十层排列。布面为180cm×70cm。棉布，锡伯文，毛笔手写体墨书。保存完好。今由新疆察布查尔锡伯自治县扎库齐牛录关孝庆收藏。

54.《吴扎拉家族家谱》

一布。由扎库齐牛录吴扎拉家族编修。民国年间，记录扎库齐牛录吴扎拉家族10代男性，按辈分上下十层排列。布面为160cm×60cm。黄棉布，锡伯文，毛笔手写体墨书。保存完好。今由新疆察布查尔锡伯自治县扎库齐牛录吴元保收藏。

55.《孙扎齐牛录吴扎拉家族家谱》

一布，由孙扎齐牛录吴扎拉家族编修谱书。民国年间，记录孙扎齐牛录吴扎拉家族6代男性，按辈分上下共六层排列。布面为120cm×80cm。棉布，锡伯文，毛笔手写体墨书。保存完好。今由新疆察布查尔锡伯自治县孙扎齐牛录朱尔哈阿收藏。

56.《瓜尔佳家族家谱》

一布。由扎库齐牛录关瓜尔佳家族编修的谱书。民国二十一年（1942），记录扎库齐牛录另一支瓜尔佳家族11代男性，按辈分上下十一层排列。布面为120cm×60cm。红棉布，锡伯文，毛笔手写体墨书。保存完好。今由新疆察布查尔锡伯自治县扎库齐牛录伊其山收藏。

57.《扎库齐牛录伊拉里家族家谱》

一布。由扎库齐牛录伊拉里家族编修的谱书。清嘉庆六年（1801），记录扎库齐牛录伊拉里家族12代男性，按辈分上下共十二层排列。布面为170cm×90cm。白绸，锡伯文，毛笔手写体墨书。保存完好。今由新疆察布查尔锡伯自治县扎库齐牛录霍巴吐收藏。

58.《霍城瓜尔佳家族家谱》

一纸。由霍城瓜尔佳家族编修的谱书。民国三十九年（1940），记录新疆霍城县大西河乡瓜尔佳家族7代男性，按辈分上下七层排列。页面为110cm×50cm。锡伯文，手写体墨书。保存完好。今藏于新疆霍城县大西河乡彦成处。

59. 堆依齐牛录关氏家族家谱

一布。由堆依齐牛录关氏家族编修的谱书。清同治年间（1864），谱前有立谱年限说明。记录新疆察布查尔锡伯自治县今堆依齐牛录关氏家族12代男性姓名，按辈分十二层上下排列。布面为440cm×250cm。棉布，锡伯文，毛笔手写体墨书。保存完好。今藏于新疆察布查尔锡伯自治县堆依齐牛录关芙成处。

60.《扎库齐牛录永托里家族家谱》

一布。由扎库齐牛录永托里家族编修的谱书。民国三十年（1941），新疆察布查尔锡伯自治县扎库齐牛录永托里家族12代男性，按辈分上下十二层排列。布面为140cm×120cm。棉布，锡伯文，毛笔手写体墨书。保存完好。今藏于新疆察布查尔锡伯自治县扎库齐牛录舍福处。

61.《韩姓家族家谱》

一布。由宁固齐牛录韩姓家族编修的谱书。编修年代不详。记录新疆察布查尔锡伯自治县宁固齐牛录韩姓家族10代男性，按辈分上下十层排列。布面为110cm×90cm。棉布，锡伯文，毛笔手写体墨书。保存完好。今藏于新疆察布查尔锡伯自治县宁固齐牛录庆山处。

62.《宁固齐牛录吴扎拉家族家谱》

一布。由宁固齐牛录吴扎拉家族达森布编修。民国三十四年（1945），记录新疆察布查尔锡伯自治县宁固齐牛录吴氏家族以达森布为祖先的9代男性，按辈分九层上下排列。布面为160 cm×120cm。棉布，锡伯文，毛笔手写体墨书。保存完好。今藏于新疆察布查尔锡伯自治县宁固齐牛录吐奇春处。

63.《宁固齐牛录郭尔佳家族家谱》

一纸。由宁固齐牛录郭尔佳家族编修的谱书。民国二十四年（1935），记录新疆察布查尔锡伯自治县宁固齐牛录郭尔佳家族以绰霍泰为祖先的10代男性，按辈分十层上下排列。页面为100cm×80cm。锡伯文，毛笔手写体墨书。保存完好。今藏于新疆察布查尔锡伯自治县宁固齐牛录舒勒春处。

64.《纳达齐牛录富查家族家谱》

一布。由纳达齐牛录富查家族重修。清光绪二十七年（1902）编修，民国三十三年（ 1945），记录新疆察布查尔锡伯自治县纳达齐牛录富查家族以富伦泰和富鲁阿为祖先的 9 代男性，按辈分九层上下排列。布面为 140cm×110cm。棉布，锡伯文，毛笔手写体墨书。保存完好。今藏于新疆察布查尔锡伯自治县纳达齐牛录金保处。

65.《鄂尔克勒家族家谱》

一纸。由鄂尔克勒家族希布善编修。民国三十五年（1947），记录鄂尔克勒家族 8 代男性，按辈分八层上下排列。页面为 45cm×40cm。锡伯文，手写体墨书。保存完好。今藏于新疆伊宁市连芳处。

66.《寨牛录扎斯胡尔家族家谱》

一布。由寨牛录扎斯胡尔家族编修的谱书。民国三十年（1941），记录寨牛录扎斯胡尔家族 11 代男性，按辈分上下十一层排列。布面为 140cm×100cm。棉布，锡伯文，毛笔手写体墨书。保存完好。今由新疆察布查尔锡伯自治县寨牛录个人收藏。

67.《依拉齐牛录伊拉里家族家谱》

一布。由新疆察布查尔锡伯自治县依拉齐牛录伊拉里家族编修的谱书。民国三十四年（1945），记录新疆察布查尔锡伯自治县依拉齐牛录伊拉里家族 9 代男性，按辈分上下九层排列。布面为 140cm×110cm。棉布，锡伯文，毛笔手写体墨书。保存完好。今藏于新疆察布查尔锡伯自治县依拉齐牛录伊林保处。

68.《孙扎齐牛录乌扎拉家族家谱》

一布。由新疆察布查尔锡伯自治县孙扎齐牛录乌扎拉家族编修的谱书。修谱年代不详。记录新疆察布查尔锡伯自治县孙扎齐牛录乌扎拉家族 11 代男性，按辈分上下十一层排列。布面为 150cm×130cm。棉布，锡伯文，毛笔手写体墨书。保存完好。今藏于新疆察布查尔锡伯自治县孙扎齐牛录英山处。

69.《堆齐牛录乌扎拉家族家谱》

一布。由新疆察布查尔锡伯自治县堆齐牛录乌扎拉家族编修的谱书，民国三十年（1941），记录新疆察布查尔锡伯自治县堆齐牛录乌扎拉家族8代男性，按辈分上下八层排列。布面为120cm×100cm。棉布，锡伯文，毛笔手写体墨书。保存完好。今由新疆察布查尔锡伯自治县堆齐牛录个人收藏。

70.《纳达齐牛录白姓家族家谱》

一布。由民国末年新疆察布查尔锡伯自治县纳达齐牛录白姓家族编修的谱书。民国末年，记录新疆察布查尔锡伯自治县纳达齐牛录白姓家族9代男性，按辈分上下九层排列。布面为150cm×130cm。棉布，锡伯文，毛笔手写体墨书。保存完好。今由新疆察布查尔锡伯自治县纳达齐牛录个人收藏。

71.《霍城何叶尔家族家谱》

一布。由新疆霍城何叶尔家族编修的谱书。民国三十七年（1948），记录齐齐哈尔何叶尔家族12代男性，按辈分上下十二层排列，并说明第十二代四兄弟中的三位于1764年西迁新疆戍边。布面为200cm×120cm。棉布，汉文，毛笔楷体墨书，保存完好。今藏于新疆霍城县伊车嘎善锡伯族乡何双福处。

72.《堆齐牛录富查家族家谱》

一布。由新疆察布查尔锡伯自治县堆齐牛录富查家族编修的谱书，修谱年代不详。记录新疆察布查尔锡伯自治县堆齐牛录富查家族10代男性，按辈分上下十层排列。布面为160cm×140cm，棉布，锡伯文，毛笔手写体墨书。保存完好。今由新疆察布查尔锡伯自治县堆齐牛录个人收藏。

73.《扎库齐牛录富查家族家谱（另一系）》

一布。由新疆察布查尔锡伯自治县扎库齐牛录富查家族编修的谱书，修谱年代不详。记录新疆察布查尔锡伯自治县扎库齐牛录富查家族挪莫真、德叶泰为祖先的12代男性，按辈分上下十二层排列。布面为140cm×110cm。棉布，锡伯文，毛笔手写体墨书。保存完好。今藏于新疆察布查尔锡伯自治县扎库齐牛录萨景阿处。

74.《扎库齐牛录富查家族家谱》

一布。由新疆察布查尔锡伯自治县扎库齐牛录富查家族编修的谱书。清光绪二十二年（1902），记录新疆察布查尔锡伯自治县扎库齐牛录富查家族9代男性，按辈分上下九层排列。布面为100cm×70cm。棉布，锡伯文，毛笔手写体墨书。保存完好。今藏于新疆察布查尔锡伯自治县扎库齐牛录丰鲁扎布处。

75.《扎库齐牛录扎斯胡里家族家谱》

一布。由新疆察布查尔锡伯自治县扎库齐牛录扎斯胡里祖宗伊都尔胡编修的谱书。清光绪四年（1878），记录新疆察布查尔锡伯自治县扎库齐牛录扎斯胡里家族10代男性，按辈分上下十层排列。布面为260cm×110cm。棉布，锡伯文，毛笔手写体墨书。四边合缝10厘米宽的花布，保存完好。今由新疆察布查尔锡伯自治县扎库齐牛录个人收藏。

76.《乌珠牛录佟佳家族家谱》

一布。由新疆察布查尔锡伯自治县乌珠牛录佟佳家族祖宗吴其阿编修的谱书。清乾隆三十年（1765），记录新疆察布查尔锡伯自治县乌珠牛录佟佳家族西迁伊犁的吴其阿、吴尔合图等为祖先的11代男性，按辈分上下十一层排列。布面为150cm×80cm。棉布，锡伯文，毛笔手写体墨书。保存完好。今藏于新疆察布查尔锡伯自治县乌珠牛录萨阿布处。

77.《乌珠牛录顾尔佳家族家谱》

一布。由新疆察布查尔锡伯自治县乌珠牛录顾尔佳家族编修的谱书。清乾隆三十年（1765），记录新疆察布查尔锡伯自治县乌珠牛录顾尔佳家族10代男性，按辈分上下十层排列。布面为170cm×160cm。棉布，锡伯文，毛笔手写体墨书。保存完好。今藏于新疆察布查尔锡伯自治县乌珠牛录郭东平处。

78.《乌珠牛录胡希哈尔家族家谱》

一布。由新疆察布查尔锡伯自治县乌珠牛录胡希哈尔家族编修的谱书。清道光十年（1830），记录新疆察布查尔锡伯自治县乌珠牛录胡希哈尔家族6代男性，按辈分上下六层排列。布面为120cm×80cm。棉布，锡伯文，毛笔手写体墨书。保存完好。今藏于新疆察布查尔锡伯自治县乌珠牛录胡文明处。

79.《纳达齐牛录伊拉里家族家谱》

一布。由新疆察布查尔锡伯自治县纳达齐牛录伊拉里家族编修的谱书，修谱年代不详。记录新疆察布查尔锡伯自治县纳达齐牛录伊拉里家族以伊特格尔图为祖宗的

11代男性，按辈分上下十一层排列。布面为120cm×100cm。棉布，锡伯文，毛笔手写体墨书。保存完好。今藏于新疆察布查尔锡伯自治县纳达齐牛录阿东阿处。

80.《瓜尔佳氏家族家谱》

由新疆察布查尔锡伯自治县堆齐牛录瓜尔佳氏家族修订。民国二十六年（1937），记录该氏5代男性的姓名，按辈分上下五层排列。该谱对于研究锡伯族人口以及家谱文化有参考价值。装订成本，封面有数据、名称。页面为40cm×30cm。满文，手写体墨书。不分卷。保存完好。今藏于新疆察布查尔锡伯自治县堆齐牛录双柳处。

81.《顾氏家族家谱》

一布。由新疆察布查尔锡伯自治县堆齐牛录顾氏家族编修。民国三十年（1941），记录顾氏家族12代男性姓名，按辈分上下十二层排列。该谱对于研究锡伯族人口以及家谱文化有参考价值。布面为200cm×150cm。棉布，满文，毛笔手写体墨书。保存完好。今藏于新疆察布查尔锡伯自治县三牛录顾布昌处。

82.《永托里氏家谱》

伊犁锡伯营镶黄旗永托里氏家族修订的家谱全图。民国时期，家谱之设是为“唯代久年湮无由调查，使后代之子孙稍知本流，以存观忠”“敬先祖睦宗族”“发扬先祖之德、大昌祖宗之功”。记载了以沈阳迁居伊犁的始祖至20世纪30年代永托里氏族内9代男性。谱前有简单序言，记录了西迁时原籍所在旗佐名称等，对于研究锡伯族家族人口、人口繁衍、祖源、氏族制度有参考价值。页面为27cm×60cm 。锡伯文，（毛笔）手写体墨书。不分卷。保存完好。今藏于新疆察布查尔锡伯自治县爱新舍里镇乌珠牛录永富林处。

83.《锡伯营乌珠牛录佟佳氏家规》

于清光绪十八年（1892）修订。该家规以条目的形式记述于佟佳氏宗谱之上。内容涉及敬祖先、睦宗族、尊老爱幼、讲礼节、爱家乡以及对违犯家规者的各种处罚条目等，对于研究锡伯族宗族文化有参考价值。页面为180cm×60cm。满文，手写体墨书。今藏于新疆社会科学院图书馆。肖夫汉译文被收入《锡伯族古籍资料辑注》，新疆人民出版社2005年版。

84.《永托里氏宗族族规》（补译）

永托里氏家族共同制定的规范族内行为的族规。由于平山等人撰，是清光绪二十八年（1902）满文手抄本。共有 14 条，从尊老敬上、父子长幼关系到如何参与族内婚丧事宜、祭祖扫墓、奖勤罚懒、惩治不孝等，都做了具体而详细的规定。民国十一年（1922），又补充了三条，规定了族内有红白喜事时应相助的银两数，直系亲属死亡时的戴孝制度，以及指定当年的宗族长等。在按照本族规两次指定的宗族长中，都有女性若干名。此族规对于研究锡伯族宗族制度有参考价值。页面为 22cm×17.6cm，10 行。手写体墨书。白口。不分卷，1 册 9 页。封面缺损。今由新疆察布查尔锡伯自治县爱新舍里镇乌珠牛录村永氏家族收藏，新疆少数民族古籍办公室存复印件。

85.《锡伯营一牛录图木尔奇氏家规》

民国三十四年（1936），由乌珠牛录图木尔奇氏宗族重修。该家规以条目的形式记述于图木尔奇氏宗谱之上，共九条，内容有长辈的行为规范及相应违规惩罚措施，兄弟姊妹之间的行为规范及违规惩罚措施以及其文明礼貌规范等，对于研究锡伯族宗族文化有参考价值。页面为 180cm×60cm。满文，手写体墨书。今藏于新疆社会科学院图书馆。肖夫汉译文被收入《锡伯族古籍资料辑注》，新疆人民出版社 2005 年版。

86.《锡伯营扎库齐牛录托库里氏家规》

民国三十四年（1936），由扎库齐牛录托库里氏宗族重修。该家规以条目的形式记述于托库里氏宗谱之上。内容有长辈对晚辈的教育、子女在社会中的文明礼貌规范以及对违犯家规者所采取的惩罚措施等，对于研究锡伯族宗族文化有参考价值。页面为 180cm×60cm。满文，手写体墨书。今藏于新疆社会科学院图书馆。肖夫汉译文被收入《锡伯族古籍资料辑注》，新疆人民出版社 2005 年版。

87.《扎库齐牛录赵氏家族家规》

扎库齐牛录赵氏家族修订于清咸丰五年（1855），是家庭和社会共同遵守和制约各种行为的一种家族制度。页面为 26.5cm×20cm。锡伯文，手写体墨书。不分卷。保存完好。今由新疆察布查尔锡伯自治县扎库齐牛录个人收藏。

88.《顾氏家族家规》

新疆察布查尔锡伯自治县三牛录顾氏家族修订的家族行为规范。于民国三十年（1941），对社会和家庭的各种行为起制约作用。记述男人、女人、老人、年轻人的劳动、生活，孝敬父母、抚养子女、互相交往等方面所遵守的纪律，共六条。页面为30cm×35cm。满文，毛笔手写体墨书。不分卷。保存完好。今藏于新疆察布查尔锡伯自治县三牛录顾布昌处。

89.《额尔克勒氏家族家规》

伊犁锡伯营镶黄旗额尔克勒氏家族制定的家规文书。民国三十五年（1947），为继承本氏族自清乾隆二十九年（1764）迁居伊犁以来家族的良风懿德而立。规定有八条，主要内容为尊老爱幼、和族睦亲、互相帮助等，并制定了对违规者的相应处罚措施。同时确定族内德高望重的两代二男二女为家规的执行者。此家规对于研究锡伯族家族制度以及文化具有参考价值。页面为25.6cm×19.2cm。锡伯文，（毛笔）手写体墨书。有收藏者印章。不分卷。保存完好。今藏于新疆少数民族古籍办。

90.《托库里氏家规》

此件系伊犁锡伯营镶黄旗托库里氏家族于清光绪二十九年（1903）制定的家规文书。记载内容分两条，一条为族内犯上欺下罪及处罚措施；第二条规定的是对在外道德言行违犯者的相应处罚措施。规定后有后记，说明制定家规的目的和意义。并补充规定族内三年一大祭，十年一次登录新生人口，不参加者将被罚羊两只、酒三十斤。此家规对于研究锡伯族社会制度具有参考价值。页面为25.7cm×12.3cm 。锡伯文，手写体墨书。保存完好。今藏于新疆少数民族古籍办。

91.《鄂尔克勒春孝家族家规》

锡伯族哈拉莫昆（同姓氏族）的家规家法性质的法律文书。此件系民国三十五年（1947），记述鄂尔克勒氏族成员共同遵守和对每个氏族成员起到制约作用的一种惩奖制度。页面为25.6cm×18.8cm。锡伯文，手写体墨书。保存完好。今由新疆察布查尔锡伯自治县依拉齐牛录春孝收藏。

92.《堆齐牛录赵氏家族坟墓排列谱书》

一布。新疆察布查尔锡伯自治县堆齐牛录赵氏家族民国三十四年（1945）编修的坟墓排列谱书。记录新疆察布查尔锡伯自治县堆齐牛录赵氏家族划分坟地，按辈分下葬立墓排列。布面为120cm×70cm。棉布，锡伯文，毛笔手写体墨书。保存完好。今藏于新疆察布查尔锡伯自治县堆齐牛录永昌处。

93.《佟佳氏族坟墓排列谱书》

一布。新疆察布查尔锡伯自治县依拉齐牛录佟佳家族民国三十六年（1947）编修。记载佟佳家族划分坟地，按辈分下葬立墓的排列情况。布面为115cm×70cm。红布，锡伯文，手写体墨书。保存完好。今由新疆察布查尔锡伯自治县依拉齐牛录佟兴福收藏。

94.《图克色里氏服制表》

1900年创立，1929年由图克色里氏宗族重修。记述本氏族的各种期制孝服，对于研究锡伯族服饰文化有参考价值。页面为180cm×60cm。满文，手写体墨书。保存完好。今藏于新疆社会科学院图书馆。肖夫汉译文被收入《锡伯族古籍资料辑注》，新疆人民出版社2005年版。

95.《苏木尔家族家规》

不分卷。光绪十五年（1889）锡伯族苏木尔家族的家规家法的文书。由氏族长主持，组织同姓成员集体讨论制定，是同姓氏族成员共同遵守和制约各种行为的制度。页面为26cm×19cm。锡伯文，手写体墨书。保存完好。今由新疆察布查尔锡伯自治县依拉齐牛录苏德善收藏。

96.《扎库齐牛录扎氏家族家规》

扎库齐牛录扎氏家族修订于民国元年（1912），是家庭和社会共同遵守和制约各种行为的一种家族制度。页面为30cm×25cm。锡伯文，手写体墨书。不分卷。保存完好。今由新疆察布查尔锡伯自治县孙扎齐牛录英林收藏。

97.《吴门中锡伯人氏火火力祖谱单》

一纸。锡伯族家谱。此谱为采绘谱单，是供祭之谱。谱上绘群山拱护火火力祖先牌位图，祖先牌位分为三组，始祖火火力与次子夏几郎与夫人何氏为一组，其左是子孙妈妈、伏里妈妈、马付妈妈三位为一组，其右是牛王贝子、马王贝子二位为一组。三组神位之下，便是夏儿郎的后世子孙计五代人名，其名旁均注有官职。此谱是珍贵的研究史料，可供锡伯族史及锡伯族信仰等研究。谱单与喜利妈妈绳及海尔堪组成了胡氏锡伯家谱，其意义不可小视。纸为高丽皮纸，纸幅为96cm×76cm。保存完好。今藏于辽宁省新宾满族自治县永陵镇大堡村吴玉峰处。

98.《依拉里氏（胡氏）祖谱（单）》

一纸。《锡伯族依拉里氏（胡氏）祖谱》是一份谱单。祖谱中说："我先祖同胞四位，自依拉里之故里。"东迁以来，四支合居四地，均在抚顺、沈阳等地。四支分冠汉字依、胡二姓。该祖谱单，记其始祖佛力图，共记至第八世，均系满语人名。高丽大皮宣纸，纸幅为118cm×62cm。毛笔楷书，墨色。保存较好，是研究锡伯族史的珍贵史料。今藏于辽宁省沈阳市东陵东深井子方国公家中。

99.《依氏宗谱（单）》

二纸。锡伯族武林郎依拉里氏谱单，该谱序说，本依氏为锡伯族依拉里氏，依氏与胡氏同祖异宗，是自第二世依博根始冠汉字"依"姓。始祖佛力图，与抚顺市锡伯族人胡氏为同祖不同宗，是佛力图之第五世的四谱序中记述了本氏族源于"席北"。该谱单对研究锡伯族史与姓氏演变有珍贵的史料价值。纸幅为80cm×72cm。保存完好。今藏于辽宁省抚顺市抚顺县拉古乡陡山村依氏家中。

100.《何氏家谱单》

四张。锡伯族何氏家谱单记其为"席北"人，姓虎尔哈哈拉。谱单修于清乾隆八年（1743），记其始祖以下三大支的世系人名官职等。始祖以补第三世是史弟三人，三人分居三地，皆以三世为中始祖，以下记至第五世，均为锡伯族人名。谱序记本何氏自席北投归清太宗的经过及驻防抚顺的情形，对研究锡伯族史和习俗具有珍贵的史料价值。纸幅为70cm×90cm，四张。保存完好。今藏于辽宁省抚顺市顺城区黄旗村何氏家中。

101.《胡氏宗谱单》

一纸。锡伯族胡氏宗谱单，此谱单自一世祖佛力图，二世祖依博根，三世祖为兄弟二人粗克和关音保，至五世祖繁衍为和勒、四十九、金宝柱和俊德顺四支，四十九之长孙胡恩临即改为胡姓，至今已历 17 世。胡恩临名下标注有“爱新觉罗”四字，说明胡恩临在勃为官，因功赐姓“爱新觉罗”，其谱序说，“我先祖系锡伯族伊拉里氏”，“沈（阳）东国公案依姓、沈（阳）北依姓系我同宗”，可供锡伯族史与姓氏研究。纸幅为 130cm×70cm。保存较好。今藏于辽宁省沈阳市韩启昆家中。

102.《胡氏家谱（单）》

四纸。锡伯族家谱单。该谱自始祖以下共 13 代，均系锡伯人名，至今应为第十八代，后五代人未上谱。谱序说，胡氏系锡伯人民。始祖佛力图，其后世与依拉里氏脱出，改依（伊）姓为胡姓，其修于清乾隆时期的谱序说“依、胡二姓原为一祖”。谱单可为研究锡伯族史和锡伯族姓氏等提供珍贵的史料。纸幅为 78cm×60cm，共四张，总长为 78cm×4cm。保存完好。今收藏于辽宁省抚顺市黄旗村胡氏家中。

103.《依尔根觉罗西伯肇宗谱》

苏家屯吉尚阿等修纂于民国二十一年（1932），此总谱记述罗肇氏先祖迁盛京前的原居地，归附清廷及迁盛京原因、过程等；另有族名，命名肇字，“十规要言”“八诫要务”、世系表。对于研究锡伯族族源、文化、道德等有重要价值。白洋纸，包背装。墨色，页面为 25cm×15cm，版框为 19cm×13. 5cm，四周双边栏。不分卷，1 册，44 页，印本。保存完好。今藏于安振泰家中。

104.《安氏宗谱》

安文林等修于民国三十六年（1947），宗谱记述了族别、原籍、迁来盛京时间、所编旗佐、宗支世系等，对于研究锡伯族史具有参考价值。白洋纸，包背装。十六开纸。汉文，楷体墨书。不分卷，1 册，10 页。保存完好。今藏于安振泰家中。

105.《卜姓三处坐落系嵊族内男女家谱册》

喇嘛合萨朗阿修于清同治年间，谱册记述了族源、迁徙、宗支世系，对于研究锡伯族史具有参考价值。白洋纸，折装。页面为 29cm×16cm。汉文，杂体墨书。不分卷，1 册，7 页。保存完好。今藏于安振泰家中。

106.《法库县叶赫氏宗谱》

手写本，满汉合璧，连庆、庆善修。宗谱记述了原住地、迁徙、旗佐、旗别、姓氏、世系等，对于研究锡伯族史具有参考价值。白洋纸，单装。页面为 110cm×105cm。杂体墨书。不分卷。保存完好。今藏于安振泰家中。

107.《图克色里氏宗谱》

佚名修，清光绪二十六年（1900）印本。宗谱记述了族源、立谱意义、股制、茔地、十规八诫、世系，对于研究锡伯族历史、文化、道德具有参考价值。白洋纸，线装。十六开，四周单边。汉文，楷体墨书。不分卷，1 册，9 页。保存完好。今藏于安振泰家中。

108.《吴氏宗谱》

北营子吴庆吉修于民国二十四年（1935），宗谱记述了族别、原居地、迁徙、旗佐、世系、辈字等，对于研究锡伯族史具有史料参考价值。白洋纸，单装。页面为：36cm×75cm。汉文，楷体墨书。不分卷。保存完好。今藏于安振泰家中。

109.《何氏宗谱》

乾隆五十五年（1790）佚名（满文）修，光绪二十九年（1893）译为满汉合璧，民国三十一年（1942）转为汉文。宗谱记述了原居地、迁徙、辈字、世系等，对于研究锡伯族史具有参考价值。白洋纸，单装。页面为 135cm×80cm。汉文，杂体墨书。不分卷。保存完好。今藏于安振泰家中。

110.《瓜尔佳氏宗谱》

关延奎续修于民国二十三年（1934），宗谱记述录迁来盛京时间、过程、修谱意义、世系等，对于研究锡伯族史具有参考价值。白洋纸，单装。页面为 100cm×115cm。汉文，杂体墨书。不分卷，1 页。保存完好。今藏于安振泰家中。

111.《瓜尔佳氏宗谱》

关玉琛等纂于 1954 年，宗谱记述了修谱经过、修谱意义、宗支世系等，对于研究锡伯族史具有参考价值。白洋纸，平装。十六开，汉文，印文墨书。不分卷，1 册，40 页。保存完好。今藏于安振泰家中。

112.《吴氏世代家谱》

清嘉庆十八年（1813）佚名（满汉合璧）纂，光绪三十四年（1908）吴恩奎抄录汉文。家谱记述了原居地、迁徙、旗佐、修谱经过等，对于研究锡伯族史具有参考价值。白洋纸，单装。页面分别为67cm×67cm、120cm×80cm。一种为满文，手写体墨书；一种为汉文，楷体墨书。不分卷。保存完好。今藏于安振泰家中。

113.《哈斯呼里氏谱书》

清同治十一年（1872）满文手写本，民国三年（1913）经松岩译为汉文。该谱书记述里宗族源流、迁徙、世系宗支等，对于研究锡伯族史具有参考价值。白洋纸，平装。汉文，杂体墨书。八开纸，不分卷，1册，61页。保存完好。今藏于安振泰家中。

114.《关姓锡伯调访录》

清光绪六年（1880）佚名撰。主要记述了族名、原居地、世系及历世调访纪录。白洋纸，折装。页面为24cm×237cm。汉文，杂体墨书。不分卷。保存完好。今藏于安振泰家中。

115.《吴氏宗谱》

佚名纂。谱书记述迁来盛京时间、原居地、命名辈字、世系等，对于研究锡伯族史具有参考价值。白洋纸，单装。页面为90cm×170cm。汉文，杂体墨书。不分卷，1页。保存完好。今藏于安振泰家中。

116.《师锡家书》

佚名手写本。民国二十年（1931）主要记述了民族、原居地、迁盛京时间、地点、世系等。白洋纸，包背装。页面为17.5cm×8.5cm。汉文，墨印。不分卷，1册，69页。保存完好。今藏于安振泰家中。

117.《何舍哩氏谱书》

一纸。佚名修于民国二十四年（1935），该谱书记述了迁徙时间、地点、宗支世系，对于研究锡伯族史具有参考价值。白洋纸。页面为110cm×86cm。汉文，杂体墨书。不分卷。保存完好。今藏于安振泰家中。

118.《关姓家谱》

一纸。关继抄录于1959年，家谱记述了所在旗佐变化情况、辈字、世系，对于研究锡伯族史具有参考价值。页面为60cm×130cm。汉文，楷体墨书。不分卷。保存完好。今藏于安振泰家中。

119.《锡伯赵氏家谱》

不分卷，旧写本。家谱主要记述了族名、原居地、世系，对于研究锡伯族史具有参考价值。白洋纸，单装。页面为 43cm×50cm。汉文，杂体墨书。保存完好。今藏于安振泰家中。

120.《开原关氏宗谱》

佚名修于民国元年（1912），宗谱记述了发源地、兄弟三人分迁各处情况，第二支世系，对于研究锡伯族史具有参考价值。页面为 31cm×432cm。满汉合璧墨书。不分卷，1 页。保存完好。今藏于安振泰家中。

121.《铁岭县心田堡关氏宗谱册》

佚名重纂于民国十一年（1922），谱册记述了发源地、世系，对于研究锡伯族史具有参考价值。白洋纸，线装。八开纸。满汉合璧，杂体墨书。不分卷，2 册，27 页。保存完好。今藏于安振泰家中。

122.《家谱册》

永岭等修纂于民国十二年（1923）正月吉日，主要记述岭族名、族源、世系等，对于研究锡伯族史具有参考价值。红洋纸，包背装。页面为 15. 5cm×8cm，14 行 20 字。汉文，墨印，不分卷，1 册，16 页。保存完好。今藏于安振泰家中。

123.《刘氏族谱》

主要记述原居地、迁盛京时间、地点、所编旗佐及世系，对于研究锡伯族史具有参考价值。白洋纸，单装。汉文，墨印。不分卷。保存完好。今藏于刘子元家中。

124.《关氏族谱》

宝山、宝书重修于 1954 年，族谱记述关氏族别、旗佐、原姓氏、原居地、先祖功绩、迁盛京经过、时间、命名辈字、世系等，对于研究锡伯族史具有参考价值。白洋纸，包背装。页面为 15. 5cm×8cm。汉文，墨印。不分卷，1 册，12 页。保存完好。今藏于安振泰家中。

125.《完颜家系录》

佚名纂修于民国二十三年（1934），主要记述录了族别、族源、原居地、迁赉盛京地点、所在旗佐、世系等，对于研究锡伯族史具有参考价值。白洋纸，包背装。页面为26.5cm×16.5cm，版框为20cm×14cm，四周单栏，13行40字。汉文，墨印。不分卷，1册，9页。封面残损，尚可辨认。今藏于王玉藩家中。

126.《韩氏家谱》

清同治四年（1865）佚名纂修。主要记述了世系，对于研究锡伯族史具有参考价值。白洋纸，单装。页面为80cm×60cm。汉文杂体墨书。不分卷。今藏于韩伯纯家中。

127.《赵氏家谱》

佚名纂修。主要记述了世系等，对于研究锡伯族史具有参考价值。白洋纸，单装。页面为80cm×60cm。汉文，杂体墨书。不分卷。保存完好。今藏于赵文定家中。

128.《赵氏家谱》

佚名纂修。主要记述了族别、旗佐、迁徙、世系，对于研究锡伯族史具有参考价值。白洋纸，单装。汉文，杂体墨书。不分卷。保存完好。今藏于赵文全家中。

129.《关氏家谱》

佚名旧写本。主要记述了原居地、迁盛京后分驻各地情况、命名辈字、世系，对于研究锡伯族史具有参考价值。白洋纸，单装。汉文，杂体墨书。不分卷。保存完好。今藏于关明俊家中。

130.《吴氏家谱》

旧写本，吴安泰、吴承继、吴会生纂修。主要记述了族名、迁来盛京时间、世系、官职，对于研究锡伯族史具有参考价值。白洋纸，单装。汉文，杂体墨书。不分卷。保存完好。今藏于吴兆洲家中。

131.《凤城宝山乡大营子白氏家谱》

佚名旧写本。主要记述来原居地、迁来时间、世系表，对于研究锡伯族史具有参考价值。白洋纸，单装。汉文，杂体墨书。不分卷。保存完好。今藏于白宝清家中。

132.《苏穆禄氏（徐）家谱》

民国二十九年（1940）由徐树萱纂修。主要记述民族、命名字、世系，对于研究锡伯族史具有参考价值。白洋纸，包背装。页面为22.5cm×18cm。汉文，杂体墨书。不分卷。保存完好。今藏于徐书典家中。

133.《于氏家谱》

旧写本，于连河纂修，主要记述原居地、迁徙、世系，对于研究锡伯族史具有参考价值。白洋纸，包背装。页面为21cm×17.5cm，8行20字。汉文，杂体墨书。不分卷，1册，31页。保存完好。今藏于于世春家中。

134.《关氏宗谱》

佚名抄录于1960年。主要记述原居地、民族、原姓氏、迁徙、世系，对于研究锡伯族史具有参考价值。白洋纸，单装。页面为140×100㎝。汉文，杂体墨书。不分卷。保存完好。今藏于关臻家中。

附：国内研究北方少数民族家谱文献统计

1. 相关说明

（1）数据来源：同方知网 www. cnki. net。

（2）查询方式：通过检索，如蒙古族家谱、族谱、宗谱等主题关键词，并针对结果进行分析（剔除重复和与内容不相关的部分）。

（3）展现方式：文字及图表，按年代及类别进行说明。

（4）覆盖范围：包括改革开放后公开发行的期刊、硕博论文等发表的研究文献。

2. 蒙古族家谱研究文献情况统计

自 1985 年至 2016 年上半年，公开发表与蒙古族族谱、家谱、宗谱等主题有关的文献共计 44 篇。其中发表在期刊（辑刊）上论文 40 篇、硕博论文 4 篇。

3. 满族家谱研究文献情况统计

自 1983 年至 2016 年上半年，公开发表与满族族谱、家谱、宗谱、谱书、清代玉牒等主题有关的文献共计 128 篇，其中发表在期刊（辑刊）上论文 116 篇、硕士论文 5 篇、国际会议论文 2 篇，报纸专题报道 5 篇。

4.《朝鲜族家谱研究文献统计》

自 1997 年至 2010 年，公开发表与朝鲜族族谱、家谱、宗谱、谱书等主题有关的文献共计 7 篇，且全部发表在公开的期刊（辑刊）上。

5. 回族家谱研究文献统计

自 1985 年至 2016 年上半年，公开发表与回族族谱、家谱、宗谱等主题有关的文献共计42篇，其中发表在公开的期刊（辑刊）上论文36篇、硕士论文4篇、会议论文1篇及报纸专题报道1篇。

6. 锡伯族家谱研究文献统计

自1991年至2014年期间，公开发表与锡伯族族谱、家谱、宗谱等主题有关的文献共计16篇，其中发表在公开期刊（辑刊）上论文14篇、硕士论文1篇及报纸专题报道1篇。

后　记

2011年7月，国家社科基金重点项目“北方少数民族家谱整理与研究”（批准号：11ATQ004）正式立项。项目组经过五年多的努力，于2017年2月项目结项（证书号：20170191）。

民族文化宫领导高度重视《北方少数民族家谱整理与研究》的写作过程，钟兴奎副主任以及各位同仁给予了许多指导和帮助，并对本书的顺利完成给予了大力的支持。在撰写书稿过程中，还有很多专家提出了许多宝贵意见，在本书付梓之际，谨向各位领导和同仁，以及支持和帮助过的黄润华、周长兴、侯国旗三位研究员，表示衷心的感谢！

《北方少数民族家谱整理与研究》书稿完成的作者是：前言、后记由王华北完成，蒙古族稿件由龚文龙、海梅完成，满族稿件由申毅、赫歆完成，回族稿件由师存勋、王华北完成，朝鲜族稿件由安美兰、金勇进、金勇、成妍、方英兰完成，锡伯族稿件由王华北、赫歆完成。对于各位认真负责的精神，表示敬佩，同时，向中央民族大学出版社的责任编辑，表示由衷的感谢！

本书有许多不周之处，诚请诸方斧正。

王华北

2017年9月19日 北京